Facilitator's Guide to
Participatory Decision-Making

민주적 결정방법론
퍼실리테이션 가이드

민주적 결정방법론
- 퍼실리테이션 가이드

초판	1쇄 발행 2017년 6월 23일
	8쇄 발행 2023년 4월 20일
지은이	샘 케이너, 레니 린드, 캐서린 톨디, 사라 피스크, 두에인 버거
옮긴이	구기욱
펴낸이	구기욱
발행처	쿠퍼북스
출판신고	제2016—000119호(2015년 4월 15일)
주소	서울시 강남구 테헤란로 22길 9, 아름다운빌딩 9층
전화	02—562—8220
팩스	02—562—0810
이메일	koofa@koofa.kr
홈페이지	www.koofa.kr
정가	25,000원
ISBN	979—11—957290—1—2 03320
편집	박연수
디자인	나디하스튜디오

*쿠퍼북스는 ㈜쿠퍼실리테이션그룹의 출판브랜드입니다.

IDEA

회의 방법이
주인의식을 만든다

How does
Decision-
Making really
work?

Everyone holds
a piece of
the truth

민주적
결정방법론
퍼실리테이션 가이드

퍼실리테이션의
시민 기술

조직과 공동체를
세우는 길

FOCUS

Facilitator's
Guide to
Participatory
Decision-Making

샘 케이너, 레니 린드, 캐서린 톨디,
사라 피스크, 두에인 버거 지음

구기욱 옮김

KOOFA BOOKs

Jackie Chang
Director 2009-2013
Asia Region
International Association
of Facilitators
Taipei
Taiwan

Dmitry Lazarev
President
Facilitation Institute
Moscow
Russia

M. Bhakthar Vali Sab
Associate COO
WASSAN
Watershed Support Services
and Activities Network
Hyderabad
India

Robbie Alm
President
Collaborative Leaders
Network
Honolulu
Hawaii

Maureen Jenkins
Chair 2003 –. 2006
International Association
of Facilitators
Chair 2008 –. 2011
IAF Netherlands

이 책은 오늘날 전 세계적으로
널리 행해지고 있는 퍼실리테이션 분야에
매우 큰 영향을 끼치고 있는 책입니다.
동료들에게도 이 책을 전하여,
읽고 공부하여
업무에 활용할 수 있게 해 주십시오.

Dr. Ed Rege
Process Leader
PICOTEAM EA
Institute for People,
Innovation and Change
in Organisations
Nairobi
Kenya

David Van Eyck
Training and
Capacity Building
IWMI
International Water
Management Institute
Colombo
Sri Lanka

Michael Walsh
Director 2014-2015
Oceania Region
International Association
of Facilitators
Melbourne
Australia

Xavier Estivill
Founder, Partner
and Senior Director
MOMENTUM
Barcelona
Spain

Beatrice Briggs
Director
IIFAC
International Institute for
Facilitation and Change
Cuernevaca
Mexico

Dale Hunter
Author
The Art of Facilitation:
The essentials for
leading great meetings
and creating group synergy
New Zealand

이 책에 대한 찬사

"NCDD는 오랫동안 이 책을 전문가들을 위한 필독 자료 목록으로 추천하고 있으며, 공공 참여 분야에도 이 책은 너무나 많은 영향을 미치고 있다. 이 책이 제안하는 도구와 개념들은 모든 그룹 프로세스 퍼실리테이터들에게 기초가 될 것이다. 이 개정판을 당신의 책장에 추가하기를 강력하게 권한다."

샌디 하이어바셔, National Coalition of Dialogue and Deliberation(NCDD)의 공동창립자

"샘 케이너는 협력을 이끌어내는데 있어 세계적인 전문가 중 한 사람이다. 협업의 어려움과 딜레마들을 해결하는 그의 능력과 복잡한 프로세스를 해결해나가는 모델과 기법들은 가히 최고라 할 수 있다. 이 책은 그의 축적된 지혜와 가르침을 담아내고 있으며, 어려운 이슈들을 이해할 수 있도록 명확하게 기술되어 우리에게 실제적으로 큰 도움을 주고 있다."

샌디 슈만, A Research & Applications Journal의 창립 편집자

"이 책은 현실적인 방법으로 그룹이 협업하는 것을 도와주는 실제적이고 합리적인 안내서이다. 제시된 도식과 그림들은 우리가 어렵게 느끼던 집단의 여러 상황들을 어떻게 다뤄야할지 잘 보여주고 있다."

나빈 웨이스보드, Productive Workplaces의 컨설턴트 겸 작가

"이 책은 독자들에게 효과적으로 참여적 행동을 가능하게 해주는 도구와 통찰력을 제공하고 있다. 이를 통해 강력한 신념과 긍정적인 사회변화를 이룰 수 있는 잠재력을 일깨워줄 것이다."

마이클 도일, How to Make Meetings Work

이 책을 마이클 도일(Michael Doyle)과
데이비드 스트라우스(David Straus)에게 바칩니다.

이들은 포용과 참여의 가치를 담아낼 수 있는 언어와 기법들을 발견해 냄으로써 미국 경영계의 주된 흐름을 바꾸어 놓았다.

이들을 시작으로 해서 그들의 제자들, 제자들의 제자들, 또 그 제자의 제자들로 이어지는 끊임없는 노력이 있어왔다. 그 노력을 통해 세상에서 가장 어려운 문제인 지속 가능하면서도 비폭력적인 해결방안을 찾게 되었고, 그것은 또 인류에게 협력할 수 있는 방법을 사용할 수 있도록 영감을 제시하였다.

한국의 독자들에게

사람들은 혼자일 때보다 많은 사람들이 함께 모였을 때 더 나은 생각과 더 성숙한 결정을 만들어낼 것이라 기대하지만, 현실에서는 그렇지 않은 경우가 많다. 그 이유는 의사결정 과정에서 다름과 갈등을 두려워하여 충분히 목소리를 내지 않거나 낼 수 없는 상황이 발생하기 때문이다.

이러한 상황에서 사람들이 온전하게 참여하여 다양한 관점을 이해하고 함께 문제에 대한 해법을 찾도록 돕는 것을 우리는 퍼실리테이션이라 부르고 있다.

한국에서 이 퍼실리테이션이 확산되고 있다는 것은 무척 반가운 일이지만, 한편으로는 소통과 참여에 대한 목마름의 반증이라 생각한다. 오랜 고민과 경험을 담아낸 이 책을 통해 한국의 더 많은 조직과 그룹이 참여의 가치를 이해하고 민주주의를 실현해나가기 바란다.

끊임없이 학습하고 성장하기 위해 노력하는 여러분을 응원하며, 이 책을 한국에 소개할 수 있도록 애써준 쿠퍼실리테이션그룹과 구기욱 CPF에게도 감사를 전한다.

샘 케이너 Sam Kaner

추천의 글

그룹 퍼실리테이션은 다음과 같은 재료들로 이루어진 결정체whole constellation라고 말할 수 있다. 즉, 사람들의 지혜와 창의성에 대한 깊은 믿음, 시너지와 공동의 목적을 찾는 여정, 귀를 열고 적극적으로 들을 수 있는 역량, 집단 역동에 대한 실용적 지식, 그룹과 팀의 내재된 힘에 대한 깊은 믿음, 개인과 그들의 관점에 대한 존중, 의사 결정이 발전되고 구체화되기 위하여 다소 모호한 것들에 대해 가져야 할 인내심과 높은 관용이 포함된다. 또한 경직된 대인관계 및 문제에 대한 협력적 해결 기술, 사고 절차에 대한 이해, 현안 해결 및 의사결정을 위한 유연한 혹은 엄격한 접근 등도 필요한 요소들이다.

퍼실리테이터와 같은 행동과 스킬은 그룹과 조직에서 협력적으로 일하고 싶은 모든 이들에게 필수적인 사항들이다. 퍼실리테이터의 스킬들은 대부분의 그룹에서 잠자고 있는 지혜와 지식을 존중하고 향상시키며 그러한 지식에 초점을 맞추게 되는데, 건강한 조직을 만들거나 단결심을 꾀하고 공정하고 지속적인 합의를 이루며 행동들과 계획들을 쉽게 적용하려면 반드시 이러한 스킬들이 필요하다.

샘 케이너와 커뮤니티앳워크Community At Work에 있는 그의 팀들은 이러한 도구들을 발전시키고 또 명료화함으로써, 사람들의 일상적인 삶과 구체적 행동들을 민주적이고도 건설적이며 생산적인 방법으로 해내도록 도와주었다. 이 책은 독자들에게 더 많은 도구들과 통찰력을 제공하여 효과적이고도 참여적인 행동을 하게 해 주고, 강력하고도 원칙에 입각한 결과를 얻게 해 줄 것이다. 집단 역동에 대한 이해를 높이고 싶거나 집단이 더 효과적으로 협력하는 스킬을 향상시키고자 한다면 이 귀중한 책을 잘 활용하기 바란다.

그룹 퍼실리테이션의 목적

오늘날 조직과 함께 일하거나 조직을 이끄는 이들은 조직 개발과 변화 분야에서 지난 25년 간 진행되어온 행동 연구를 통해 다음과 같은 중요한 두 가지 교훈을 배웠을 것이다.

교훈 1: 만약 사람들이 참여하지 않아 문제에 대한 해결책을 인정하지도 않고 의사결정에 동의하지도 않는다면, 그 실행은 결코 열성적으로 이루어지지 않을 것이다. 오히려 오해만 가득하게 될 것이며, 십중팔구는 실패할 것이다.

교훈 2: 한 조직의 성공에 영향을 미치는 결정적인 차이점은 제품이나 서비스, 기술, 시장 점유율뿐만이 아니다. 거기에는 조직의 구성원이나 고용인, 이해관계자들 속에 있는 엄청 난 지적 자산과 호의와 협조를 이끌어내고 그들을 집중시킬 수 있도록 하는 조직의 역량 도 포함된다.

그 지적 자산과 호의가 활발하게 일어나고 또 집중되기만 한다면, 그 조직은 오늘날의 경제 적, 사회적 환경에 맞춰 긍정적으로 변화하는 데 큰 힘을 얻게 될 것이다. 위의 두 가지 교훈 을 적용하는 것은 우리가 생각하는 '학습하는 조직'의 핵심 요소이기도 하다.

그러면 어떻게 리더들이나 조직들이 이 두 교훈을 적용할 수 있을까? 그것은 모든 사람이 참여할 수 있는 심리적으로 안전한 환경, 즉 구성원들이 스스로 문제점을 발견하고 풀어 가면서 함께 계획하고 협력적인 의사결정을 통해 갈등과 문제를 해결하고 책임감 있는 일 원으로서 기여할 수 있는 환경을 만드는 것이다. 퍼실리테이션은 조직 내의 팀이나 그룹들 그리고 각종 회의들을 훨씬 더 생산적으로 변화시킨다. 스스로든 타인에 의해서든 퍼실리 테이션을 실행한 그룹은 그 간접적 효과들도 얻게 되는데, 그것은 의사 결정과 계획에 대 한 보다 깊은 개인적 헌신, 조직에 대한 충성심, 그리고 소속감 형성 등 많은 것들이 있다.

조직이나 그룹에서처럼 이 두 교훈이 실제 상황에서 잘 적용되는 곳은 없을 것이다. 세상에 는 수많은 모임들이 있으며, 그 통계를 보면 가히 충격적이다. 미국에서만도 매일 2,500만 번의 회의가 열리고 있으며, 세계적으로는 8,500만 번의 회의가 진행된다. 기업 조직과 시 민 단체들이 더 효과적으로 일하게 만드는 것은 사람의 인격에 대한 것만큼이나 일생의 도 전 과제이다. 그룹 미팅의 효율성을 높이기 위해서는 이 책에서 제시한 바와 같이 집단 역 동, 회의 퍼실리테이션 그리고 합의 형성에 대한 도구를 잘 알고 활용할 수 있는 능력이 필요하다. 우리는 이것을 '그룹 사용 능력group literacy'이라 부른다. 이 능력을 통해 그룹은 더 스마트하게, 더 열심히 그리고 더 빠르게 일할 수 있다. 이러한 도구들이 그룹과 조직과 커뮤니티들을 더 건강하게 만들어 줄 것이다.

퍼실리테이터의 마음가짐이나 행동, 도구들은 헌신도가 높거나 높은 성과를 추구하는 조직에게는 필수 재료들이다. 이것들은 우리가 '학습하는 조직'을 현실에서 실현해가는 데 결정적인 영향을 미친다. 퍼실리테이터의 기술과 행동은 사람들이 자아실현하는 것에도 영향을 미친다. 사람들은 그들이 속한 조직이나 가족 안에서 자신의 가치와 효과를 내는 방법과 조직 자체의 효과성을 높이는 법을 배우고 싶어한다.

그룹 퍼실리테이션에 대한 소개

퍼실리테이션과 퍼실리테이터라는 개념은 고대의 부족에서도 찾아볼 수 있을만큼 오래되었다. 알래스카 원주민 부족에도 이러한 역할이 있었다. 불 주위를 빙빙 도는 원시 부족에서부터 지난 3,000년 동안의 피라미드 구조에 이르기까지, 그리고 다시 오늘날의 네트워크 조직에도 존재한다. 퍼실리테이션의 철학이나 마음가짐, 기법들은 지난 수세기 동안 퀘이커, 간디, 마틴 루터 킹 등에 의해 행해졌던 비폭력 운동과도 많은 점에서 유사하다. 근래에서는 시민운동이나 여권향상운동단체, 일부 환경운동단체, 그리고 60~70년대에 시작된 시민참여운동 그룹들이 이에 포함된다.

회의 퍼실리테이션은 1960년대 후반부터 1970년대 초반 사이에 공식적으로 나타나기 시작하여, 1980년대 후반에 이르러서는 널리 퍼지게 되었다. 퍼실리테이션 운동의 지지자들은 사람들 스스로가 자신의 미래에 대한 설계자가 되도록 돕는 것을 자신들의 역할이라 생각했다. 이 일은 1960년대 초반부터 나타난 러닝 퍼실리테이터의 역할에서 발전되었다. 학습이나 참 만남을 위한 곳에서 퍼실리테이터는 구성원들 스스로 자각하고 학습을 가능하게 하는 것에 집중했다. 그 학습과 자각을 일깨우는 퍼실리테이터들은 사람들의 잠재능력을 개발하거나 여권향상운동의 초기에 핵심적인 역할을 했고, 오늘날에 이르러서는 암기보다는 대화나 토론학습으로 진행되는 학습상황에서도 지속되고 있다. 이는 인지 과학, 정보 처리 이론, 사회학, 심리학, 공동체조직, 중재 원칙 그리고 경험 등을 바탕에 두고 있다.

업무(과업) 중심의 그룹 퍼실리테이션은 지난 30년간의 사회적 환경, 특히 시간을 중요시 여기는 산업 사회 및 정보가 많은 사회에서 태어났다. 이러한 사회에서 사람들은 더 효과적으로 협업할 수 있는 방법을 찾을 필요가 있었다. 품질 관리 그룹들, 교차 기능 태스크포스들, 그리고 시민 그룹들은 이 방법론의 초기 사용자이자 옹호자였다. 퍼실리테이션은 의사 진행과 '로버트의 표준의사진행법Robert's Rules of Order'이라는 제약적인 방식에 대한 격식 없고 유연한 대안이었다. 그룹 퍼실리테이션은 또한 갈등이 발생하기 이전에 해결 가능한 접근이며, 여러 이해관계자들을 다룰 수 있는 접근이었다. 뿐만 아니라 퍼실리테이션은 중재 방식에 대한 대안이기도 하였다. 학습 집단 등에 속한 참여자들은 그들의 의식을 향상시켰을 때 행동을 취하고 싶어했는데, 이때 새로운 통찰력과 지식을 업무에 적용해 행동하고, 문제를 해결하고, 계획하고, 함께 의사결정을 하고자 하는 필요가 나타났다. 업무 중심 퍼실리테이터의 역할은 바로 이러한 요구들이 해결될 수 있도록 돕는 것이었다. 이것은 1970년대 초반부터 발전되기 시작한 조직 변화 및 재구성을 위해 나타나게 되었다.

회의 퍼실리테이션은 나와 데이비드 스트라우스에 의해 시작되었다. 우리는 사람들에게 자신의 강력한 미래를 설계할 수 있는 도구들을 제공해 주는 것에 관심을 가졌다. 이것은 그들이 일하고 있는 그룹들을 더 효과적이고, 강력하고, 생산적으로 만들 수 있는 많은 프레임들과 도구들을 제공해 주는 것을 의미한다. 우리는 그룹 퍼실리테이션을 사회적 계약과 내용에서 중립적인 역할을 하며, 그룹에서 보다 공식화된 제3자로 보았다. 여기서 우리는 내용에서의 중립과 절차에서의 중립의 차이점과 그 효과를 제시하였다. 내용적 중립은 다뤄지고 있는 이슈에 대해 어떠한 입장을 취하지 않는 것으로, 결과물에 대해 어떠한 위치 혹은 이해관계를 갖고 있지 않은 것이다. 반면 절차적 중립은 특정한 종류의 프로세스, 예를 들어 브레인스토밍 같은 것을 옹호하지 않는 것이다. 그런데 퍼실리테이터의 역할은 내용에서는 중립적이지만 절차에서는 그렇지 않을 수 있다. 그리고 퍼실리테이터의 힘은 그룹의 모든 참여자들이 심리적으로 안전하게 온전히 참여할 수 있는 공간에서, 참여와 생산성 향상을 균형 있게 하며, 공정하고 참여적이며 열린 절차로 진행할 때 나오는 것이었다.

퍼실리테이터의 역할은 이야기가 맴도는 것이나 역기능적 역동을 최소화하는 것, 그리고 집단이 함께 훨씬 더 효율적으로 일하는 것을 돕기 위해 설계되었다. 1970년대에 있었던 또 다른 퍼실리테이션의 개척자들은 그래픽 기록과 그래픽 퍼실리테이션 분야에서 작업을 한 제프 볼Geoff Ball과 데이빗 시벳David Sibbet인데, 이들이 가진 그룹 퍼실리테이션의 핵심 개념과 도구들은 1970년대와 1980년대에 샌프란시스코 만 지역에서, 유대가 긴밀한 조직 개발과 공동체 훈련으로부터 자라난 것으로 여겨진다. 샘 케이너와 그의 동료들이 이 이론과 스킬 형성의 풍부한 유산을 잇는 것은 정말이지 멋진 일이다.

미래 연구자들은 사회적 발명이 널리 퍼지기 위해서는 약 30년이 걸린다고 주장한다. 그룹 퍼실리테이션 또한 그러한 사회적 발명 중 하나이다. 지난 25년간 퍼실리테이션 스킬은 미국에 넓게 퍼졌고, 또 세계로 퍼지고 있다. 퍼실리테이터들은 다시 한 번 학습 조직들에서, 깊은 곳에 숨겨진 가정들과 우리가 세상을 바라보는 정신 모델을 표출시키는 다이얼로그 절차를 돕는데 활용되고 있다. 현재 사용하고 있는 정신 모델들은 갈등과 역기능의 근저를 이루는 원인이 되기도 한다. 하지만 우리는 정신 모델들을 표출하고 탐색하고 변화해가면서, 집단이 그들의 핵심 가치와 믿음을 분명히 표현하는 것을 돕는 새로운 시스템의 사고방식으로 협업할 수 있다. 이러한 새로운 정신 모델은 조직이 새로운 시대의 요구에 맞게 스스로 발전하고 성장하고 변화하는 것을 돕고 있다.

퍼실리테이션 의미의 확장

조직에서 스킬의 유용함이 커져감에 따라 퍼실리테이티브한 리더부터 스스로 퍼실리테이션하는 그룹과 팀들, 그리고 퍼실리테이티브한 개개인과 심지어 퍼실리테이티브하고 사용자 친화적인 절차들에 이르기까지 그 스킬의 영역은 퍼실리테이터의 역할을 넘어 퍼지게 되었다. 퍼실리테이션은 매일 쓰는 언어의 일부가 되었다. 퍼실리테이트 facilitate(퍼실리테이션의 동사형)의 라틴어 어원은 '가능하게 하다', '쉽게 만들다'이며, 오늘날 퍼실리테이션 facilitation 은 다양한 의미로 발전되었다.

퍼실리테이티브한 사람 facilitative individual 은 함께 일하기 수월한 사람, 팀 플레이어, 그룹 및 개인적 역동을 알고 있는 사람을 뜻한다. 그들은 동료들이 더 효과적으로 협업할 수 있도록 잘 돕는다. 이들은 커뮤니케이션, 협력적 문제 해결, 기획, 합의 형성 그리고 갈등 해결과 같은 대인 스킬에 대한 지식과 실행 역량이 있는 자들이다.

퍼실리테이터 facilitator 는 그룹과 조직을 더 효과적으로 협업하게 하고 시너지를 만들어내어 일할 수 있게 하는 사람을 뜻한다. 그들은 회의 중 '내용 중립적' 입장을 취한다. 즉, 한쪽 편을 들거나 특정 관점을 표현 혹은 옹호하지 않으며, 그룹이 일을 완수할 수 있도록 공정하고 포괄적이면서 열린 절차를 옹호하는 사람이다. 퍼실리테이터는 또한 학습과 다이얼로그에 대한 가이드로서, 그룹이 가정이나 믿음, 가치, 시스템 절차 그리고 맥락에 대해 깊이 생각할 수 있도록 지원한다.

퍼실리테이티브 리더^{facilitative leader}는 그룹과 조직의 역동에 대해 알고 있는 사람으로서, 조직 구성원들이 말하는 가치를 실현하는 동시에 조직의 비전과 목표를 명확히 제시하며, 그 목표를 달성할 수 있도록 조직적인 참여를 이끌어 내되 조직원들 스스로 가능성과 재능을 충분히 활용할 수 있도록 돕는 리더이다. 퍼실리테이티브 리더들은 대개 퍼실리테이션과 리딩(이끄는 것) 사이의 내재적인 역동을 이해하고 있으며, 그들의 조직에 퍼실리테이터를 자주 활용한다.

퍼실리테이티브 그룹^{facilitative group} (팀, TF, 위원회, 이사회)은 퍼실리테이티브한 마음가짐과 행동들이 구성원들 사이에 널리 퍼져있는 그룹이다. 이 그룹은 역기능적인 부분이 아주 적고, 함께 일하는 것을 아주 잘하며, 새로운 이가 들어오기 쉽고, 다른 그룹 혹은 다른 개인들과 협업하기를 잘한다.

이 글을 읽는 독자들이 리더든, 구성원이든, 퍼실리테이터이든, 그들은 그룹으로 일하는 것에 있어 이 책이 매우 유용하다는 것을 알게 될 것이다. 특히 그룹 역동에 대한 이해, 퍼실리테이티브한 경청, 그리고 가치의 중요성에 대해 기술한 통찰력 있는 장들을 강력하게 추천한다. 또한 종결로 다가갈수록 그리고 '동의단계자'에 대한 장에서 이 책의 진가를 확인할 수 있을 것이다. 나는 이 책에서 얻은 지식과 통찰력을 기쁘게 즐겼다. 여러분도 충분히 그러하리라고 확신한다.

1996년 3월
캘리포니아 샌프란시스코에서
마이클 도일 Michael Doyle

저자 서문 – 초판을 내며

집단의사결정의 장점은 널리 알려져 있다. 거기에는 더 나은 생각이 있고, 그 속에서 더 나은 동의와 더 좋은 결정이 이루어진다. 하지만 이 약속은 실현되지 못할 때가 많다. 그룹에서 만들어진 많은 결정들은 사려 깊지도 않고 포괄적이지도 않다. 오히려 상상력이 부족하거나 물을 탄 듯 평범하기까지 하다.

왜 그럴까?

많은 경우, 사람들은 그룹으로 생각하는 일을 제대로 하지 못한다. 거기에는 그렇게 생각하는 것을 어렵게 만드는 문화적 가치들이 팽배해 있다. 많은 사람들은 즉흥성을 갖고 있다. 다른 이들의 진짜 생각을 제대로 이해하기도 전에 섣부른 가치판단을 함으로써, 그들로 하여금 자기들의 생각을 이야기하지 못하도록 단념시켜 버린다. 예를 들면, 어설프게 표현된 아이디어들이나 자신 없는 듯 머뭇거리는 말들은 달변적인 수사와 화려하게 꾸며진 아이디어들로 인해 열등한 것처럼 여겨질 때가 있다. 복잡함을 탐험하려는 노력들은 간결하고 함축적인 판단들과 단단하게 들리는 결론들에 막혀 좌절된다. 문제의 근본적인 원인을 분석하는 것은 '삼천포로 빠진다'고 취급되고, 실행 계획을 만드는 것은 그것이 얼마나 비현실적이든 간에 '무언가를 해냈다'고 여겨진다. 얼마나 많은 메시지들이 혼재되어 있는가? 당신의 마음속에 있는 것을 말하되 너무 많은 것을 묻지는 말라. 열정적이되 감정을 보이지는 말라. 생산적이되 서두르라. (실패는 용납되지 않는다.) 자, 이 모든 것을 고려해볼 때, 전통적인 가치들은 그룹의 생각을 효과적으로 촉진하지 않는다.

하지만 제대로 진행되기만 한다면 집단의사결정은 어려운 문제들을 해결할 가장 큰 희망이다. 다양한 관점들을 성공적으로 통합하여 이루어낸 지혜를 대체할 수 있는 것은 없다. 성공적인 집단의사결정을 이루려면 구성원 각자에게 있는 폭 넓은 경험과 스킬들을 활용해야 한다. 이것은 사람들이 목소리를 낼 수 있도록 격려하는 것을 의미한다. 이것은 다름을 장려하고, 두려워하지 않는 것을 의미한다. 특히 구성원들에게 말하지 못하게 하는 압박과 기타 여러 가지 모순 상황에서 서로를 이해하기 위해 노력하는 것을 의미한다. 간단히 말해, '참여적 가치'로 작동하는 것을 말한다.

집단의사결정에 있어서 참여적 접근과 전통적 접근은 완전히 다른 집단 규범을 만들어 낸다.

여기 몇 개의 차이점이 제시되어 있다. 표에서 보는 것처럼 전통적 가치에서 참여적 가치로 바뀌는 것은 그리 간단한 것이 아니다. "생각하는 팀이 됩시다!"라고 구호를 외친다고 되는 일도 아니다. 이것은 마음의 변화를 필요로 한다. 집단에 만연한 가치와 가정들의 밀물을 거슬러 헤쳐 나가겠다는 강력한 의지를 가져야 하는 것이다.

이러한 도전을 하려는 집단이 있다면, 아무래도 숙련된 퍼실리테이터의 도움을 받는 것이 좋다. 자체적으로만 하려다 보면 예전부터 해온 습관들로 돌아가 버리기 쉽기 때문이다. 퍼실리테이터는 익숙한 옛 방식을 벗어나도록 도울 수 있는 스킬을 가진 사람이다. 구체적으로는 완전한 참여를 격려하고, 상호 이해를 촉진하며, 다양한 의견을 담은 포괄적인 해결방안을 발전시키고, 책임을 공유할 수 있도록 돕는다. 그리고 이 네 가지 역할은 '참여적 의사결정의 핵심 가치'로부터 얻어진다(3장 참조).

참여적 그룹	전통적 그룹
목소리가 큰 몇 사람이 아니라 모두가 참여한다.	빠르게 생각하고 분명하게 표현하는 참가자들만 주로 이야기한다.
서로에게 생각할 시간과 공간을 주고, 그들의 생각을 이야기할 수 있게 한다.	틈만 나면 다른 사람의 발언에 끼어든다.
회의실 안에는 반대 의견도 있을 수 있다.	다른 의견은 곧 갈등이다. 제압하거나 해결해야만 한다.
"이것이 당신이 말하고자 하는 것인가요?" 같은 질문을 함으로써 서로를 돕는다.	질문은 도전으로 취급되기에, 질문을 받은 사람은 무엇인가 잘못한 것처럼 여겨진다.
화자에게 집중할 수 있도록 모든 참가자가 노력한다.	화자가 사람들의 관심을 사로잡지 못하면 사람들은 멍하고 있거나 딴 짓을 하거나 계속 시계만 확인할 것이다.
참가자들은 다른 이들이 자신의 의견을 들어줄 것을 알기 때문에 그들도 다른 이들의 의견을 듣는다.	서로가 말하고 싶은 것들을 연습하느라 다른 사람의 이야기를 잘 듣지 못한다.
논란이 되는 사안에는 모든 사람이 자기 의견을 밝힌다. 모든 이들은 다른 사람이 어떤 입장인지 이해하고 있다.	어떤 이들은 논란이 많은 문제에 대해 이야기하지 않기 때문에, 누구도 그들의 입장을 알지 못한다.
각 사람은 동의하지 않는 사람의 의견에 대해서도 정확하게 대변할 수 있다.	자기와 다른 의견이나 그 이유에 대해서는 정확히 설명하지 못한다.
각 사람은 서로의 뒤에서 이야기하는 것을 삼간다.	회의에서 직접 이야기할 필요를 느끼지 못하므로, 회의실 밖 서로의 등 뒤에서 이야기한다.
담당자나 상사가 반대해도 자신의 믿음을 위해 의견을 꺼낼 수 있도록 격려한다.	조화를 이루지 못하는 소수의 관점을 가진 사람은 이야기를 꺼내는 것 자체가 좌절될 것이다.
모든 이들이 그 이유를 이해할 때까지는 문제가 해결되었다고 생각하지 않는다.	가장 빠르게 생각하는 사람이 답을 찾자마자 문제가 해결된 것으로 여겨진다. 나머지 사람들은 그 결정을 논리적으로 이해하든 이해하지 못하든 함께해야 한다.
사람들이 합의를 하면, 그 결정은 다양한 관점을 반영한 것이라고 추정할 수 있다.	사람들이 합의를 하면, 모두가 똑같이 생각했다고 추정한다.

참여 가치의 실현

퍼실리테이터는 프레임, 즉 참조틀의 수호자이다. 마이클 도일의 서문에서처럼 '공정하고, 포괄적이며 개방적인 절차'라는 비전을 전달하는 사람이다. 이것이 바로 많은 퍼실리테이터들이 구성원들에게 역동과 집단의사결정의 가치를 알게 하는 이유가 된다. 그렇게 함으로써 그들은 구성원들이 의사결정을 해가는 과정에서 공통의 언어와 공유하는 참조틀을 발견하게 된다는 것을 알고 있다.

퍼실리테이터가 그룹 구성원들에게 절차를 관리하는 기술을 얻게 도와줄 때, 그는 참여적 의사결정의 핵심가치 중의 하나, 즉 '공유 책임'이라는 가치에 일치하는 행동을 하게 된다. 이 가치는 본서를 꾸미는 데 지대한 역할을 했다. 본서에는 별도의 독립 페이지를 구성하여, 퍼실리테이터가 복사하여 나누어 주면서 사용할 수 있게 해두었다.

예를 들어, 새로운 그룹이 만들어진 경우라면 1장과 2장을 읽고 토론해보면 좋을 것이다. 이 장을 읽는 데는 15분도 채 걸리지 않는다. 읽는 데 재미있으며, 역동과 참여적 의사결정에 대하여 의미 있는 대화를 나눌 수 있는 기초 작업이 될 것이다. 본 서의 활용지침(396쪽 참조)을 잘 숙지하며, 그룹 역량 강화와 지속가능한 동의를 만들어 내기 위해 이 책을 자유롭게 사용하기를 권한다.

지속가능한 동의를 위한 퍼실리테이션

지속가능한 동의를 형성할 수 있는 과정은 다음 네 단계를 거친다: 1) 다양한 관점을 수집하고, 2) 공유된 이해를 수립하고, 3) 포괄적 해법을 개발하고, 4) 종결을 향해 다가간다. 역량을 지닌 퍼실리테이터는 이 네 개의 단계를 처음부터 끝까지 매끄럽게 이끌고 간다. 그렇게 하려면, 퍼실리테이터는 참여적 의사결정의 역동과 가치에 대한 개념적 이해가 필요하다(Part 1 참조). 퍼실리테이터에게는 또한 그 과정을 관리하는 기술의 표준도 필요하다(Part 2 참조). 또한 사고를 돕는 정교한 도구와 단계마다 필요한 개입을 그룹에게 제안하고 실행할 수 있는 레퍼토리가 있어야 한다(Part 3, 4 참조).

집단의사결정에 대한 약속의 실현

참여적 기법을 적용하는 사람들은 회의를 퍼실리테이션한다는 것이 단지 문제를 해결하고 계획을 수립하는 것 이상이라는 것을 알게 된다. 이는 심오한 개인의 학습과정을 돕는 것이기도 하고, 그룹이 그룹 전체로서 능력과 효과성을 발휘할 수 있도록 강화하는 계기이기도 하다. 이러한 계기는 참여의 가치를 만족스럽게 실현시킬 때만 가능하며, 이때 참여적 의사결정의 약속 또한 실현된다.

저자 서문 - 제3판을 내며

1. 그룹의 위력

1990년 이 책을 처음 저술할 때는 그룹 퍼실리테이터라는 말이 낯설었다. 대부분의 사람들은 "퍼실리테이터? 그게 뭐예요?"라고 물었다.

25년 동안 많은 변화가 일어났다. 처음에는 그룹의 최선의 사고를 돕는다는 협소한 개념으로서 '중립적인 제3자'라는 애매한 역할이었으나, 이제 퍼실리테이터는 그룹의 리더십이라는 폭넓은 개념으로서 트레이너에서부터 회의주재자, 회의진행자, 관리자라는 의미를 지니게 되었다. 이 글을 쓰고 있는 2014년에는 그룹이 기능할 수 있도록 하는 일과 연관된 모든 것을 의미하게 되었다.

하지만, 여전히 퍼실리테이션의 본질적인 의미는 변하지 않고 있다. 무엇보다도 '그룹'을 대상으로 한다. 가르치는 것이든, 리더십을 발휘하든 조정을 하거나 단순하게 절차를 관리할 때에도 퍼실리테이터의 역할은 일이 성사되도록 하는 그룹 구성원의 효과성을 높이는 데 있다. 퍼실리테이터는 돕고, 봉사하고, 가르치고, 안내한다. 반면에 그룹은 해결하고, 결정하고, 생산하고, 행동한다.

20세기에 얻은 위대한 통찰 중의 하나는 소그룹으로 앉아 서로 마주보며 일하는 것이 잠재적으로는 변혁적이라는 것이다. 당신이 원하기만 한다면, 진짜로 생각하는 것을 말하고, 말한 것과 그로부터 떠오른 것에 대하여 피드백을 받고, 자신과 다른 세계관을 가진 사람들의 사고와 감정을 애써 듣고, 타인의 관점으로부터 생각하는 방법을 배우면서 치고받는 기회를 가지게 된다. 대면하고 있는 소그룹 – 5명이든, 10명이든, 20명이든 – 의 테이블에서 참여를 이루기 위하여 소매를 걷어붙일 때마다 우리는 우리를 변화시키고 성장하게 하는 기회의 세계로 들어가게 된다.

변화하고 성장하는 행위 안에서, 우리의 그룹 구성원의 지각과 경험 역시 변화한다. 이는 결과적으로 전체 그룹을 강하고, 현명하고, 신뢰받는 그리고 때론 용기 있는 그룹으로 만들어낸다. 그룹으로서 우리는 세상을 바꾸는 열쇠를 쥐고 있다. 하지만 우리는 그것을 거의 사용하고 있지 않으며, 시도조차 하지 않는다. 그러나 원하기만 한다면 기회는 숨어서 우리를 기다리고 있다.

우리는 그것을 '참여적 의사결정'이라 부른다. 사회적 혁신이라 부를 수도 있으며, 대화와 숙의라고 부를 수도 있다. 또한 다중이해관계자의 협력이라고 부를 수도 있고, 전체적인 영향력이라고 부를 수도 있다. 우리가 무엇이라고 지칭하든, 그것은 대면 그룹의 변혁적 위력을 끌어내는 것을 의미한다. 먼저 자각하게 하고 서로 간에 연민을 품게 하며 잠재적으로 참여자의 열망을 이끌어 내어, 세상에서 가장 어려운 문제를 해결하려는 희망과 용기를 품고 그것을 위한 대담한 행동을 할 수 있게 만드는 것이다.

대면 그룹에서 진지하게 일하면 그러한 기회가 찾아온다. 퍼실리테이터는 그 안에서 가장 중요한 역할을 하는 사람이다. 대면 그룹에서 참여자들에게 최선의 사고를 할 수 있도록 지원하는 '중립적인 제3자들'을 위하여 이 책을 쓰고 존경의 인사를 보낸다. 그 일은 어렵고 무거운 짐이 될 것이며, 끝없는 유혹의 길이요, 결국 외로움으로 가득 찬 고독한 여정이 될 것이다. 그 일을 자신의 소명이라고 생각하는 독자에게 경의를 표한다.

2. 참여의 문화

퍼실리테이터가 있어 유익함이 있었다고 하자. 그러면 참여적 절차에서 그룹의 책무는 무엇인가?

다른 말로 해 보자. 힘겨운 문제를 놓고 씨름하는 어떤 어려운 일을 유능한 퍼실리테이터가 돕고 있다. 그 구성원들은 온전하게 참여한다. 그들은 상호 이해를 구축하고 모든 사람에게 작동하는 해결책을 찾아낸다. 그리고 그 해법이 실현될 수 있도록 행동을 취하기 시작한다.

그룹의 모든 사람들은 '인생 변화'를 경험했다거나 그와 유사한 말을 하게 된다. 이제 퍼실리테이터와의 계약은 종료되고 그는 그 자리를 떠난다.

그러면 그룹이 갈 길은 어디인가?

우리 자신의 그룹과 외부의 그룹을 관찰해온 경험에 비추어보면, 제 아무리 훌륭한 퍼실리테이션이 있었다고 하더라도 그 자체로 네 번째 가치인 공유 책임을 적절하고 지속적으로 풀어갈 수는 없다. 만약 그룹 구성원이 잘 행해진 퍼실리테이션에 의하여 참여적 의사결정 과정에 따른 변혁을 유지해 가기를 원한다면, 이는 진정성 있는 참여의 문화를 구축하고 보존해야 한다는 것을 의미한다. 이것은 이 책의 2장에서 설명하고 있는 다음 4가지 핵심 가치에 관한 것이다.

- 온전한 참여
- 상호 이해
- 포괄적 해법
- 공유 책임

이는 퍼실리테이터와의 관계를 종료한 그룹에게는 쉽지 않은 제안들이다.

퍼실리테이터가 관여하고 있을 때는, 그가 사안에 따라 촉진적 경청 기술과 같은, 이 책에서 설명하고 있는 다양한 도구들을 총 동원하여 그룹의 협력과 열정을 이끌어내 준다. 사실상, 그가 퍼실리테이션을 하는 동안에는 그룹이 참여적 태도를 갖도록 이끌어 주고, 그러한 마음가짐이 남아 있도록 지원한다.

그리하여 퍼실리테이터는 다음 3가지의 목적을 지속적으로 달성하게 한다.

- 존중하고 지지하는 분위기를 만들고 유지한다.
- 내용에서 벗어나 과정을 관리한다.
- 서로 협력하는 역량을 길러주기 위한 절차를 제공함으로써 그룹에게 새로운 사고의 기술을 가르친다.

이 세 가지를 실행하는 것은 매우 중요하다. 이는 4가지 참여의 핵심가치가 뿌리를 내릴 수 있는 토양이 된다. 그리고 참여적 환경을 만들어내는 퍼실리테이터의 핵심 역량이 된다.

하지만 퍼실리테이터와 그룹의 계약이 종료될 때, 그룹에는 난처한 후유증이 남는다. 구성원들은 온전한 참여와 참여적 가치의 혜택을 실감했고, 그로부터 분명히 참여적 마음가짐을 길러냈다. 그러나 이제 누가 책임을 지고 존중하고 지지하는 분위기를 이끌어갈 것인가? 누가 그룹이 대화하는 과정을 관리할 수 있을 것인가? 가장 좋은 것은 퍼실리테이터가 그들 스스로 그 일을 할 수 있는 방법을 가르쳐 주는 바람직한 전략을 갖고 있는 것이다. 이것이 유일한 희망이다.

지속적인 참여의 문화를 배양하기 원하는 퍼실리테이터라면 본인이 좋은 경청 기술을 사용하는 것만으로는 부족하다. 중요한 것은 우리가 시도하는 것들을 사람들에게 가르쳐야 한다는 것이다. 그룹이 각 아젠다에 지속적으로 학습할 수 있는 시간을 적어도 30~40분 또는 1시간 정도 배정하도록 장려해야 한다. 이 때를 이용하여 경청, 에너지 관리, 범주화 등 새로운 기술을 구성원들에게 가르칠 수 있을 것이다. 회의 기획자로 하여금 우리가 하는 일을 이해하게 해야 한다. 그러면 그들은 실습과 피드백, 몇 분간의 디브리핑, 그리고 학습한 것을 통합할 수 있는 적당한 시간을 준비해 두게 될 것이다. 그렇게 하면 후속 회의에서 그들이 배운 새로운 기술을 적용해 보도록 도움을 줄 수 있다.

줄여서 말하면, 퍼실리테이터는 그룹에게 다음과 같은 것을 할 수 있는 마음가짐 및 모델, 기술, 도구 등을 제공하게 된다.

- 서로 존중하고 지지하며 일한다.
- 대화의 내용으로부터 벗어나서 스스로의 절차를 논의하고 관리할 수 있다.
- 지속적인 학습에 참여하고, 협력에 필요한 역량을 기른다.

실제로 퍼실리테이터가 일시적인 퍼실리테이터 주도의 참여 환경으로부터 점진적으로 그룹 구성원 주도의 참여 문화로 이전하겠다는 의지를 가진다면, 그는 그룹과 함께하는 시작 시점부터 여러 가지 모델과 도구를 전수해주면서 항상 그룹의 소통과 절차 관리 능력을 길러내는 데 집중하게 될 것이다.

3. 이 책의 활용

제3판에서는 60페이지가 넘게 도구에 관한 내용을 추가하였다. 그 자체로도 좋지만, 독자에게 도구를 제공하게 되었다는 점에서 더욱 기쁜 일이다. 우리로서는 당신이 지원하는 그룹의 누구라도 이 책의 도구들을 쉽게 사용하여 그들 스스로의 참여적 문화를 구축할 수 있게 했다는 데에 의의가 있다.

예를 들어, 21장에서는 '참여적 의사결정의 다이아몬드'를 그룹에게 제시하는 방법을 보여준다. 실제로 컨설팅을 수행할 때 그룹에게 관점을 공유하고 언어를 공유하는 것은 말할 수 없이 가치 있는 일이다. 그렇게 함으로써 구성원들은 그룹의 역동에 대하여 서로 의견을 나누게 된다. 내용이 아닌 절차에 대한 논의, 즉 그룹 논의에 대한 본질적인 논의를 하게 된다는 말이다. 마찬가지로 13장에서는 '힘겨운 역동 다루기'에 대한 도구들을 제시한다. 예를 들면, '존중하는 그룹 문화 조성'은 구성원 스스로가 존중하고 지지적인 분위기를 만들기 위하여 서로 간에 책임감을 갖게 하는 핵심적인 활동이다.

이 책 전체에 있는 수많은 도구들은 지금 당신이 배우고 있는 것과 동일하게 당신의 그룹에서도 가르칠 수 있다. 한 두 페이지를 골라 그들에게 나누어 주거나, 혹은 플립차트나 슬라이드로 만들어서 그 내용에 대하여 논의하게 해보라. 전체 그룹이든 소그룹이든 상관없다. 일종의 경험 학습을 하는 기회가 될 것이다.

4. 글을 마치며

퍼실리테이터는 참여 과정에서 발생하는 어려운 순간을 극복하기 위하여 유머와 임기응변을 사용할 수도 있다. 그렇게 하는 것이 매력일 수도 있다. 하지만 퍼실리테이터에게 중요한 것은 그의 전문성과 지식을 전수하여, 그룹의 역량을 개발하는데 헌신하는 것이다. 퍼실리테이터는 흔히 말하는 카리스마와는 크게 상관없는 사람이다. 그러나 그가 그룹에게 선사해 준 명확하고도 효과적인 기술적 역량은 오래도록 남을 것이다. 당신이 속한 그룹에 자신의 재능을 통해 기여하고자 하는 귀한 노력에 이 책을 통해 한없는 지지를 보내는 바이다.

역자 서문

인간 활동의 주된 과정은 감각기관을 통하여 수집된 정보를 처리하여 결정하고 그 결정에 따라 손발을 움직이는 실행을 하는 것이다. 개인은 더 큰 성취를 이루고자 그룹이나 조직을 만들어 일하는데, 그룹과 조직 또한 마찬가지로 정보를 처리하여 결정하고 이를 실행하여 목표한 성과를 거두는 활동을 한다.

그러나 저마다 다른 경험과 지식, 이기심과 이해관계를 가진 개인들이 한 자리에 모여 하나의 결정을 만들어내는 일은 어렵다. 그리하여 대부분 지위가 높은 한 사람에게 결정권을 넘겨주게 된다. 이 단독결정 방식은 집단지성을 활용하지 못하여 덜 현명한 결정을 내리게 되거나, 독재라는 결정권의 남용 현상을 만들어낸다.

목표를 이루고 성과를 내는 데 있어 현명한 의사결정은 매우 중요하다. 또한 개인보다는 그룹의 지혜를 모으는 참여의 과정을 거칠 때 더 현명한 결정을 내릴 수 있다. 따라서 결정에 이르는 그룹워크를 효과적으로 진행하는 방법이 무엇보다 중요하다.

역자는 정치학과 행정학을 배우고 협치와 거버넌스라는 개념을 알게 되면서, 구성원의 의견이 의사결정에 담기는 실제적인 방법이 무엇인지 알아내려고 무수히 애를 썼다. 그러나 현실세계에 그런 것은 거의 존재하지 않았다. 협치를 표방하는 위원회는 형식적으로 운영되고, 거버넌스는 개념조차 희미한 채 문서를 근사하게 장식해주는 포장지로 사용되는 경우가 대부분이었다.

참여라는 말도 출석과 크게 다르지 않은 의미로 사용되었고, 주민참여는 사람들이 일정한 공간에 존재했었다는 것을 사진으로 증명하는 절차 정도로 여겨졌다. 조직 안에서도 구성원의 참여는 현존하기 어려웠다. 그리하여 공공 영역이든 민간 영역이든, 참여와 민주주의는 선거 이외의 생활에서 찾아보기 힘들었다.

2004년 '참여를 촉진하는 퍼실리테이션'이라는 개념을 접하고, 퍼실리테이션에 관한 여러 책을 읽었다. 대부분 개념과 원리를 잘 설명해 주었지만, 구체적으로 어떻게 하는 것인지에 대한 방법을 설명하는 부분에서는 여전히 목마름이 느껴졌다. 창의와 집단지성이 만들어지도록 돕는 리더의 구체적인 방법은 무엇일까? 참여와 민주주의를 책이 아닌 생활에서 실현하는 방법은 무엇일까? 실제로 어떻게 해야 그것이 가능해질까? 샘 케이너의 책은 이 모든 질문에 대해 친절한 대답을 해주었다.

이 책을 읽자마자 번역하여 한국사회에 내놓고 싶었다. 하지만 좋은 책을 만났다고 해서 그리고 읽을 수 있다고 해서 바로 그 책을 번역을 할 수 있는 것은 아니었다. 10년이 넘게 이 책을 번역할 수 있는 날을 준비해 왔다. 어느 정도 명성을 쌓아야 번역을 제안할 수 있다고 생각했다. 국제퍼실리테이터협회의 자격을 취득하고, 조직개발과 퍼실리테이션 전문 회사인 쿠퍼실리테이션그룹을 어느 정도 성공적으로 경영하고, 경영학 박사과정을 수료한 후 드디어 2016년에 번역 출간을 요청했다. 계약이 체결되었고, 같은 해 5월에는 호주 맬버른에서 이 책의 공저자인 사라 피스크의 워크숍에도 직접 참여하였다. 저자에 대한 이해를 더한 것이 번역에 큰 도움이 되었다.

역자는 그 동안 퍼실리테이션을 교육하면서, 철학, 이론, 스킬, 도구, 기법, 절차 등으로 영역을 나누어 퍼실리테이션의 복잡한 개념을 정리할 수 있도록 시도해왔다. 이 책은 그런 점에서 구조적으로 일치하고 있지는 않다. 그러나 그룹워크가 진행되는 시간의 흐름을 어떻게 설계하고, 각 장면에서 퍼실리테이터가 어떻게 질문하고, 교류해야 하는지를 구체적으로 설명하고 있다. 게다가 다양한 회의 기법들을 망라하여 제시하고 있다는 점에서 커다란 강점을 지니는 책이다.

빠듯한 일정 속에서 번역 실력도 부족한 역자가 책을 내게 되었다. 이 과정에서 편집장의 역할은 이루 말할 수 없는 고난의 과정이라는 점을 알아가고 있다. 역자의 부족함을 너그럽게 품어준 박연수 수석과 쿠퍼네 직원 모두에게 감사한다.

구기욱 CPF

차례

Part 01. 참여의 핵심원리

Part 02. 퍼실리테이터의 핵심기술

참여의
핵심원리

집단의사결정 과정의 역동
그룹 협업의 이상적 모델과 현실적 모델

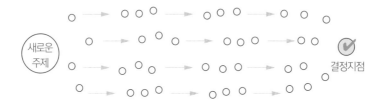

이 그림은 문제해결을 위한 논의과정을 가정하여 그려본 것이다.

작은 원(O)들은 각각의 아이디어들을 나타내며, 원과 화살표로 연결된 경로들은 그 아이디어들이 논의 과정을 통해 발전되고 있는 경로를 보여준다.

그림에서 보는 것처럼, 모든 사람은 각자의 아이디어를 따라 가고 있으며, 아이디어의 경로에 있어서도 모두 같은 속도와 같은 단계를 밟아가고 있다.

안타깝게도 그룹으로 일하는 많은 사람들이 이 방식을 따른다. 그리고 이 방식이 건강하고 현실적인 의사결정 과정이라고 생각한다. 그러다가 실제 경험에서 이와 다른 방식을 마주하게 되면 자기들의 그룹에 결함이 있다고 생각한다.

사실 이 그림처럼만 실제로 행동해도 의사결정 과정이 그리 좌절스럽지는 않을 것이다. 그러나 불행히도 현실에서는 수많은 그룹들이 이 같은 방식으로 작동하지 않는다.

집단의사결정 과정의 역동, 그 슬픈 현실

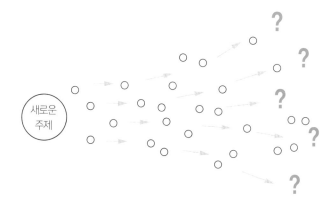

그룹의 구성원은 사람이다. 그러다 보니 엉뚱한 방향으로 탈선하기도 하고, 논의의 중심을 벗어나 길을 잃기도 하며, 한편으로는 자신의 생각에 고착되기도 한다. 중심을 잃지 말자고, 주제를 벗어나지 말자고 강조하기는 하지만 저마다의 관점을 가지고 한없이 벗어나려 하는 것을 막을 수는 없다.

논의가 중심을 잃게 되면 혼란이 찾아온다. 이때 사람들은 무언가 잘못되어 가고 있다고 느끼게 된다. 하지만 이것이 꼭 잘못되어 가는 것이라고 볼 필요는 없다. 때로는 이러한 혼란이 창의성의 전주곡이 될 수도 있기 때문이다.

하지만 그것이 창의인지 혼란인지 어떻게 알 수 있을까? 혼란의 쳇바퀴만 돌리는 퇴보적인 회의와, 다양성이 구슬처럼 한 땀씩 꿰어지는 회의의 차이를 어떻게 구분할 수 있을까?

사고의 유형

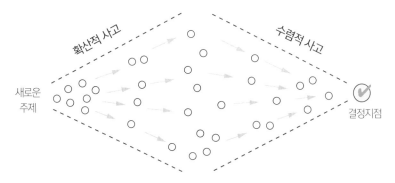

그룹의 각 구성원들은 자신의 관점을 피력하기 원한다. 하지만 동시에 서로의 격차를 줄여가며 논의를 종결하고 싶어 한다. 이 책에서는 이 두 종류의 사고 과정thinking process을 '확산적 사고divergent thinking'와 '수렴적 사고convergent thinking'라고 부르겠다.

사고 유형에 따른 4가지 예	
확산적 사고	수렴적 사고
대안 생성	대안에 대한 평가
자유로운 열린 토론	요점 요약
다양한 관점의 수집	항목별 의견 분류
심판 연기	심판 실행

집단의사결정 과정의 현실

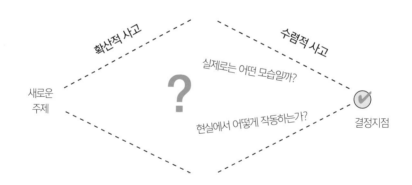

몇 년 전, 유명한 대형 컴퓨터 회사에서 확산적 사고와 수렴적 사고의 원리에 기반을 둔 문제해결 모델을 개발한 적이 있다.

회사 내 모든 관리자들이 이 모델을 사용하게 되었는데, 생각처럼은 잘 작동되지 않았다. 한 프로젝트 매니저는 출장비 지급 절차를 개선하는 데 2년이나 걸렸다고 말하기도 했다.

왜 이런 일이 생겨났을까? 집단의사결정은 현실에서 어떻게 작동하고 있는가?

자, 이제 이 모든 것들을 보다 심오하게 탐색해 나가기 위해, 집단의사결정의 전 과정을 한 장 한 장 자세히 살펴보도록 하자.

익숙한 패턴에서 맴도는 초기 단계

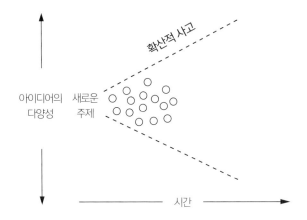

논의의 초기 단계는 안전하고 친숙한 상황으로 전개된다. 사람들은 기존의 지혜를 반영하는 수준의 입장에 서게 된다. 이미 알려진 의견이 개진되고 해결책 역시 흔히 아는 명백한 것을 제안한다.

이처럼 문제해결에 대한 논의는 평범한, 그래서 인간적인 방식으로 시작된다. 우리가 표명한 초기 아이디어들은 생각할 수 있는 가장 쉬운 것들이다.

성급한 결정

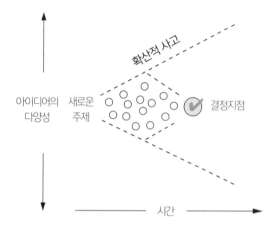

어떤 문제의 해결책이 명백하다면, 논의를 재빠르게 종결하는 것이 상식이다. 굳이 시간을 낭비할 필요가 없다.

하지만 한 가지 문제가 있다. 대부분 그룹은 모든 논의를 재빨리 종결하려고 서두른다는 것이다.

뚜렷하지 않은 대안

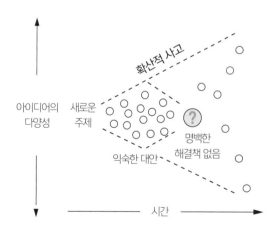

어떤 문제는 쉽사리 해결책을 찾을 수 없다. 예를 들어, 도심 공립학교의 교내 폭력 방지라든가, 증가하고 있는 다문화 근로자의 욕구 해결 같은 방법들을 찾기 위해서는 많은 아이디어들이 필요하다. 이러한 문제는 친숙한 의견이나 기존의 지혜로만 풀기에는 너무도 복잡하다.

이와 같이 어려운 문제와 씨름할 때는 친숙한 의견이라는 좁은 틀을 깨고 가능성의 범위를 더 넓혀 탐색해야 한다. 그렇지 않으면 문제를 푸는 데 성공할 수 없다.

전형적 대안

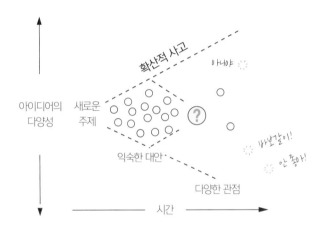

하지만 불행하게도, 대부분의 그룹은 친숙하지 않거나 일반적이지 않은 의견을 발전시키는 일을 잘 하지 못한다.

대안 없는 확산

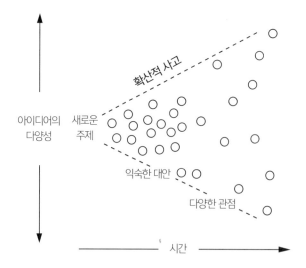

이따금, 그냥 넘기기 어려울 만큼 문제가 매우 심각해지면, 그룹은 구성원들의 생각을 방해하거나 제한하던 기존의 습성을 극복하고 반짝이는 의견에 주목하게 된다. 그런 상황에서 사람들은 실험적으로나마 새로운 관점으로 생각하기 시작한다. 어떤 참여자들은 위험을 감수하면서까지 논란이 될 만한 의견을 개진하기도 하고, 또 어떤 참여자들은 완전하게 발전시키지 못한 아이디어라도 일단 제시를 하게 된다.

문제 해결을 위한 새로운 사고방식을 찾는 것이 목적이기 때문에, 아이디어는 다양할수록 바람직하다. 다만, 의견이 펼쳐지는 것은 좋은데 이를 어떻게 다루어야 할지를 생각하면 성가신 것이 되고 만다. 자, 다음을 보자.

이상적인 의사결정과정

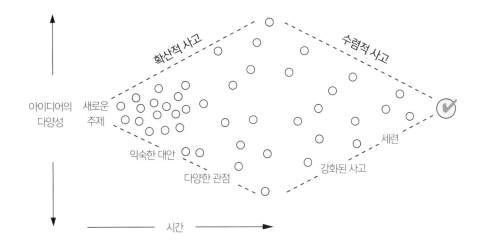

이론에 의하면, 그룹이 어려운 문제를 해결할 의지를 가지고 사고를 해나가는 과정은 다음과 같이 일정한 순서를 지닌다고 한다. 먼저, 그룹은 다양한 종류의 아이디어를 생성하고 탐색한다. 다음에는, 최선의 아이디어를 대안으로 사용할 수 있도록 결합하고 다진다. 마지막으로, 구성원들의 사고의 폭을 최종 결정에 잘 담아낼 수 있도록 제안을 세련되게 다듬어간다.

매우 좋다! 현실 세계에서 이런 식으로 이루어지기만 한다면 말이다.

현실에서의 의사결정과정

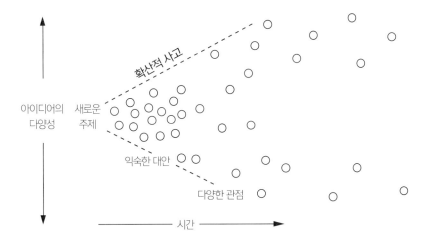

하지만 현실에서는, 구성원 중에 자신의 의견을 말하던 것을 멈추고 타인의 의견에 귀를 기울이거나 타인의 의견을 이해하는 일이 잘 일어나지 않는다.

특히 매우 다양한 의견들이 개진되어 움직이고 있을 때 이를 잘 다루는 것은 참으로 어렵다. 이 상황에서는 구성원들이 큰 부담을 느끼고, 방향을 잃게 되며, 귀찮아하고, 인내심을 잃기도 한다. 어떤 사람은 상황을 오해하며 자신의 의견만 반복하고, 어떤 사람은 그만 끝내자며 재촉한다.

그러므로 어려운 문제를 해결하려는 가장 진지한 시도조차도 혼란에 빠져버릴 수 있다. 실은 대부분 그렇게 된다.

의도적 방관

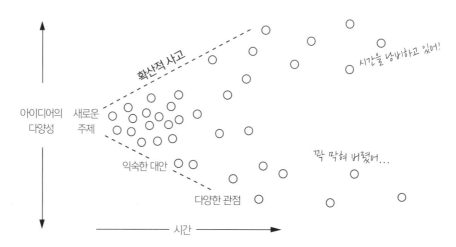

가끔 참여자들은 그룹이 논의에서 벗어나 진행되고 있는 모습을 보게 된다. 그러면서 "우리가 지금 주제에 대하여 말하고 있나요?"라거나, "지금 이 상황은 도대체 어떻게 된 거죠?"라고 말하기도 한다.

그러나 그룹이 이 같은 질문에 진지하게 대답하는 경우는 거의 없다. 특히 질문이 좀 까다로운 수사적 물음으로 느껴진다면 더욱 그렇다. 일반적으로는 이 같은 절차에 관한 물음이 그저 귀에 거슬리는 말 정도로 여겨진다. 관점을 잘못 이해한 것으로 여겨지고, 그래서 논의는 혼란 속으로 빠져드는 것이 보통이다.

이미 정해진 결론

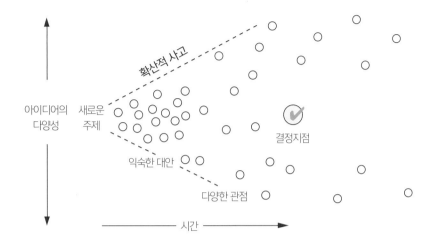

회의가 진행되는 중간에 매우 흔한 실수가 발생하는데, 그것은 회의를 주관하는 사람이 "결정을 내렸다."고 선언하는 것이다. 좌절감을 완화시키려는 의도에서 그렇게 하는 것이겠지만, 이는 오히려 문제를 악화시킬 수 있다.

회의 주관자는 지금 다루고 있는 문제에 대해 논리적으로 매우 합당한 답을 찾았다고 믿었을지 모르지만, 다른 사람들도 그 결정의 이면에 있는 논리를 다 이해했다고 볼 수는 없다. 어떤 사람은 전혀 다른 맥락에서 계속 생각하고 있을지도 모른다.

이것은 회의 주관자가 회의를 시작하기도 전에 이미 결정을 내린 것이 된다. "왜 이미 결정이 난 일에 대해 우리가 의견을 내야 한다고 말하는지 모르겠어요." 두서없는 대화를 정리해보겠다는 회의 주관자의 선의와 신념에 찬 노력이 오히려 참여자들의 불신과 냉소주의를 만들어낼 수 있다.

우리가 놓치고 있는 것

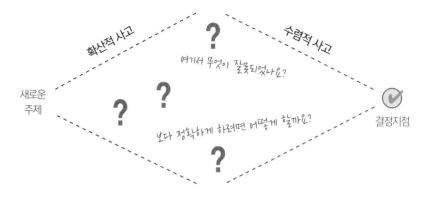

분명, 이 '이상적 모델'은 어디선가 잘못되었다. 현실에서 그룹은 자동으로 수렴적 사고를 향해 가지 않는다. 확산적 사고를 하는 데 꽤 많은 시간을 쓰고서도 대부분의 그룹은 앞에서 설명한 여러 장벽에 부딪히고 만다. 달리 말하면 확산 과정에서 '막힘'을 경험하는 것이다.

이 이상적 모델은 무엇이 잘못되었는지 보여주지 못한다. 우리가 놓친 것은 과연 무엇일까?

집단의사결정의 현실적인 모델

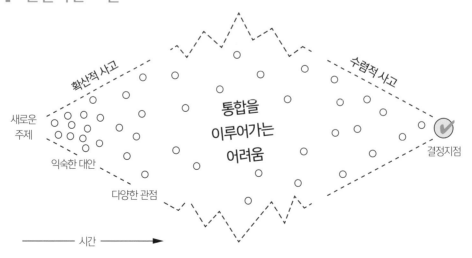

집단의사결정 과정에서 혼란과 좌절을 겪는 것은 매우 자연스런 일이다. 그룹이 친숙한 의견만을 말하는 지점을 한 번 벗어나 다양한 관점을 탐색하는 단계로 넘어가게 되면, 그룹의 구성원들은 새롭고도 다른 다양한 사고와 자신의 의견을 통합하느라 어려움을 경험하게 된다.

통합적 의사결정을 위한 필수코스, 으르렁 지대

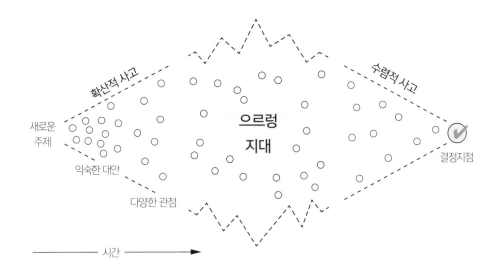

다르거나 반대되는 그 모든 아이디어들을 이해해가는 어려운 과정이 유쾌할 수는 없을 것이다. 구성원들은 같은 말을 반복하고, 설명이 섬세하지도 않으며, 방어적이고, 때론 화를 내기도 한다. 이 상황에서 대부분의 사람들은 무슨 일이 일어나고 있는 것인지 잘 알지 못한다. 하지만 이 '으르렁 지대groan zone'의 존재를 인식하는 것만으로도 그룹은 훌륭한 발걸음을 내딛을 수 있다.

참여적 의사결정의 다이아몬드•

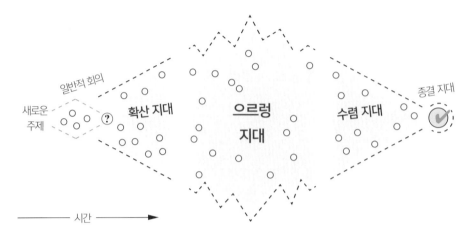

이 그림은 '참여적 의사결정의 다이아몬드'로써, 샘 케이너와 더불어 본서의 공동저자인 레니 린드, 캐서린 톨디, 사라 피스크, 두에인 버거에 의하여 개발되었다.

퍼실리테이터는 이 다이아몬드를 다양한 방법으로 사용할 수 있다. 퍼실리테이터는 이 다이아몬드라는 렌즈를 통하여 회의에서 일어나고 있는 의사소통의 역동을 관찰하고 반응할 수 있게 된다. 이는 또한 아젠다를 설계하는 유용한 모델이 된다. 특히 어려움이 예상되는 이슈를 다룰 때 활용할 수 있다. 이 모델을 학습 도구로 활용할 수도 있고, 참여자들이 이 모델을 이해함으로써 회의 과정을 좀 더 숙련된 방식으로 운영할 수 있도록 도움을 줄 수 있다.

근본적으로 이 모델은 그룹 내에 숨어있는 일상적인 측면을 확인하고 설명할 수 있도록 만들어진 것이다. 다름을 표현하는 것은 자연스럽고 유익한 일이다. 이때 혼란스러워지는 것은 당연하다. 좌절을 느끼는 것도 정상적인 과정이다. 이해를 같이 한다는 것은 참으로 고난스런 일이다. 결코 순탄하지 않다.

● 역자 주: 이 모델은 역자가 PASAQADE 모델을 만들어내는 데 영감을 주었다. 확산 지대와 으르렁 지대, 으르렁 지대와 수렴 지대의 중간 지점을 세분화하여 PASAQADE 모델을 정립하게 된 것이다. 역자가 쓴 <반영조직>(쿠퍼북스, 2016) 참조

현실적 의사결정모델의 위력

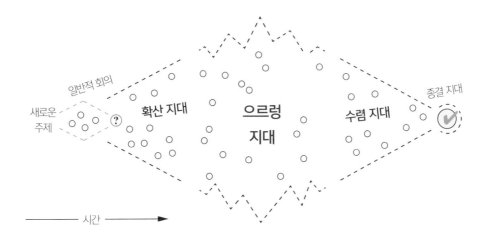

그룹의 잠재력을 일깨워 참여적 의사결정을 할 수 있도록 돕겠다는 사람이라면, (그가 퍼실리테이터든지, 리더든지, 그룹 구성원이든지) 집단 역동을 이해하는 것은 그에게 반드시 필요한 핵심 역량이다.

집단의사결정 과정에서 불편함을 느낄 때, 사람들은 자신의 그룹이 제 기능을 발휘하지 못한다고 생각한다. 그러면 조바심이 늘어나고, 회의 과정에 대한 실망도 늘어간다.

바로 이런 이유로 인하여 많은 프로젝트들이 제대로 꽃피지도 못하고 시들어 간다. 이는 목표를 제대로 제시하지 못했기 때문이 아니다. 으르렁 지대를 당연하고 자연스런 것으로 받아들이지 못하고, 극복할 수 없는 방해물이라고 보았기 때문이다.

이는 참으로 안타까운 일이다. 고결한 의도를 가지고 세상의 어려운 문제들을 풀어보려던 수많은 노력들, 풍성한 지원까지 받았던 노력들이 집단 역동이라는 복병을 만나 무산된 것이다.

자, 확실히 이해하자. 오해와 왜곡은 늘 일어나는 것이며, 참여적 의사결정에서 매우 자연스럽게 생기는 일이다. 으르렁 지대는, 어떤 그룹이든 다양성이 있다면 존재하게 되는 당연하고도 피할 수 없는 결과이다.

나아가 이러한 오해를 겪으면서 일하는 것이야말로 지속가능한 동의를 만들어내는 기초가 된다. 이해가 공유되지 않고서는 의미 있는 협업은 일어나지 않는다.

그룹에서 일하는 사람들이 이를 인지하는 것은 정말로 중요하다. 으르렁 지대의 스트레스를 견뎌낼 수 있는 그룹은 공통기반common ground에 다다르는 길을 훨씬 잘 찾게 될 것이다. 그리고 그 공통기반을 찾아내는 것은 통찰을 담은 혁신적인 협업의 전제조건이 된다.

MEMO

참여의 가치

온전한 참여는 개인을 향상시키고, 그룹을 성장시키며, 지속가능한 동의를 만들어낸다.

참여적 의사결정의 4가지 핵심가치

온전한 참여 Full Participation

참여적 그룹에서는 모든 구성원들이 제 목소리를 내고 속마음을 꺼내놓을 수 있도록 권장한다. 이는 여러 가지 면에서 구성원들의 능력을 강화시켜준다. 그들은 용기를 내어 어려운 이슈를 제기할 수 있게 되며, 다듬어지지 않은 생각들을 다른 사람에게 제시하는 방법도 배우게 된다. 그리고 그룹에 내재하고 있는 다양한 의견과 배경을 인정하고 탐색하는 데에도 익숙하게 된다.

상호 이해 Mutual Understanding

그룹이 지속가능한 동의에 도달하려면, 구성원들은 서로의 욕구와 목적에 대한 정당성을 이해하고 받아들여야 한다. 이 기본적 이해가 있어야 각자의 관점대로 사고할 수 있도록 허용하는 것이 가능해진다. 각 구성원들의 관점에서 나온 사고야말로 모든 당사자의 이해관계에 도움이 되는 혁신적인 아이디어를 낳게 된다.

포괄적 해법 Inclusive Solutions

포괄적인 해법이 현명한 해법이다. 그룹의 지혜는 모든 구성원들의 관점과 욕구를 통합할 때 생성된다. 재빠른 사람, 똑 부러진 사람, 영향력 있는 사람, 권력을 가진 사람들의 마음 뿐 아니라 조금 느리거나 부끄러워하거나 특권이 없는 사람들의 마음까지도 활용할 수 있도록 그룹의 범위와 비전을 확장해야 현명한 해법이라 할 수 있다. 베테랑 퍼실리테이터인 카롤린 에스테스Caroline Estes는 이에 대해 "누구라도 조금의 옳은 것은 있다."● 라고 말한다.

공유 책임 Shared Responsibility

참여적 그룹에서는 구성원들이 자신들이 지지하는 제안을 말하고 싶고 또 말할 수 있어야 한다는 점을 인식하고 있다. 그래서 마지막 결정에 이르기 전까지는 서로의 의견을 주고받는 일에 모든 노력을 쏟아낸다. 또한 그 결정이 좋은 방향으로 귀결될 수 있도록 절차를 설계하고 운영하는 일에 모두가 책임의식을 갖고 있다. 이것은 예전부터 믿어온 전통적 가치관, 즉 소수 핵심인물들의 생각으로 만들어진 결론에 모든 사람들이 책임을 져야 한다는 가치관과는 정면으로 배치되는 것이다.

● 역자 주: "Everyone holds a piece of the truth.", 저자는 이 문장을 카롤린 에스테스의 것에서 인용하고 있으나, 이는 마하트마 간디의 발언으로 알려져 있다.

온전한 참여

일반적 회의에서 볼 수 있는 참여의 양과 질

흔히 이루어지는 일상 업무회의에서는 자기표현이 매우 제한을 받는다. 조금 위험한 발언은 마음속에 숨겨두는 것이 보통이다. 명확하고 깔끔하며 잘 다듬어진 발언들만이 환영받기 때문이다. 또한 무언가 강한 주장을 하면 그 사람은 참을성 없는 사람으로 여겨진다. 사람들은 모호하게 말하거나 조리 있게 표현하지 못하는 이들을 성가시게 생각한다. 이런 일들은 결국 '자기검열'을 불러오고, 전체적인 참여의 양과 질을 감소시킨다. 극소수만이 회의에서 발언을 독차지하고, 그 발언마저도 대부분은 한 말을 또 하고 또 하기를 반복하는 것이다.

참여적 의사결정 과정에서 나타나는 온전한 참여

참여적 의사결정을 하는 그룹도 일반적 회의의 양상을 따라간다. 친숙한 의견이지만 실현할만한 것이라면 그룹은 쉽게 결정을 내린다. 그러나 일반적 회의에서 실행 가능한 해법을 만들어내지 못하는 경우, 참여적 그룹은 보다 폭넓은 확산적 사고를 장려하는 절차를 열게 된다. 이 절차는 어떤 모습일까? 사람들은 관습적이지 않으면서 가치있는 관점의 미완성된 생각을 말하도록 서로를 허용한다. 위험을 감수하면서까지 논란이 될 만한 이슈들을 드러낸다. 동료에게 특이한 관점을 제시하면서 새로운 사고를 자극한다. 그리고 이러한 일들이 회의실 안에 있는 모든 사람들에 의해 장려된다.

상호 이해

일반적 회의에서 볼 수 있는 상호 이해

일상 업무회의에서는 대화보다는 설득이 주를 이룬다. 다른 편의 관점은 논박의 대상이므로 배제된다. 다른 관점에 대해서는 그 이유를 찾아보려는 노력을 거의 하지 않는다. 다른 사람을 설득할 수 없다고 생각될 때에도 참여자들은 자신의 원래 생각을 굽히지 않는다. 그들은 현란한 수사가 논의의 참 목적인양 행동한다. 대부분의 참여자들은 논박하려고 듣는 것이 아닌 한 타인에게 귀를 기울이지 않는다.

참여적 의사결정 과정에서 나타나는 상호 이해

상호 이해의 틀을 구축한다는 것은 최선의 아이디어를 찾기 위하여 모든 사람의 관점을 이해하는 데 필요한 시간을 할애한다는 것이다. 그 틀을 구축하기 위하여 참여자들은 서로 간에 질문하는 시간과 노력을 들이고, 상호 학습을 통해 서로를 알아가게 된다. 참여자들은 자신을 타인의 틀에 넣어보려 시도한다. 그 과정은 때때로 긴장과 숨 막히는 불편함이 있는 레이스와 같다. 그러나 참여자들은 그 어려움을 극복한다. 시간이 지날수록 자신의 입장에 타인의 통찰력을 더해 간다. 그리고 자신의 생각이 시대에 뒤떨어진 것이라거나, 정확성 없는 고정관념일 뿐이라는 것을 발견하기도 한다. 그런 통찰력을 얻으려는 노력을 통해 구성원들은 서로를 뛰어넘는 어떤 것을 찾아내기도 한다. 그리고 그렇게 찾은 상호의 목적을 이루는 데 모두가 진정으로 노력한다.

포괄적 해법

일반적 회의에서 찾아내는 해법

일상적 업무회의에서는 포괄적 해법을 만들어내기가 어렵다. 보통은 쉽게 한 쪽 편에 서서 자신의 의견을 굳혀버린다. 모든 사람들이 어느 한 쪽 편에서만 무엇인가를 얻을 수 있고 다른 편에서는 얻지 못할 것이라고 생각한다. 분쟁이 일어나면 가장 권한을 많이 가진 사람에 의해 판가름이 날 것이라고 생각한다. 일부 그룹은 다수결로 의견의 차이를 해결하지만, 이에 대한 효과 역시 마찬가지다. 혁신이나 지속가능성보다는 찾기 편한 해결책을 쫓는 것이다. 실행이 쉽고 위험이 낮은 경우에는 이처럼 편의적으로 찾은 해법도 매우 훌륭하게 작동한다. 그러나 위험이 높거나 창의성을 요하거나 폭넓은 지지가 필요한 경우에는 그렇지 않다.

참여적 의사결정 과정에서 찾아내는 해법

포괄적 해법은 타협이 아니다. 참여자들은 결과에 영향을 받는 모든 사람들을 위해 일한다. 그래서 포괄적 해법에서는 모든 새로운 의견을 찾아 논의에 포함시킨다. 말하자면, 이전의 경쟁자가 예상치 못한 협력자가 되기도 한다. 혹은 '늘 그래왔던 방식'이 아닌 전혀 다른 방식의 대안을 창출한다. 실제 현실에서 창출한 포괄적 해법의 사례는 16장에 제시해 놓았다. 일반적으로 포괄적 해법은 뚜렷하게 정해져 있지 않으며, 그룹이 인내하는 과정에서 드러나고 형성된다. 참여자들은 다른 사람의 관점을 더 배워가면서 그들의 목적과 욕구를 통합하는 진전을 이루어 나간다. 그리고 이것이 혁신과 독창성을 만들어낸다.

공유 책임

일반적 회의에서 나타나는 책임 부여

일반적 회의에서 그룹은 리더나 전문가의 권위에 의존한다. 담당자는 목적을 정의하고, 우선순위를 정하며, 문제를 정의하고, 성공 지표를 수립하며, 결론에 도달하는 일에 대한 책임을 지닌다. 높은 전문성을 가진 사람이 참여하여 타당성 있는 데이터를 정제하고, 분석 결과를 제시하고, 추천안을 만들어낸다. 나아가 주재자는 회의를 진행하고, 각 주제에 대한 진도를 관찰하며, 시간을 관리하고, 이견에 따른 분쟁이 생기면 이에 대한 심판을 내리는 등 회의 절차의 모든 책임을 진다.

참여적 의사결정 과정에서 나타나는 공유 책임

지속가능한 동의는 모든 사람이 지지할 때 이루어진다. 이 원리에 따라, 참여자들이 책임감을 가지기 위해서는 의사결정 과정에서 그들이 확실히 만족을 느껴야 한다. 그러므로 사람들이 어떤 이슈를 제기하든 그것은 그들에게 매우 중요한 것이다. 그리고 그룹이 결론에 도달하는 데 다소 시간이 지연된다고 하더라도, 사람들은 누구나 자신이 가진 걱정에 대하여 목소리를 낼 수 있기를 기대한다. 나아가 공유 책임은 논의의 내용만이 아니라 과정에도 적용된다. 그룹의 구성원들은 그들이 따르게 될 절차나 회의 아젠다를 설계하고, 퍼실리테이터나 기록자, 시간 관리자, 매개자, 자료 관리자 등을 담당할 준비를 한다. 종합해보면, 참여적 과정에서 구성원들은 결과에 대한 주인이며, 그 참여자들은 이 사실을 핵심가치로 인식하면서 따르고 있다.

참여적 가치의 혜택

온전한 참여
상호 이해
포괄적 해법
공유 책임

더 강한 개인
- 리더십 기술의 향상
- 더 강한 합리성
- 더 높은 자신감
- 더 많은 책임의식
- 더 좋은 커뮤니케이션 기술
- 더 넓고 어려운 책임을 지닐 능력

더 강한 그룹
- 다양한 재능을 활용할 더 많은 능력
- 더 다양한 종류의 정보에 대한 접근
- 존중하고 지지하는 분위기 조성
- 그룹 역동을 조절하는 명확한 절차
- 어려운 문제를 해결하는 향상된 역량

더 강한 동의
- 더 많은 아이디어
- 더 좋은 아이디어
- 다양한 목적의 더 나은 통합
- 보다 현명한 결정
- 더 안정적인 후속조치

이 장에서 논의한 참여적 가치는 회의를 진행할 때 그룹의 구성원들이 갖추어야 할 기본 원칙을 제시해 주고 있다. 이 가치를 잘 지킨다면 더 강한 개인, 더 강한 그룹, 더 강한 동의라는 뜻깊은 결과를 만들어낼 것이다.

MEMO

퍼실리테이터의 역할

그룹이 최선으로 사고하도록 지원하는 전문적 기술

퍼실리테이터에 대한 이해

퍼실리테이터는 누구이며, 왜 필요한가?

퍼실리테이터가 하는 일은 모든 사람들이 최선의 사고를 하도록 지원하는 것이다. 온전한 참여를 장려하고, 상호 이해를 증진하며, 포괄적 해법을 지원하고, 공유 책임을 함양하도록 돕는다.

이러한 퍼실리테이터의 역할은 그룹에 얼마나 많은 가치를 제공할까? 이는 그룹의 목적에 따라 크게 다르다.

단지 어떤 발표나 보고를 하는 '상황 보고' 회의에서는 회의에 참여하고 있는 사람들에게 최선의 사고를 하도록 지원할 필요가 없다. 월례 직원회의와 같은 수많은 일상 업무회의에서도 마찬가지이며, 업무를 부과하거나 스케줄을 잡는 것처럼 결정 절차가 빤한 것도 그렇다. 이런 이슈들은 퍼실리테이터가 없더라도 전혀 지장이 없다.

그러나 좀 더 어려운 일이라면 문제가 달라진다. 예를 들면, 고등학교에서 학교 폭력을 줄이는 방안을 목적으로 하는 회의라 가정해보면, 참여자들은 학부모, 선생님, 교무직원, 그리고 경찰관들이 될 것이다. 이때 퍼실리테이터가 없다면 회의의 진전을 이루기가 정말 어렵다. 공동의 목적은 존재하지만, 각 참여자들의 인식의 틀이 매우 다르다. 학부모의 입장에서 당연하다고 보이는 해법이 교무직원에게는 지나치게 단순한 생각처럼 보인다. 교무직원에게는 합리적인 방법이 선생님에게는 비겁해 보일 수도 있다. 또한 선생님에게 합리적인 일이 학부모에게는 지나치게 까다로운 요구로 보일 수도 있다. 이러한 그룹에게는 최선의 사고를 위한 많은 지원이 필요하다.

그룹은 늘 어려운 도전에 직면한다. 장기계획을 잘 수립하는 일은 어렵다. 사업 구조조정이나 직무 재조정 등도 역시 쉽지 않다. 높은 수준의 갈등 해결, 새로운 기술의 도입, 전에 해본 적이 없는 사업 범위의 확정 등 어려운 일은 한 두 가지가 아니다. 이 같은 상황에서, 참여자들이 최선의 사고를 하도록 지원하는 방법을 아는 퍼실리테이터가 있다면, 그룹은 보다 현명해지고 보다 지속성 있는 결정을 내릴 수 있게 될 것이다.

그룹에 속한 개인들은 대부분 까다로운 자신의 문제를 풀어가는 방법을 잘 알지 못한다. 그들은 공감할 수 있는 이해의 틀을 찾아가는 방법을 알지 못한다. 심지어 그것이 중요하다는 것조차 모른다. 그들은 갈등과 불편함을 견디지 못하여 이를 피하려고 애쓴다. 하지만 서로의 다양한 시각을 통합하려는 노력을 회피함으로써, 그룹 구성원들의 잠재력을 훼손하고 효과성을 발휘하지 못하게 된다. 그들에게는 퍼실리테이터가 필요하다.

퍼실리테이터의
4가지 역할

역할1. 참여자의 온전한 참여 장려

근본 문제: 자기검열

집단의사결정에서 가장 기본적인 문제는 사람들이 자신의 실제 생각을 말하지 않는다는 것이다. 특히 참여자들이 적대적이거나 거부하는 반응을 나타낸다면 상황은 매우 어려워진다. 회의 중에 흔히 들리는 발언들을 보라.

- "그 점은 이미 다루지 않았나요?"
- "간단하게 하고 넘어갑시다."
- "좀 빨리 합시다. 시간이 많이 갔어요."
- "그게 무슨 관계가 있죠?"
- "불가능합니다. 안 될 겁니다. 절대 안 됩니다."

참으로 사람을 좌절시키는 말들이다. 자기 생각을 자유롭게 표현하지 못하도록 막아버린다. 이런 발언들에는, 말을 하려면 좀 간략하게 하거나 윤색이라도 하라는 메시지가 담겨 있다. 그리고 깔끔하게 말하거나 즐거움을 주는 것이 아니라면 입을 다물라는 뜻이 된다.

우리는 이것을 '반집단 사고의 금지'라고 부른다. 이러한 생각은 그룹 논의의 표면 아래에서 지하수처럼 흐르고 있다. 사람들은 발설하기 이전에 자신의 생각을 편집하도록 강요받고 있다. 누가 자신의 생각을 온전하게 갖추기 전에 비판받는 것을 원하겠는가? 누가 "우리는 이미 그 질문에 대한 답을 가지고 있어요."라는 말을 듣고 싶겠는가? 다른 사람들이 낙서를 하거나 속닥거리는 상황에서 누가 자신의 복잡한 생각을 피력하려고 노력하겠는가? 이런 취급은 사람들을 당황하게 하고 부적절한 감정을 싹트게 한다.

그래서 사람들은 스스로를 보호하기 위하여 스스로를 검열하게 되는 것이다.

퍼실리테이터의 역할

이 예민하면서도 강력한 현실을 극복하도록 돕는 것이 바로 퍼실리테이터의 가장 기본적인 역할이다. 효과적인 퍼실리테이터는 사람들로 하여금 자신을 드러내게 하는 성품과 기술을 가지고 있어, 참여자들의 목소리가 잘 들리고 있다는 느낌을 갖게 해준다. 사람들이 '바보 같은 질문'을 하면서도 스스로 바보 같다고 느끼지 않도록 안전한 환경을 만들어 주는 것이 바로 퍼실리테이터이다. 그는 침묵하는 사람에게도 편안한 자리를 만들어준다. 요약하면, 퍼실리테이터는 사람들이 입을 다물지 않고 계속 사고하고 말할 수 있도록 장려하고 존중하며, 지지하는 분위기를 만들 줄 아는 사람이다.

역할2. 참여자 간 상호 이해 증진

근본 문제: 확고한 입장

구성원들이 서로를 이해하지 못한다면 그룹은 최선의 사고를 해낼 수 없다. 그러나 대부분의 사람들은 다른 사람들이 말하는 것에 실제로 귀 기울일 수 있을 만큼 자신의 고정 관념에서 벗어나기가 어렵다. 오히려 자신의 관점을 방어하고 확대하려는 일에 사로잡혀 있다.

여러 명의 친구들이 모여 새로운 사업을 구상하는 상황을 예로 들어 보자. 돈에 관한 이야기가 나오자 편견이 나타나기 시작한다. 한 친구가 이윤을 동등하게 나누자고 말한다. 하지만 다른 친구는 이익에 기여한 정도를 기준으로 나누어야 한다고 주장한다. 또 다른 친구는 이 사업에 통찰력을 가지고 기여했던 친구들이 떠나지 않도록 그들에게 더 많이 주어야 한다고 말한다. 누구도 자신의 생각을 쉽게 바꾸지 않는다. 그들이 생각을 바꾼다는 것은 실제적으로 기대하기 어렵다. 왜냐하면 그들의 사고는 아주 오랫동안 형성되고 발전되어 온 것이기 때문이다.

이 뿐만 아니다. 각자의 삶의 경험은 모두 제각각이다. 그래서 모든 사람은 분명히 다른 세계관을 가지고 산다. 사람들이 기대하는 것, 가정하는 것, 언어를 사용하는 방식, 행동하는 방식, 이 모든 것이 서로의 이해를 막는 근원이 된다. 게다가, 사람들이 오해를 풀어보려고 할 때, 그들은 늘 자신의 아이디어가 더 먼저 이해되기를 바란다. 말은 그렇게 하지 않을지라도 행동은 분명 그렇게 나타난다. "당신이 내 관점을 이해했다고 느끼기 전에는 당신이 하는 말에 집중할 수가 없군요." 이것이 바로 그들의 행동이 하고 있는 말이다. 이처럼 사람들은 악순환으로 쉽게 빠져든다. 그들을 고정관념에서 탈출시키기는 정말 어렵다.

퍼실리테이터의 역할

지속가능한 동의는 상호 이해의 기초 위에서만 구축이 가능하다. 각자의 관점으로만 사고 하는 것은 가치가 없는 일이다. 퍼실리테이터는 그룹으로 하여금 바로 이러한 사실을 인식 하도록 도와준다.

나아가, 퍼실리테이터는 불가피하게 오해가 생길 수 있다는 사실을 받아들인다. 하지만 오 해는 관련자 모두에게 스트레스가 된다. 그들의 고통을 경감시키려면 지원이 필요하다. 또 한 사람들은 모두 존중받는 것이 필요하다. 이런 것들을 잘 알고 있는 퍼실리테이터는 한쪽 편을 들지 않으며, 모든 사람들의 관점을 존중하여 잘 경청한다. 그렇게 해서 그룹의 모든 구성원들은 누군가 나를 이해하고 있다는 확신을 가지게 된다.

역할3. 포괄적 해법의 지원

근본 문제: 승패 의식

명백하게 화해가 불가능해 보이는 사안이 합의를 이루어 모든 이해관계자에게 혜택을 가져 다 줄 수 있을까? 대부분의 사람들은 그럴 수 있으리라고 상상하지 못한다. 내가 이기지 않 으면 상대가 이긴다는 전통적인 인식에만 사로잡혀 있다. 참여자들은 고정된 관념과 고정 된 입장에 서서 자신의 원래 관심사를 방어하기에만 급급하다. 결과적으로, 문제해결을 위한 회의는 비난과 합리화, 그리고 설득의 장으로 전락하게 된다.

퍼실리테이터의 역할

경험 있는 퍼실리테이터는 모든 사람의 관점을 결합하는 혁신적인 아이디어를 찾아내도록 도와준다. 이는 어려운 도전이다. 퍼실리테이터는 '모든 의견을 담아내는 포괄적 대안'이 가능하다고 생각하는 유일한 사람이다.

이러한 목적을 달성하기 위하여 퍼실리테이터는 '협업적 문제해결'에 대한 지식을 활용한다. 그는 이론과 경험을 통해 이 지식을 터득했으므로, 지속가능한 동의를 만들어가는 단계를 잘 알고 있다.

- 퍼실리테이터는 제한적인 일상 업무회의를 자유롭게 바꾸고, 확산적 사고에 빠져들 수 있게 하는 방법을 안다.
- 퍼실리테이터는 공감할 수 있는 이해의 틀을 만들어내기 위하여 구성원들이 생각을 치열하게 다투는 으르렁 지대에서 그룹이 무너지지 않게 하는 방법을 안다.
- 퍼실리테이터는 그룹이 여러 가지의 관점을 함께 엮어 창의적이고 혁신적인 아이디어를 만들어낼 수 있도록 돕는 방법을 안다.
- 퍼실리테이터는 그룹이 숙의 과정을 완수하고 견고한 결정에 도달할 수 있게 하는 방법을 안다.

간단하게 말한다면, 퍼실리테이터는 지속가능한 동의를 형성하는 방법을 알고 있다.

퍼실리테이터가 포괄적 해법을 지원하는 가치와 방법을 그룹에 소개할 때 그 효과는 배가된다. 어려운 문제에서 의미 있는 해법을 찾을 수 있다고 말하면 처음에는 많은 사람들이 비웃겠지만, 새로운 사고방식의 타당성을 발견하는 순간 그들 스스로도 매우 희망적인 사람으로 변하여, 자신의 그룹이 가진 잠재적 효과성을 인정하게 된다.

역할4. 공유 책임의 함양

근본 문제: 권위 의존

그룹으로 일할 때, 많은 사람들은 자신의 생각을 제시하기보다는 리더나 전문가에게 의견을 양보하는 편이다.

왜 그러는지는 쉽게 이해할 수 있다. 리더는 권력을 휘두른다. 자원을 통제하고, 특수한 정보에 접근할 수 있다. 그리고 리더들은 다른 권력자와도 쉽게 연결되어 있다. 마찬가지로 전문가들도 주요 사안에 대하여 훈련을 받았고, 지식을 보유하고 있으며, 인맥을 지니고, 친숙함도 가지고 있다.

좀 더 생각해보면, 수동적인 자세를 취하는 것은 좋은 감각처럼 보이기도 한다. 첫째는 권력자에게 진실을 말하는 것이 역풍을 몰고 올 수도 있으며, 둘째는 '내가 말한 것이 아무런 소용이 없다'면 그토록 성가시게 의견을 제시한 것은 전혀 무가치한 일이 될 것이기 때문이다. 또한 전문가가 다른 사람들보다 많이 알고 있다면, 그의 의견을 받아들이고 그의 충고에 따르지 않을 이유가 어디 있겠는가?

하지만 '권한 위임', '협업', '자율경영팀' 같은 용어들이 말하는 바와 같이, 권위에 지나치게 의존하는 것은 오히려 비효과적이라는 인식이 확산되고 있다. 이에 대해 마빈 와이스보드 Marvin Weisbord는 "사람들은 자신이 만든 일에 봉사한다."라고 지적한 바 있다.● 그러나 리더가 그룹에게 권한을 위임하고자 할 때에도, 많은 사람들은 그 관성을 깨뜨리기가 쉽지 않다. 그 결과, 사람들의 수동성은 다시 리더에 대한 의존성을 만들고 리더 자신이 일하게 하여, '자기영속적self-perpetuating'이라는 '권위의존의 악순환'을 만들어 낸다.

● M. Weisbord, *Productive Workplaces: Dignity, Meaning & Community in the 21st Century* (Pfeiffer, 2012).

퍼실리테이터의 역할

공유 책임의 문화를 만들기 위해서는 진지한 노력이 필요하다. 먼저 그룹의 리더가 공유 책임의 가치를 인정해야 하고, 리더와 구성원 모두 참여적 의사결정 과정에 필요한 절차와 기술을 익혀야 한다.

이때 퍼실리테이터의 존재 여부가 커다란 차이를 가져올 것이다. 그는 그룹이 일상적 회의 방식에서 주장이 있고, 협력하며, 공유 책임을 지는 방향으로 진화하도록 도울 것이다. 이를 위해 때로는 코치, 때로는 선생님, 때로는 제도와 절차의 설계자, 때로는 당당히 서서 위험을 감당하도록 구성원들에게 힘을 불어넣어 주는 동기부여자가 되기도 한다. 이 점에서 퍼실리테이터는 심연의 조직 문화를 바꾸어 낼 수 있는 청지기라고 할 수 있다.

SUMMARY

퍼실리테이터의 역할과 참여적 의사결정의 실현

온전한 참여
상호 이해
포괄적 해법
공유 책임

더 강한 개인
더 강한 그룹
더 강한 동의

퍼실리테이터의 사명은 모든 사람이 최선의 사고를 할 수 있도록 지원하는 것이다.

이 사명은 퍼실리테이터의 4가지 역할에 의해 실현된다.

▶ 온전한 참여 장려

▶ 상호 이해 증진

▶ 포괄적 해법 지원

▶ 공유 책임 함양

퍼실리테이터가 이 역할과 기능을 효과적으로 발휘할 때, 그 결과는 감동을 준다. 퍼실리테이터는 그룹 구성원 각자의 스킬과 자각과 확신을 강화시켜 주며, 그룹 전체의 구조와 역량도 강화시켜 준다. 그리고 그룹이 지속가능한 동의에 도달할 수 있는 가능성을 매우 넓게 확장시켜 준다.

MEMO

PART 02

퍼실리테이터의
핵심기술

퍼실리테이터의 경청 기술

모든 관점을 명예롭게 하는 기술

현실에서의 다양한 커뮤니케이션 방식

관용의 한계

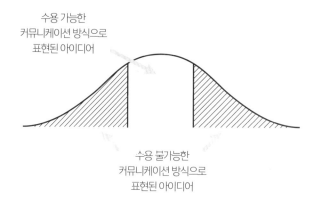

수용 가능한 커뮤니케이션 방식으로 표현된 아이디어

수용 불가능한 커뮤니케이션 방식으로 표현된 아이디어

수용 가능한 커뮤니케이션 방식으로 표현된 아이디어는 많은 사람들이 진지하게 받아들인다. 반대로, 빈약하고 공격적으로 표현된 아이디어는 잘 받아들여지지 않는다. 예를 들면 다음과 같다.

- 같은 말을 반복하면 답답하게 느낀다.

- 수줍고 긴장하여 더듬거리면 지겨워한다.

- 과장이나 왜곡, 근거 없는 의견은 듣기 싫어한다.

- 논점이 주제에서 벗어나거나 이야기가 엉뚱한 방향으로 흐르면 당황스럽다.

- 지나치게 감정을 표출하는 사람은 매우 불편하다.

이상적인 세계에서는 표현 방식이야 어떠하든 통찰이나 아이디어가 유용하면 가치 있게 여길 것이다. 그러나 현실 세계에서는 누군가 불쾌한 커뮤니케이션 방식으로 의견을 표시하면, 설사 아이디어가 가치 있다 할지라도 그 내용을 들으려 하지 않는다.

한계의 확장

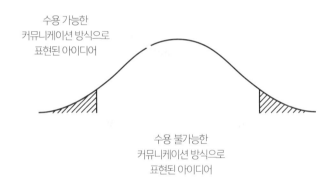

다양한 커뮤니케이션 방식을 받아들일 수 있는 그룹은 수용 가능한 방식으로 표현된 아이디어만 받아들이는 그룹에 비하여 더 많은 아이디어를 활용하게 된다. 이때 퍼실리테이터는 유용한 경청 기술을 사용하여 그룹을 효과적으로 지원한다. 예를 들면 다음과 같다.

- 같은 말을 반복하면, 퍼실리테이터는 '바꾸어 말하기 기술'을 사용하여 그 사람이 자신의 생각을 요약할 수 있도록 도와준다.

- 말이 서툴고 더듬거리면, 개방적, 비지시적 질문을 사용하여 발언자의 속마음을 편히 밝혀준다.

- 과장 또는 왜곡하는 사람이 있다면, 그 정확성에 대하여 다투기보다는 요점을 찾아 확인하게 해준다.
- 논점을 벗어나는 사람이 있다면, 다른 사람들이 좀 더 넓은 맥락 안에서 그의 관점을 연결시킬 수 있도록 최대한 존중하는 자세로 발언자를 안내한다.
- 격렬한 감정을 표출하는 사람에게는, 우선 그 감정을 인정해주고, 그 감정에 대한 다른 사람들의 반응 때문에 논점을 잃지 않도록 그의 생각을 바꾸어가며 말해준다.

이 상황들은 퍼실리테이터가 모든 사람에게 능숙한 솜씨로 경청하는 기술이 얼마나 중요한지를 잘 보여준다.

20가지
경청 기술

경청 기술1. 바꾸어 말하기 Paraphrasing

- 바꾸어 말하기는 효과적 경청의 기본 요소로서, 사람들이 듣고 있고 이해하고 있다는 것을 발언자가 알 수 있도록 해주는 가장 직접적인 방법이다.
- 바꾸어 말하기의 힘은 그 발언이 비판받을 만하지 않고 정당하다는 것을 인정하는 데서 나온다.
- 바꾸어 말하기는 발언자 자신의 말이 다른 사람에게 어떻게 들리는지 알게 해준다.
- 바꾸어 말하기는 발언자의 표현이 얽혀있고 혼란스런 경우에 더 유용하다. 바꾸어 말한 후 덧붙이는 "이런 뜻인가요?"라는 확인을 통해 발언자의 말뜻을 명확하게 해준다.
- 종합하면, 바꾸어 말하기는 자신의 생각을 자신 있게 표현할 수 있도록 도와주는 도구이다.

진행방법 _____

- 발언자가 말한 것을 퍼실리테이터가 이해한 대로 표현한다.
- 발언자가 한 두 문장 정도를 말한 경우에는 비슷한 길이의 문장으로 바꾸어 말한다.
- 발언한 문장이 많다면 요약하여 말한다.
- 퍼실리테이터의 객관성에 대한 신뢰를 높이려면, 바꾸어 말한 다음에 다음과 같은 표현을 덧붙인다.

  "이런 뜻으로 말씀하신 것 같군요."   "이런 말로 제가 이해해도 될까요?"
  "말씀하신 것이 ~~라는 의미인가요?"

- 바꾸어 말하기를 시도한 후에는 발언자의 반응을 봐야 한다. "제가 제대로 이해한 건가요?"라는 말 또는 그러한 모습을 보이면, 발언자는 자신의 발언이 잘 전달되었는지 아닌지를 표시할 것이다. 만약 제대로 전달하지 못한 것으로 보이면, 계속적인 질문을 통해 발언자의 의도를 온전하게 파악하는 것이 필요하다.

경청 기술2. 이끌어내기 Drawing People Out

- 이끌어내기는 참여자에게 코칭하거나 강요함이 없이 그들의 아이디어를 명확히 하고, 발전시키며, 세련되게 해주는 기술이다.

- 보통은 "목적이 무엇인가요?", "얼마나 걸릴까요?", "그 문제를 어떻게 해결하죠?"와 같이 지시적인 질문을 한다. 이러한 지시적인 질문이 때로는 유용할지 몰라도, 그것은 질문자가 생각하는 방향이 응답자에게 도움이 될 것이라는 전제 속에서 이루어지는 것이다. 이는 발언자 고유의 생각의 맥락을 방해하고, 발언자 고유의 관점을 형성하는 과정에 문제를 일으키게 된다.

- 반면 개방적이고 비지시적인 질문은 질문자보다는 발언자의 생각을 도와준다.

- 이끌어내기는 "나는 당신 편입니다.", "여기까지 이해했습니다. 좀 더 말해 주세요."라는 메시지를 보내준다. 이러한 메시지는 발언자가 생각하고 있던 것을 더 많이 말하게 하고, 더 깊이 생각할 수 있도록 도와준다.

진행방법

- 먼저 바꾸어 말하기를 시도한 후, 개방적이고 비지시적인 질문을 던진다.

  예를 들면, 다음과 같다.

  "그 점에 대해 좀 더 말씀해 주시겠어요?"   "그것은 어떤 의미인가요?"
  "이제 어떤 생각이 드시나요?"   "어째서 그런 거죠?"
  "또 어떤 말씀을 해주실 수 있나요?"   "그것이 어떻게 작용했나요?"
  "그 일은 선생님과 어떤 관계가 있나요?"   "좀 더 말씀해 주시겠어요?"
  "예를 좀 들어 주실래요?"   "그 일에 대하여 어떻게 생각하세요?"

- 일반적이지는 않지만 그래도 효과적인 또 다른 방법이 있다. 우선 발언자의 언급에 대해 바꾸어 말하기를 시도한 후, "그래서요…" "그리고요…" "이유는요…" 등의 연결 어휘를 사용하는 것이다. 예를 들면, "그 계약에 사인하기 전에 6주나 더 기다렸다는 말씀이군요. 이유는요?"라고 말하는 것이다.

경청 기술3. 따라 말하기 Mirroring

- 따라 말하기는 바꾸어 말하기의 매우 구조적이고 정형적인 방식 중 하나이다. 퍼실리테이터는 발언자의 발언을 똑같은 말로 반복함으로써, 발언자가 자신이 한 말을 그대로 듣게 해주는 것이다.

- 일부에게는 바꾸어 말하기가 퍼실리테이터의 비판이 살짝 담긴 것으로 볼 수도 있다. 반면 따라 말하기는 퍼실리테이터의 중립을 확실히 보여주는 증거가 된다.

- 새로운 그룹이나 퍼실리테이터가 낯선 그룹에서는 따라 말하기가 퍼실리테이터의 신뢰를 쌓는 데 도움이 된다.

- 따라 말하기는 논의를 빠르게 진전시킨다. 그러므로 브레인스토밍을 할 때 따라 말하기는 유용한 도구가 된다.

- 일반적으로, 퍼실리테이터가 더 높은 수준의 중립을 구축해야겠다고 느낀다면, 바꾸어 말하기보다는 따라 말하기를 더 많이 사용하는 것이 좋다.

진행방법

- 발언자가 한 문장을 말했다면, 그 문장을 말한 그대로 반복하여 표현한다.
- 하나 이상의 문장을 말한 경우에는 키워드나 주요 문구만 그대로 표현한다.
- 두 경우 모두 당신의 말이 아닌 발언자의 말을 사용한다.
- 바꿀 수 있는 것은 "나" 대신 "당신(혹은 직함)"이라는 대명사를 사용하는 것이다.
- 발언자의 단어를 따라 말하는 것과 음조를 따라 말하는 것은 좀 다른 문제이다. 단어는 그대로 사용하되, 음조는 발언자가 말한 것보다 좀 더 온화하게 하는 것이 좋다.
- 음조와 제스처로는 뻣뻣하게 경직되거나 지나친 윤색을 피하며, 퍼실리테이터 스스로의 스타일을 자연스럽게 따른다. 잊지 말 것은 따라 말하기의 주요 목적은 신뢰를 쌓는 것이라는 사실이다.

경청 기술4. 아이디어 모으기 Gathering Ideas

- 모으기는 좀 더 빠른 속도로 아이디어의 목록을 만들 수 있도록 참여자를 돕는 경청 기술이다.

- 모으기는 반영적 경청 기술로서 따라 말하기와 바꾸어 말하기의 조합이며, 여기에는 신체적 제스처도 포함된다. 한두 걸음 다가가거나 손동작과 팔동작을 활용하여 에너지를 부여함으로써 사람들이 논의에 몰두하도록 돕는다.

- 모으기를 할 때는 바꾸어 말하기보다 따라 말하기를 하는 것이 좋다. 이 기술은 생동감이 넘치면서도 편안한 속도를 유지하는데 효과적이므로 참여자들도 쉽고 편안하게 따라갈 수 있다. 사람들은 서너 단어의 짤막한 어구를 사용하여 자신의 생각을 표현하며, 거기에 리듬감 있게 빠져든다. 차트에 기록하기에는 긴 문장보다 서너 단어 정도의 어구가 간편하다.

진행방법

- 효과적으로 모으기를 시행하려면, 우선 과업을 간략하게 밝히는 것이 좋다. 예를 들면, 다음과 같이 말해 보라. "앞으로 10분 동안 우리에게 논의가 더 필요하다고 생각하는 영역을 모두 꺼내주시기 바랍니다. 보다 집중할 이슈를 찾아가기 전에 모든 범위의 이슈를 우선 모아보면 좋겠습니다."

- 만약 그룹이 아이디어 목록 만들기를 처음 시도하는 것이라면, '심판의 연기'에 대하여 설명을 덧붙이는 것이 좋다. 예를 들면, "지금 하는 활동에서는 좀 이상하거나 비정상적인 의견을 내도 상관없습니다. 걱정하지 마시고 어떤 아이디어를 제시하든지 마음 편히 말씀해주시면 좋겠습니다. 이 시간은 심판이나 비판이 아니라 아이디어를 만드는 시간입니다. 논의는 아이디어를 모은 다음에 진행할 예정입니다."라고 말하는 것이 좋다.

- 이제 그룹과 함께 시작한다. 구성원들이 아이템을 제시하면 어떤 것이든 따라 말하거나, 바꾸어 말하기를 시도한다.

- 모든 관점을 명예롭게 존중해줘야 한다. 누군가 엉뚱한 말을 하더라도 그것에 따라 말하기를 시도하면서 지속해간다.

경청 기술5. 잡아두기 Stacking

- 잡아두기는 여러 사람이 동시에 발언을 하고자 할 때 발언 순번을 정하도록 돕는 절차이다.

- 모든 발언 희망자들에게 발언의 기회가 주어질 거라는 사실을 알게 하여, 그들이 발언 기회를 차지하려고 애쓰지 않으면서 다른 사람들의 말에 경청할 수 있도록 도와준다.

- 반대로, 사람들은 언제 발언 기회가 주어질지 모르고 심지어 발언 기회가 있을지 없을지조차 모르게 되면, 그들은 발언권을 차지하는 데 몰두할 수 밖에 없게 된다. 그러면 참여자들은 조바심을 갖게 되고, 결례나 방해 등을 하게 된다.

- 잡아두기를 하지 않게 되면, 손을 들거나 "말할 것이 있다"고 표현하는 어떠한 비언어적 표현에도 항상 주목하고 있어야 하는데, 그렇게 하더라도 몇몇은 놓치거나 무시하게 될 수 있다. 하지만 잡아두기를 하면 모든 발언 희망자를 포괄하는 순서를 정할 수 있다.

 진행방법

- 잡아두기에는 네 단계의 절차가 있다. 첫째, 퍼실리테이터는 발언 희망자에게 손을 들라고 요청한다. 둘째, 손을 든 사람에게 번호를 할당하여 순번을 정해준다. 셋째, 순번이 되었을 때 발언하도록 요청한다. 넷째, 마지막 발언을 마친 후에는 혹시 추가 발언 희망자가 있는지 확인한다. 만약 있다면, 퍼실리테이터는 또 다른 잡아두기를 시작한다. 다음과 같이 하면 좋다:

- 1단계 : "자! 발언하고 싶으신 분은 모두 손을 들어주시기 바랍니다."

- 2단계 : "제임스가 먼저 해주시고요, 다음에 데이브, 그리고 타이론이 이어서 해주시기 바랍니다."

- 3단계 : [제임스가 발언을 마친 후] "두 번째가 누구셨죠? 아! 데이브, 말씀해 주시죠."

- 4단계 : [마지막 사람이 발언을 마친 후] "혹시 추가로 말씀하시고 싶은 분이 계신가요? 추가로 보태주실 것이 있다면, 말씀해 주시죠." 만약 희망자가 있다면 새로운 잡아두기를 시작한다. 2단계에서 4단계를 반복한다.

경청 기술6. 추적하기 Tracking

- 추적하기는 하나의 회의에서 동시에 작동하고 있는 여러 개의 다양한 사고의 흐름을 추적하는 것이다.

- 예를 들어, 새로운 직원을 채용하기 위한 계획을 논의하는 과정에서 두 사람이 역할과 책임에 대하여 이야기하고 있고, 다른 두 사람은 재무적 내용을 말하며, 또 다른 둘은 이전 직원과 겪은 일에 대하여 말하고 있다고 가정해 보자. 이런 경우 사람들은 일어나고 있는 모든 일을 추적할 수 있어야 자신의 아이디어를 명확히 제시할 수 있다.

- 사람들은 간혹 자신에게 관심 있는 특정 이슈가 다른 모든 사람에게도 관심 있을 것이라는 착각을 하게 된다. 추적하기는 논의되고 있는 여러 갈래의 주제를 가시화시켜 준다. 그럼으로써 모든 논점이 동등하게 유용하다는 것을 확인시켜 준다.

 진행방법

- 추적하기도 네 단계의 절차를 거친다. 첫째, 퍼실리테이터는 한 발 물러서서 지금까지 논의되어 온 것을 요약하여 표시한다. 둘째, 논의한 서로 다른 대화에 명칭을 부여한다. 셋째, 그 명칭이 정확한지 그룹에 물어 확인한다. 넷째, 그룹이 논의를 지속하도록 안내한다.

- 1단계 : "지금 세 가지 정도의 대화가 진행되고 있는 것 같습니다. 제가 각 논의의 흐름을 한번 잡아보겠습니다."

- 2단계 : "하나는 역할과 책임에 관한 내용이고, 다른 하나는 재무에 관한 것 같습니다. 그리고 세 번째는 전임자와 일하면서 알게 된 것에 관해 말씀하고 계시네요."

- 3단계 : "제가 본 것이 맞나요?" 때로는 누군가가 "아니요, 제 것은 빠뜨리셨네요."라고 말할 수도 있다. 그 경우에는 달리 주장하거나 설명하려 들지 말고, 그냥 그 말을 받아들이고 지속하면 된다.

- 4단계 : "또 추가할 말씀이 있나요?" 이제 논의를 다시 시작한다.

경청 기술7. 장려하기 Encouraging

- 장려하기는 사람들을 어떤 입장으로 몰아가지 않으면서, 개방적인 참여를 이끌어내는 기술이다.

- 회의를 하다보면 간혹 사람들이 한 발 물러서 있거나, 한 두 사람에게 모든 일을 하도록 미루어 놓는 경우가 생겨난다. 이것은 그 사람들이 게으르거나 무책임해서 그런 것이 아니다. 단지 눈앞의 주제가 별로 매력적이지 않기 때문일 수 있다. 사람들은 조금만 점잖게 장려를 해도 주제에 대하여 편안하게 집중하거나 연계점을 찾아 의미 있는 수준의 참여를 이루어낸다.

- 장려하기는 논의가 시작되는 시점에서 특히 유용하다. 주제에 대해 익숙해지면, 추가 지원이 없이도 사람들은 발언하기가 쉬워진다.

 진행방법

- 다음은 논의 도중 참여를 장려하는 방법들이다.

"누가 또 아이디어를 가지고 있나요?"   "이슈에 대하여 학생의 관점은 무엇일까요?"
"혹시 공유하고 싶은 전쟁 이야기 있나요?" "다른 사람들은 어떻게 생각하나요?"
"제이든이 '일반원칙'이라 할 수 있는 의견을 주셨습니다. 누가 이 원칙을 실제로 실현하는 예를 말씀해 주시겠어요?"
"혹시 오랫동안 말씀하지 않으신 분 중에서 설명해 주실 분 있나요?"
"2조에서는 어떤 이야기가 있었나요?"   "이 논의에 관하여 의문을 가지신 분 있나요?"

- 때로는 질문을 던지기 전에 진행 중인 논의의 목적을 다시 언급해 주는 것도 필요하다.

"우리는 이 문제의 근본원인을 찾고 있었던 것 같습니다. 누가 추가해 주실까요?"

경청 기술8. 균형 잡기 Balancing

- 보통은 논의의 방향이 주제에 대해 처음 말하기 시작한 소수의 관점을 따라가는 경향이 있다. 이때 퍼실리테이터는 균형 잡기 기술을 사용하여, 아직 표현되지 않은 다른 관점을 다룰 수 있도록 그룹의 사고를 확장할 수 있다.

- 균형 잡기는 "침묵이 동의를 나타낸다."는 일반적인 믿음을 깨뜨린다. 이는 소수자라는 생각 때문에 자신의 관점을 표현하는 데 불편함을 느끼는 사람들에게 용기를 준다.

- 균형 잡기는 개인에게만 도움을 주는 것이 아니다. 그룹의 규범에도 긍정적인 영향을 끼친다. "어떤 의견을 가지고 있더라도 자신의 속마음을 말하는 것이 수용된다."는 메시지를 전달하는 것이다.

- 그룹이 양극화되는 것처럼 보일 때, 균형 잡기를 위한 질문은 의견의 흐름을 신선하게 이끌어낼 수 있다.

 진행방법

- 실제로 균형 잡기를 하는 방법은 다음과 같다.

  "이 이슈를 바라보는 다른 방법이 있나요?"
  "다른 사람들도 이 관점에 모두 동의하나요?"
  "좋아요, 이 문제에 대한 많은 사람의 입장을 들었습니다. 혹시 다른 입장을 가진 분은 없나요?"
  "좋습니다. 이 제안에 대하여 다양한 문제점이 제시되었습니다. 혹시 이 제안에 찬성 의견을 가진 분 있나요?"
  "잠깐 동안 누가 '악마의 대변자' 역할을 해주실까요?"
  "우리는 [A 그룹 이해관계자]와 [B 그룹 이해관계자]의 의견을 들었습니다. [C 그룹 이해관계자]의 의견도 좀 말씀해 주실까요?" 예를 들면, 이와 같다. "경찰관의 의견과 가게 주인의 의견을 들었습니다. 이제 이웃 청년의 의견을 조금 들어보면 어떨까요?"

경청 기술9. 경청하도록 돕기
Helping people listen to each other

- 이 페이지에 있는 질문들은 서로 간에 아이디어를 교류할 수 있도록 도와주는 질문들이다. 이 작업은 상호 이해를 구축하는 매우 중요한 작업이다.

- 좋은 경청을 하는 목적은 발언자의 마음을 제대로 읽는 데 있다. 그러나 많은 사람들은 단지 상대방이 무슨 이야기를 하는지에 주의를 기울이는 것이 곧 좋은 경청이라고 생각한다. 그래서 발언의 맥락이나 가정, 혹은 발언자의 가치를 확인하기 위한 질문은 잘 하지 않는다.

- 이 기술 역시 사람들이 화를 내지 않고서도 각자의 생각에 도전하고 질의할 수 있다는 것을 알려줌으로써, 그룹이 발전하고 결속하는 데 큰 역할을 한다.

 진행방법

- 구성원들이 상호간에 경청하도록 도울 수 있는 질문들은 다음과 같다.

  "여러분은 다니엘의 발언을 어떻게 들으셨나요?"
  "누구 존에 대한 질문이 있으신가요?"
  "레이첼이 방금 이야기한 것에 공감하는 분 계신가요?"
  "아만도의 이야기 중 걱정되는 점이 있다면 무엇인가요?"
  "윌리엄의 언급에 누가 답해 주시겠어요?"
  "수, 나오미의 의견이 수의 입장에서는 어떻게 들리나요?"
  "제임스의 이야기를 다른 말로 표현해 주시겠어요?"
  "제인, 제인의 이야기를 앨런이 이해한 것 같습니까?"
  "로니의 논점을 우리가 제대로 이해했는지, 누가 좀 요약해 주시겠습니까?"

- 누군가가 이 질문에 반응을 한다면, 다른 사람도 발언을 이어갈 수 있도록 장려한다. 예를 들면, "혹시 비슷한 관점을 가진 분이 계신가요?" 또는 "누가 좀 더 보태주시겠습니까?"라고 질문한다.

경청 기술10. 침묵하는 사람에게 공간 주기
Making space for a quiet person

- 공간 주기는 침묵하는 사람에게 "지금 말하고 싶지 않으면 안 해도 됩니다. 나중에라도 말하고 싶으면 언제라도 기회를 드리겠습니다."라고 말해주는 것과 같다.

- 어떤 그룹이든지 말이 많은 사람과 적은 사람이 있기 마련이다. 그런데 논의를 신속하게 해 버리는 그룹이라면, 말 수가 적거나 사고를 느리게 하는 사람은 대화에 끼어들기가 힘들어진다.

- 어떤 사람은 무례하거나 경쟁적인 것처럼 보이는 것이 싫어서 습관적으로 주목받는 것을 회피한다. 어떤 사람은 새로운 그룹을 만났을 때 수용될지 거절될지가 확실하지 않기 때문에 뒤로 물러선다. 또 어떤 사람은 다른 사람들의 생각만큼 훌륭한 아이디어가 아닐 것 같아서 마음을 숨긴다. 퍼실리테이터는 이 모든 사람들이 혜택을 받을 수 있도록 참여의 공간을 제공하는 사람이다.

진행방법

- 침묵하고 있는 사람을 관심 있게 바라본다. 표정이나 몸짓을 통하여 말하고자 하는 기미를 알아챈다.

- 발언 기회를 제공한다. 예를 들면, "혹시 표현하고 싶은 생각이 떠올랐나요?" 또는 "의견을 보태주시겠어요?" 또는 "선생님! 뭔가 하실 말씀이 있으신 것 같습니다."라고 말해준다.

- 만약 참여자가 거절하면, 그것을 받아들이고 계속 진행한다. 누구나 지적받는 것을 싫어하며, 참여를 할지 말지 혹은 언제 참여할지를 선택할 자유가 있다.

- 필요하면 다른 사람을 막는다. 예를 들어, 침묵하던 사람이 발언할 조짐을 보이는데 누군가가 끼어들려 한다면, 다음과 같이 말한다. "테리, 한 번에 한 사람씩만 말하겠습니다. (침묵하던 사람을 향하여) 자, 말씀해 주실래요?"

- 만약 참여가 지나치게 한쪽으로 치우친다면, 한 바퀴 돌아가며 이야기하도록 진행하여 모든 사람이 발언할 수 있도록 시도한다.

경청 기술11. 감정 알아채기 Acknowledging feelings

- 사람들은 자신의 감정을 행동, 언어, 음조, 표정 등으로 표현한다. 이러한 커뮤니케이션은 사람들에게 직접적인 영향을 준다.

- 감정에 대해 다루는 것은 사람들이 감정을 간접적이고 무의식적으로 표현할 때보다 직접적이고 의도적으로 표현할 때 그 효과가 더 크다.

- 그런데 인간은 스스로의 감정을 늘 알아채고 있는 것이 아니다. 달리 말하면, 우리가 의식하지 않는 가운데 어떤 감정을 전달하게 되는 경우도 자주 일어난다는 것이다.

- 이때 퍼실리테이터는 감정을 확인하고 그 감정을 적절하게 지칭함으로써 참여자의 자각을 이끌어낸다. 그리고는 바꾸어 말하기 또는 이끌어내기 등을 통해 구성원들이 그 감정들을 인식하고 받아들이게 해준다.

 진행방법

- 감정 알아채기는 다음과 같이 세 단계를 거친다.

- 1단계 : 그룹이 대화의 어려움을 겪고 있을 때 그들의 정서적 음조에 귀를 기울인다. 그리고 감정이 드러나기 시작할 때 그 실마리를 발견한다.

- 2단계 : 발견한 감정을 지칭하면서 정말 그런 것인지 물어본다.

- 3단계 : 퍼실리테이터가 지칭한 감정에 사람들이 반응할 수 있도록 경청 기술을 사용한다.

- 다음은 실제 상황 중 위의 2단계에서 사용할 수 있는 질문들이다. 이와 같은 질문으로 관찰한 바를 확인하라.

  "선생님에게는 좀 걱정이 있는 것 같군요. 맞나요?"

  "선생님은 대응하려고 하시는 것 같군요. 제 추측으로는 좀 좌절하신 듯합니다. 혹시 그런가요?"

  "선생님의 목소리에는 기쁨이 묻어 있는 듯합니다. 그런가요?"

  "이 논의가 선생님의 감정을 건드린 것 같네요. 화가 나셨나요?"

  "... 이런 느낌이십니까?"

경청 기술12. 유효화하기 Validating

- 유효화하기는 발언자의 의견이 옳다고 생각하지는 않더라도, 그의 의견과 감정을 받아들이고 정당화시켜주는 기술이다.

- 많은 퍼실리테이터들은 어떻게 하면 논란이 있는 의견에 대하여 표시나지 않게 지원해줄 수 있을지를 고민한다. 발언자가 느끼고 있는 감정에 동의하지는 않으면서 그의 감정 자체를 인정하는 것은 가능할까?

- 가능하다. 유효화하기는 그룹의 다양한 의견들을 인정하는 것이지, 그 중 어느 편에 서는 것이 아니기 때문이다.

- 바꾸어 말하기를 할 때에도 그 의견에 동의할 필요가 없는 것처럼, 어떤 감정을 받아들이고 유효화하는 데 있어서도 그 감정에 동의할 필요는 없다.

- 유효화하기에서의 기본 메시지는 이런 것이다. "네, 분명히 그렇게 바라보는 것도 하나의 방법입니다. 다른 사람들은 또 다르게 볼 수 있습니다. 그렇더라도 당신의 관점은 온전히 정당합니다."

 진행방법 _____

- 유효화하기는 다음과 같이 세 단계를 거친다. 첫째, 바꾸어 말한다. 둘째, 발언자에 대하여 추가적인 지지를 표명할지 판단한다. 셋째, 지지를 표명한다.

- 1단계 : 바꾸어 말하면서 그 사람의 의견이나 감정을 꺼내놓는다.

- 2단계 : 퍼실리테이터 스스로에게 묻는다. "이 사람에게 추가적인 지지가 필요할까? 위험성이 있는 발언을 하는 것은 아닐까?"

- 3단계 : 그 사람이 방금 한 말에 대하여 정당성을 인정하며 지원해 준다.

  "당신이 하신 말씀을 이해하겠습니다."   "그 느낌이 무엇일지 알 것 같군요."
  "왜 그게 문제가 되는지 알겠습니다."   "당신이 왜 그렇게 되었는지 이해가 되네요."
  "이제야 연유를 알 수 있을 것 같습니다."

- 사람들은 자신의 발언이 유효하게 받아들여지면 마음을 열고 더 많은 말을 하게 된다. 이때에도 그를 존중해야 한다. 당신은 동의하는 것이 아니라 누군가 진실을 말하려는 것을 지원하는 것뿐이다.

경청 기술13. 공감하기 Empathizing

- 공감하기는 일반적으로 타인의 감정을 이해하고 공유하는 능력이라고 일컬어진다.

- 이는 타인의 관점으로 들어가서 타인의 눈으로 세상을 바라보는 것이다. 그러므로 청자는 발언자의 감정과 그 발언의 이유를 상상하고, 그의 통찰력에 대해 수용과 지지를 표명하며 받아낸다.

- 공감하기와 유효화하기는 둘 다 상대방의 감정을 확인하고 정당화한다. 하지만 유효화하기와 달리 공감하기는 발언자의 진짜 감정을 공유하고 동일시하려고 노력한다. 예를 들면, "저라도 정말 걱정했을 거예요.", "정말 힘드셨겠네요.", "저도 정말 많이 슬펐을 것 같아요."와 같이 말하는 것이다.

- 나아가 개인의 주관적인 현실을 온전하고 자비롭게 이해하는 모습을 보여줌으로써, 그룹 전체에게도 좋은 영향을 준다.

 진행방법

- 공감하기는 조금 다른 기술을 사용한다.

- 가장 기본적인 기술은 상대방이 겪고 있다고 생각하는 것을 구체적으로 지칭하는 것이다. "제 생각에는 그 소식이 선생님을 매우 화나게 했을 것 같군요."

- 또 다른 기술은 상대방이 겪은 경험의 원인을 언급하는 것이다. "이 프로젝트를 위해 사력을 다했는데 이런 소식을 들으니 얼마나 화가 나세요."

- 세 번째 기술은 향후의 영향을 언급하는 것이다. "이 소식 때문에 다른 일까지 영향을 받을까봐 걱정이네요. 아직 괜찮으세요?"

- 네 번째는 그가 겪고 있는 감정을 다른 사람들과 나누는 것에 대한 걱정을 확인하는 것이다. "이 일을 직원들에게 말하는 것이 참 힘들겠다는 생각이 드네요."

- 그리고 언급한 것이 맞는지 항상 확인해야 한다. 만약 상대방이 "그런 건 아닌데요."라고 말하면, 추측한 바를 상대방이 수정해 줄 수 있도록 요청한다.

경청 기술14. 의도적 침묵하기 Intentional silence

- 의도적 침묵은 많이 과소평가되어 있다. 이것은 잠시 멈추거나, 몇 초 기다리는 것, 자신이 발언하고자 하는 것을 생각할 수 있도록 '조용한 시간'을 주는 것 등을 말한다.

- 사람들은 복잡한 생각을 논리적으로 바꾸어 말하는 데 약간의 침묵이 필요하다. 어떤 사람은 논란이 되는 이슈를 말하는 것이 얼마나 위험한지 계산하느라 다소 시간이 걸린다. 앞서 말한 것을 요약하고 자신이 행할 반응을 평가하거나 그 반응을 정리하는 데도 어느 정도의 침묵은 있어야 한다.

- 의도적 침묵은 특별히 날카로운 순간을 강조하고 싶을 때도 사용할 수 있다. 열정적인 또는 빈약한 언급 뒤에 시도하는 침묵은 참여자에게 잠시 멈추어 생각하고 이해할 시간을 허락해 준다.

진행방법

- 10초라는 시간은 생각보다 길다. 이렇게 짧은 시간마저도 대부분의 사람들에게는 어색하게 느껴지는데, 이 침묵이 바로 퍼실리테이터에겐 매우 중요한 경청 기술이 된다. 퍼실리테이터가 이 어색함을 이겨내면 참여자들도 이겨낸다.

- 눈 마주침이나 몸짓으로 참여자에게 집중해야 한다.

- "음," "으흠" 등 아주 작은 소리도 내지 말고, 고개를 끄덕이거나 흔드는 행동도 삼가면서 편안함을 보여주고 주의를 기울인다.

- 필요하면 손을 들어, 다른 사람이 침묵을 깨려는 것을 막는다.

- 간혹 그룹의 모든 사람들이 혼란스러워 하고, 동요하거나 집중을 잘 하지 못하는 경우가 있다. 이 때에도 침묵은 매우 도움이 된다. 이렇게 말해보라. "이것이 우리에게 어떤 의미가 있는지 잠시 동안 조용히 생각해봅시다."

경청 기술15. 연결하기 Linking

- 연결하기는 참여자가 방금 언급한 것의 타당함을 설명할 수 있도록 해주는 경청 기술이다.

- 복잡한 주제를 다루는 대화에서 모든 참여자들이 동일한 것에 동시에 집중하기란 쉽지 않다. 사람들은 주제에서 벗어나는 듯한 이슈를 제기하곤 하는데, 물론 다른 사람들에게 는 부적절해 보이는 일이다.

- 이런 일이 일어나면, 보통 참여자들 사이에선 "오늘 주제에 맞는 얘기만 합시다." "그런 것은 나중에 이야기합시다." 같은 말들이 흘러나온다. 하지만 퍼실리테이터가 적절히 개 입해 주지 않으면 이런 발언은 오히려 대화의 진전을 방해하게 된다.

- 주제와 조금 동떨어져 있는 아이디어들도 실제로는 연결점이 있으며, 의외의 길을 열기 도 한다. 가끔은 엉뚱한 방식에서 나온 생각으로부터 돌파구를 찾게 되는 경우가 있다.

 진행방법

- 연결하기는 네 단계로 이루어진다. 첫째, 진술을 바꾸어 말한다. 둘째, 발언자에게 자기가 말한 아이디어와 주제를 연결해달라고 요청한다. 셋째, 발언자의 설명을 바꾸어 말하고 그 것을 유효화한다. 넷째, 아래의 목록 중 하나의 행동을 취한다.

- 1단계 : 바꾸어 말하기를 한다. (어떤 발언자가 그룹의 불만 때문에 당황하고 있다면, 그 발 언자에게는 지지가 필요하다.)

- 2단계 : 연결을 요청한다. "[그룹의 주제]...와 어떻게 연결해 볼 수 있을까요?" "연결점 좀 설 명해 주시면 도움이 될 것 같습니다."

- 3단계 : 설명을 유효화한다. "[바꾸어 말하기]...이란 말씀이죠?" 그리고 "무슨 말씀인지 알 겠습니다."

- 4단계 : 다음 중 한 가지를 시도한다.

  발언자의 의견을 말하게 한다.
  균형 잡기 또는 장려하기를 통해 다른 사람의 반응을 끌어낸다.
  잡아두기로 돌아간다.
  ("좋습니다. 제이의 이야기를 들었습니다. 다음은 누구셨죠?")
  만약 아이디어가 정말로 주제에서 벗어난 것이라면, 주차장 차트parking lot에 기록해둔다.

경청 기술16. 논리 듣기 Listening for the logic

- 어려운 문제에 대한 해결책은 순차적으로 나타난다. 우선 누군가가 어떤 통찰력 있는 의견을 제시하면, 다른 사람이 그것을 보면서 잠재적으로 유용한 의견을 만들어낸다. 그 다음에는 이 의견이 비판적 사고를 통해 세련되게 발전되고, 그러면 실행할만한 해법이 만들어진다.

- 그러나 '다듬어지지 않은 의견'이 제시되었을 때, 사람들은 참지 못하고 세련되게 하는 작업을 한두 명에게 넘겨버리곤 한다.

- 이런 분위기에서는 새로운 아이디어에 대하여 건설적인 비판을 할 의욕이 사라지고, 그룹의 열정도 식어버린다.

- 이때 논리 듣기를 함으로써, 비판적 시각을 가진 사람이 충분히 의견을 낼 수 있도록 지원한다. 이는 "퍼실리테이터가 그런 논리를 들어주니, 나도 그럴 수 있어."라는 규칙을 그룹에게 암시하는 효과를 가져다준다.

 진행방법

- 퍼실리테이터의 관점에서 논리 듣기는 "바꾸어 말하기"나 "이끌어내기"와 비슷하다.

- 다른 점은 퍼실리테이터가 '무엇을 듣는가'이다. 여기서 퍼실리테이터는 '말하려는 논점'을 듣는다기보다 '발언자의 논리'에 귀를 기울인다. 그리고 그 논리를 그룹이 소화하고 있는지 거부하고 있는지 살핀다.

- 발언자는 다음과 같은 상황에서 논리적 분석을 시도한다.

주장을 펼칠 때	편견을 확인할 때
요구사항을 물을 때	모호함을 해결하려 할 때
가정을 명시화하려 할 때	모순을 지적할 때

- 누군가가 이런 종류의 논리화를 시도하고 그룹이 이를 생산적으로 반응하면, 퍼실리테이터는 한 발 물러서서 그룹 스스로 일하게 놔둔다.

- 그러나 발언자의 논리가 거부되는 것으로 보이면, 바꾸어 말하기와 이끌어내기를 시도하여 그룹이 대응하도록 지원한다.

경청 기술17. 다름을 정당화하기 Legitimizing differences

- 누군가 한 가지 입장을 강하게 견지하고 있는 경우, 대립하고 있는 다른 관점의 장점은 보기 어려워진다.
- 둘 또는 그 이상의 당사자가 서로 다른 견해를 가지고 있으면, 그들끼리 또는 전체 그룹 마저도 지루하고 반복적인 주장과 논쟁의 수렁에 빠질 수 있다.
- 다름의 정당화는 퍼실리테이터가 이러한 고착상태를 탈피하도록 도와주는 방법이다. 각 당사자가 제시하는 논점을 정당한 것으로 인정함으로써, 퍼실리테이터는 각자의 관점이 존중받을 수 있음을 보여준다. 이를 통해 모든 사람은 한 걸음 물러서서 한숨을 돌리면서, 자신의 관점만이 유일하게 유효한 것이 아니라는 사실을 알아차리게 된다.
- 대립하던 다른 견해들이 중립적인 제3자에 의하여 정당화되었을 때, 서로의 관점에 대하여 사람들이 잘 이해하게 되는 것을 보면 놀라울 따름이다.

 진행방법

- 다름의 정당화는 다음과 같이 세 단계의 절차를 거친다.
- 1단계 : 우선 퍼실리테이터 자신이 충직하고 중립적이라는 점을 보여주는 말을 한다. 그리고 자신이 시도하려는 바를 설명한다. "선생님들 모두 훌륭한 견해를 밝혀주셨습니다. 제가 이를 좀 요약해 보겠습니다. 그렇게 하면 두 관점 모두 정당하게 다룰 수 있을 겁니다."
- 2단계 : 두 견해를 요약한다.

  "지나, 제가 제대로 들은 것이라면, 그 일이 심각한 반향을 불러일으키지 않도록 XYZ 조치를 취하는 것이 필요하다고 강조하신 것이죠? 맞습니까?"

  "다니엘, 제가 느끼기에 다니엘은 필요한 정보나 지원 체계 없이 지금 그 조치를 행동에 옮기는 것은 이를 오히려 악화시킨다고 말씀하시는군요? 그렇죠?"
- 3단계 : 명시적으로 정당화를 시도하고 다른 사람의 견해를 요청한다.

  "서로 반대편의 결론을 향하고 있습니다만, 두 분의 의견이 모두 일리가 있는 것으로 보입니다. 혹시 이에 대하여 다른 분은 어떻게 생각하시는지요?"

경청 기술18. 공통기반 경청하기 listening for common ground

- 그룹이 양극화되었을 때, 공통기반을 향해 경청하는 것은 그룹에 대한 강력한 개입이 된다. 이는 그룹 내에 불일치 영역이 있음을 인정하고, 구성원 모두를 일치 영역에 집중하게 도와준다.

- 많은 분쟁 속에는 서로 동의하는 부분이 있기 마련이다. 예를 들어, 많은 압력단체들은 주요 전략적 목표에 대해서는 서로간에 일치된 견해를 보이고 있다. 다만 구체적인 실행방법에 대해 첨예하게 대립하는 것뿐이다. 이와 같이, 그룹 구성원들의 의견이 갈릴 때 사람들은 자신들에게 공통분모가 있다는 것을 잊기 쉽다. 퍼실리테이터는 그룹 내의 다름과 공통기반 모두를 유효화함으로써, 이분법적인 상황을 초월적으로 해결해낼 수 있다.

- 공통기반에 대한 경청은 희망을 불어넣는 수단이 되기도 한다. 모든 면에서 반대되는 입장에 있다고 여겨지는 사람들에게도 공유할 수 있는 가치나 신념이나 목적이 있다는 것을 발견하게 된다.

 진행방법

- 공통기반 경청은 네 단계로 이루어진다. 첫째, 그룹 내에 존재하는 차이점과 공통점을 요약하겠다고 말한다. 둘째, 차이점을 요약한다. 셋째, 공통기반을 요약한다. 넷째, 정확한지 확인한다. 예를 들면 다음과 같다.

- 1단계 : "여러분이 말씀하신 내용을 제가 요약해 보겠습니다. 제가 듣기에는 많은 의견의 격차가 있는 것 같습니다. 하지만 약간의 공통점도 찾을 수 있군요."

- 2단계 : "한 쪽은 연말에는 일을 좀 빨리 끝내기를 희망하고, 다른 쪽은 며칠 간 휴가를 가는 것을 선호하고 계신 것 같습니다."

- 3단계 : "하지만, 양쪽 모두 신년 전에 근무를 줄이고 약간의 개인 시간을 갖고 싶다는 점에서는 일치하는 것 같습니다."

- 4단계 : "제가 맞나요?"

- 주의 : 이 기술을 효과적으로 사용하려면, 공통기반 안에 모든 참여자가 포함되는지를 살펴야 한다. 공통기반 안에 자신의 견해가 조금도 포함되지 않은 사람은 자신의 본래 입장에만 마음이 계속 머물러 있게 된다.

경청 기술19. 이해관계자로서 경청하기
Listening with a point of view

- 퍼실리테이터가 그룹의 리더나 직원 혹은 그룹 내의 전문가일 때가 있다. 즉, 중립적인 제3자가 아닌 이해관계자이다. 이 경우에는 일종의 딜레마에 봉착하게 되는데, 왜냐하면 자신의 의견을 효과적으로 피력하면서 다른 사람도 자기 견해를 잘 밝힐 수 있도록 인도해야 하기 때문이다.

- 이 딜레마를 해결하는 데는 두 역할을 하게 될 사람의 마음가짐이 가장 중요하다.

- 한 편으로는 리더로서의 마음가짐을 유지해야 한다. 자신의 생각을 명확히 하고, 이를 효과적으로 전달하는 데 책임 있게 행동한다.

- 다른 편으로는 퍼실리테이터의 마음을 갖고 구성원들이 최선의 생각을 해낼 수 있도록 돕는다. 즉, 구성원들이 자신의 생각을 발전시킬 수 있도록 지원한다.

- 이해관계자로서 경청할 때는 균형감을 가지고 두 가지의 역할을 모두 할 수 있어야 한다.

 진행방법

- 이해관계자로서 경청하기는 다음과 같이 다섯 단계로 진행한다.

- 1단계 : 리더(전문가 혹은 직원)로서 자신의 의견이 들어있는 이슈를 제기한다. 그리고 자기의 의견을 진술한다.

- 2단계 : 반응을 요청한다.

- 3단계 : 바꾸어 말하기, 이끌어내기 등을 활용하여 퍼실리테이터의 방식으로 참여자의 발언에 대응한다. 참여자들이 자신의 의견을 잘 꺼낼 수 있도록 조금 지나치게 도와준다. (구성원들이 리더의 권위에 도전하는 일은 쉽지 않으므로, 다른 의견을 편히 낼 수 있도록 특별한 지원을 해주어야 한다.)

- 4단계 : 최소한 두 번 이상은 경청 기술을 적용한 후에, 발언할 기회를 갖는다. 자신의 견해를 반영하여 진술하되, 질문에 답하고 정보를 제공하면서 설명하고 주장한다.

- 5단계 : 필요한 경우 2단계에서 4단계를 반복하되, 자신의 의견을 말하는 것보다 두 배 정도는 경청 기술을 사용해야 한다. 그렇게 하는 것이 균형을 이루는 것이다.

경청 기술20. 요약하기 Summarizing

- 훌륭한 퍼실리테이터는 참여자들이 활력 넘치게 논의할 수 있도록 독려하는 것이 얼마나 중요한지를 잘 안다. 하지만 관심 높은 사안일수록 대화를 매듭짓기가 어렵다는 것이 문제이다.

- 논의를 요약하기 위해서는 의도적인 노력을 해야 한다. 이를 통해 참여자들의 생각을 통합하고 정리할 수 있다. 우선 주요 주제와 논점을 재 진술하여 사람들의 생각을 범주화하고 내재화한다. 범주화를 하면 참여자들이 제시한 의견들이 쉽게 이해될 수 있으며, 나중에 다시 기억하여 논의를 정리하는 데에도 도움이 된다.

- 논의를 갑작스럽게 종료하면 퍼실리테이터가 밀어붙이는 것처럼 보일 수 있다. 예를 들어, 퍼실리테이터가 "자, 이제 시간이 다 되었습니다. 다음 주제로 넘어가겠습니다."라고 말할 수 있다. 이러한 발언은 공격적인 것은 아니지만, 성급한 진행으로 비춰질 수 있다. 때로는 즉각적인 저항을 불러일으키기도 한다. 그에 반해 요약하기는 비교적 기분 좋게 받아들여지며, 지원받는 듯한 느낌을 가져다준다.

진행방법

- 요약하기는 다음과 같이 다섯 단계에 따라 진행된다.
- 1단계 : 논의를 시작했던 질문을 재 진술한다. "지금까지 여러분의 프로그램이 어떻게 하면 성공할지에 대해 논의하였습니다."
- 2단계 : 퍼실리테이터가 생각한 논의 주제가 몇 개인지를 말한다. "제 생각에는 3개의 주제가 제기된 것 같습니다."
- 3단계 : 첫 번째 주제를 말하고, 이와 연관된 두세 개의 주요 논점을 언급한다. "첫 번째 주제는 전략에 관한 것이었습니다. 우리는 전략의 효과성을 탐색하였고, 그에 대한 몇 가지 개선점을 이야기했습니다."
- 4단계 : 각 주제를 다음과 같이 차례대로 반복한다. "다음은 주목적의 타당성에 대한 주제를 다루었습니다. 그것이 달성가능하고 현실적인지에 대한 문제제기도 있었습니다. 마지막으로 인사문제를 몇 가지 검토하고, 신입직원의 역할을 정하였습니다."
- 5단계 : 다음 주제와 연결되는 질문을 제기한다. "프로그램의 효과성에 대하여 의미있는 견해를 만들어 내셨습니다. 다음 주제로 넘어가기 전에 추가할 의견이 있으신가요?"

MEMO

퍼실리테이터의 기록 방법: 차트 쓰기

마커펜과 차트를 이용하여 온전한 참여 이끌기

집단기억장치의 위력

그룹에서 참여자들은 종종 균형을 잃기도 한다. 소수의 사람들이 발언을 독점하고, 다른 사람들은 그저 앉아서 듣고만 있다. 이때 모든 사람들이 볼 수 있도록 차트를 이용하여 사람들의 아이디어를 적게 되면, 이러한 경향은 엄청나게 달라진다.

그룹의 아이디어들을 차트에 적어 잘 보이도록 벽에 붙여두면 집단기억장치●가 된다. 이는 여러 측면에서 온전한 참여를 강화시켜준다.

첫째, 유효화를 도와준다. 참여자의 발언을 적어두는 것은 그것을 '가치 있는 의견'이라고 말해주는 것과 같다. 사람들은 자기 아이디어가 인정을 받으면 자기 자신이 인정받은 것으로 느낀다. 이것이 바로 집단기억장치가 가져다주는 매우 중요한 혜택이다.

둘째, 집단기억장치를 사용하면 두뇌의 한계를 극복할 수 있다. 수많은 과학적 연구에 따르

● 집단기억장치(group memory)라는 말은 캘리포니아의 다중당사자 갈등해결 전문가인 제프 볼(Geoff Ball)이 지어낸 말이다. 그는 RESOLVE의 설립자인데, RESOLVE는 대안적 분쟁해결로써 협력적 문제해결을 증진하는 미국 최초의 컨설팅 회사 중 하나이다.

면, 대부분의 인간은 단기기억에서 대략 7개 정도의 정보 덩어리를 갖고 있다. 만약 이 단기기억이 가득 차게 되면, 어떤 것을 잊어버리지 않는 한 더 이상 아이디어를 흡수할 수 없게 된다. (예를 들어, 새로운 전화번호 하나는 여러 번 되뇌면서 외울 수 있지만, 두 개의 새로운 전화번호를 동시에 외우는 것은 생각보다 쉽지 않을 것이다.)

이러한 일이 회의에서는 현실적인 문제가 된다. 사람들은 자신들이 처리할 수 있는 아이디어에만 매달리게 되며, 나머지 아이디어는 한 귀로 듣고 한 귀로 흘려버린다. 집단기억장치는 바로 이런 문제를 해결해 준다. 참여자가 잠시 잊어버리더라도 다시 차트를 보면 기억을 할 수 있다. 외우지 않고도 사고에 집중할 수 있도록 도와준다.[*]

집단기억장치는 단지 회의 내용을 기록하는 도구가 아니다. 우선 온전한 참여를 도와주는 장치가 된다. 그리고 참여의 균형을 이루어낸다. 논의를 활발하게 해주고, 타인의 관점을 이해하고 통합할 수 있도록 돕는 일을 한다. 요약하면, 집단기억장치는 그룹이 최선의 사고를 할 수 있도록 지원하는 퍼실리테이터의 근본적인 도구이다.

차트 기록자의 역할

차트 기록자는 그룹의 사고를 차트에 기록하는 사람이다. '기록자' 또는 '서기'라고 부르기도 한다. 차트 기록자를 두는 이유는 아이디어를 붙잡아서 집단기억으로 만들어내려는 것이다.

차트 기록자는 가능한 한 발언자의 말을 그대로 기록해야 한다. 사람들은 자신이 말한 고유의 아이디어가 벽에 기록되기를 원한다. 모든 참여자가 기여한 바들은 동등하게 다루어져야 한다. 어떤 아이디어가 가치 있는지 아닌지는 발언자에게 달려있는 것이지 차트 기록자에게 달려있는 것이 아니다.

---

[*] 집단기억장치에 대한 더 상세한 논의는 다음을 참고할 수 있다. "The Case for a Group Memory" by M. Doyle and D. Straus in *How to Make Meetings Work* (pp. 38-48). New York: Jove Press, 1982.

때로는 말한 그대로 적어내기에 너무 길고 복잡한 경우도 있다. 이 경우 퍼실리테이터는 발언의 주요 내용을 바꾸어 말하거나 요약할 수 있다. 이때 차트 기록자는 퍼실리테이터가 바꾸어 말한 것에 대해서 발언자의 확인을 받은 후 차트에 기록해야 한다.

대부분의 경우엔 퍼실리테이터가 차트 기록자를 겸임하지만, 5~6명을 초과하는 회의에서는 차트 기록자를 따로 동반하기도 한다. 일반적으로는 후자가 전자보다 좋다. 최고의 효과를 내려면 퍼실리테이터가 때로는 개인, 때로는 그룹 전체에 집중하면서, 자세도 그들을 향하고 있는 것이 좋다. 반대로 차트 기록자는 그룹에 등을 보이면서 서있게 된다. 그는 논의의 흐름에 따라 속도를 조절하고, 아이디어와 의미를 정확하게 잡아내는 데 주의를 집중한다.

어떤 그룹은 외부 차트 기록자를 따로 두지 않을 수도 있다. 이 경우 퍼실리테이터는 그룹 내에서 한 명을 차트 기록자로 위촉할 수 있다. 회의 전에 미리 정해 두거나, 회의 도중 중요한 순간에 자원자를 요청하여 운영하면 된다. (이어지는 페이지는 차트 기록자를 위한 기초교육 자료이다. 자원자에게 이 자료를 먼저 읽어보게 하는 것이 좋다.)

집단기억장치를 활용하는 목적은 이미 설명한 바와 같이, 사고를 지원하고 참여를 강화시켜준다. 그러나 날림으로, 혼잡하게, 그리고 판독하기 어려운 방식으로 하는 기록은 차라리 차트를 사용하지 않는 것만 못하다. 이 장에서 설명하는 차트 기록의 간략한 기술을 배움으로써, 차트 기록자는 매력적이고 도움이 되며 쉽게 읽히는 집단기억장치를 만들어 낼 수 있다.

차트 기록 시
고려사항

글씨 쓰기 Lettering

1. 정자로 쓰기

글씨를 쓰는 것은 읽게 하는 것이 목적이다. 대부분의 구성원들에게는 정자로 쓴 글씨가 읽기에 편하다. 흘려 쓰면 조금 빠르게 쓸 수는 있지만, 몇 초만 더 들여서 또박또박 쓴다면 읽기 쉬운 글씨를 만들 수 있다.

2. 굵은 선 사용하기

마커펜으로 쓸 때는 굵은 면을 사용하여 굵게 쓰는 것이 좋다. 종이에 꾹 누르는 느낌으로 쓰는 것이 좋다. 굵은 면으로 쓴 확실한 글씨가 부드럽고 가는 글씨보다 먼 곳에서 판독하기에 훨씬 편안하다.

3. 반듯하게 쓰기

옆으로 기울인 글자보다는 반듯하게 서 있는 글자가 읽기에 더 편하다.

4. 획을 붙여 쓰기

글자의 획 사이가 B나 P처럼 벌어지지 않도록 붙여서 쓰는 것이 좋다. 틈새가 없어야 읽기가 편하다. 틈새가 있는 글씨는 읽을 때 더 집중해야 한다.

5. 평범한 고딕체 사용하기

장식체를 쓰지 않은 글씨가 눈에 더 편하다. 예쁘게 장식한 글씨는 읽는 시간을 길게 한다. 이런 글씨는 특별한 효과를 위해 아껴두는 것이 좋다.

6. 지속적으로 연습하기

글씨를 잘 쓰지 못한다고 걱정할 필요가 없다. 차라리 걱정할 시간에 연습을 하는 것이 낫다. 글씨 연습을 따로 하기 힘들면, 평소 낙서하거나 노트 필기를 하거나 쇼핑리스트를 작성하거나 메모를 하거나 또는 연애편지를 쓸 때를 이용하라. 평소에 펜과 종이를 사용하던 그 습관이 차트에 그대로 나타나게 된다.•

색 Colors

1. 색을 달리하여 쓰기

한 가지 색보다는 두세 가지 색을 사용하여 작성한 문장이 더 빨리 읽혀지고 더 오래 머물러지며 더 잘 집중된다. 그러므로 발언자마다 색깔을 달리하여 기록하는 것이 더 효과적이다. 이는 단지 단조로움을 피하기 위한 것이므로, 특별히 어떤 규칙을 따를 필요는 없다.

2. 지구색조 사용하기

지구색조는 청색, 갈색, 자주색, 흑색, 녹색 등 지구에 주로 분포한 자연색을 말한다. 이 색깔은 열정적인 색보다 빛을 덜 반사하므로 시각 자극을 줄여준다.

3. 눈에 띄는 강조색 사용하기

강조색은 오렌지색, 적색, 노란색, 분홍색 등이다. 이 색깔들은 눈에 자극을 주므로 경계선, 그림자, 밑줄, 화살표, 별표와 같이 부호에 사용하는 것이 좋다. 특히 노란색의 경우, 먼 곳에서는 잘 보이지 않는다는 것도 기억해 둘 필요가 있다.

4. 지나친 의미 부여 금지

초보자의 경우 색깔마다 의미를 부여하여 기록에 도움을 주려는 시도를 한다. 머리글은 어떤 색, 키 포인트는 어떤 색, 세부 요점은 또 어떤 색 등으로 표시하는 것이다. 의도는 좋지만 이러한 시도는 대체로 혼란을 초래한다. 그룹의 사고 과정은 창발적이고 또 역동적이다. 다른 사람들과 의견을 나누다 보면 범주를 나누는 것도 계속 바뀔 수 있다. 따라서 정돈되지 않은 초기 의견들에 색깔 지정을 시도하는 것은 위험하다. 반면, 아젠다처럼

• 1982년에 이 요령을 알려주신 샌프란시스코의 그래픽 퍼실리테이터, 제니퍼 하몬란다우(Jennifer Hammond-Landau)에게 감사드린다.

회의를 시작하기 전에 미리 정리하여 만든 것이거나 내용이 미리 파악된 자료의 경우에는 색깔 구분이 매우 효과적이다.

5. 한 손에 4개의 마커펜 쥐기

반대편 손의 손가락 사이에 마커펜을 넣고 쥐는 것을 '차트 기록자 그립chartwriter's grip'이라 말한다. 뚜껑을 열고 잉크가 나오는 촉을 밖으로 나오도록 쥐는 것인데, 이 그립은 필요에 따라 마커펜의 색깔을 바꾸어 가며 쓰는 것을 매우 편리하게 해준다.

기호

1. 글머리표

글머리표는 항목을 구분하기 위하여 붙이는 커다란 점이다. 특히 아이디어의 목록을 적을 때 사용하는 것이 좋다.

2. 별표

별표를 그려 특별히 강조하고자 하는 항목을 표시할 수 있다.

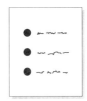

3. 경계선

경계선은 시각적으로 편안하게 만들어준다. 차트 전체에 경계선을 그을 수도 있고, 필요에 따라 본문의 특정한 영역 또는 제목과 같이 차트의 일부에만 표시할 수도 있다. 일반적으로 분홍색과 오렌지색을 사용하면 아름답게 보인다.

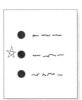

4. 원

원은 여러 가지 기능을 한다.
- 한 아이디어와 다른 아이디어에 올가미를 씌워 연결한다.
- 결정된 것을 두드러지게 표시할 때 사용한다.

- 주요 이슈를 표시할 때 사용한다.
- 첫 번째 범주화의 항목을 만들었을 때 사용한다.
- 본문으로만 가득 찬 차트에서 시각적 단조로움을 개선할 때 사용한다.

5. 화살표

화살표는 매우 강력한 부호이다.

두 개의 아이디어를 매우 생생하게 연결해준다. 이 연결은 인과관계, 순서, 논리, 순환 등의 관계를 나타내는데, 예를 들면 다음과 같다.

- 아이디어 A와 B는 악순환을 이룬다.
- 아이디어 1이 먼저 생기고, 아이디어 2가 나중에 온다.
- 아이디어 X,Y,Z는 주제 Q에 해당한다.

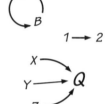

화살표는 매우 강력하기 때문에, 참여자가 명시적으로 제안한 것이 아니라면 화살표를 긋는 데 특별한 주의를 기울여야 한다.

6. 기타 부호

많은 아이디어들이 단순한 그림으로 표현될 수 있다.

● 별사람은 그래픽 퍼실리테이션의 개척자로 알려진 데이비드 시벳에 의해 만들어졌다. 그래픽 퍼실리테이션에 대한 상세한 내용은 다음을 참고할 수 있다. *Visual Meetings*(2010), *Visual Teams*(2011) and *Visual Leaders*(2013), all published by John Wiley and Sons, Inc., San Francisco.

형식

1. 목록

그룹의 아이디어를 적은 가장 일반적인 형식은 목록이다. 목록은 제
목 또는 표제와 일련의 항목들로 구성된다. 각 항목은 글머리표로 구
분한다.

어떤 경우에는 오른쪽 그림과 같이 범주로 묶인 세부항목으로 목록을
표시할 수 있다. 이 형태에서 범주에는 숫자를 표시하거나 밑줄을 긋고,
세부항목에는 글머리표를 붙여 구분한다.

```
┌─────────────┐
│     제목     │
│─────────────│
│  • 아이디어   │
│  • 아이디어   │
│  • 아이디어   │
│  • 아이디어   │
│  • 아이디어   │
└─────────────┘
```

```
┌─────────────┐
│     제목     │
│─────────────│
│ 1. 소제목     │
│   • 아이디어  │
│   • 아이디어  │
│ 2. 소제목     │
│   • 아이디어  │
│   • 아이디어  │
└─────────────┘
```

2. 표(행렬)

표는 제목을 가진 수평, 수직으로 배치된 항목의 모음이다. 이는 항
목별로 두 개 또는 그 이상의 변수와의 관계를 논의할 때 유용하다.

	강점	약점
아이디어1		
아이디어2		
아이디어3		

3. 흐름도

흐름도는 논리의 경로를 표시하거나 사건의 순서를 보여준다.

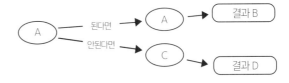

4. 위성형 도식

위성형 도식은 요점과 그 외 아이디어들을 비선형적 방식으로 연결시킨다.

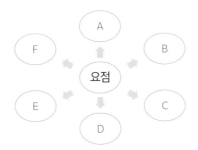

5. 다양성의 연결

개인의 사고와 감정의 소란함들이 구성원들의 경험으로 보태지고 공유된다. 구성원들이 돌아가면서 발언할 경우, 각자가 말한 문장을 순서대로 적어둔다. 다음과 같이 발언 내용을 요약하여 정리한다. 모든 사람이 발언을 마치면 원형으로 모든 발언을 연결한다.

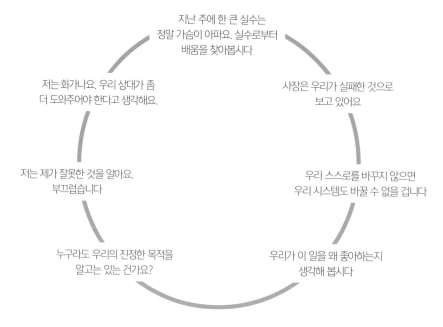

6. 다양한 관점과 공통분모

단순한 벤 다이어그램 하나가 수천 개의 단어를 말하는 효과를 가져올 수 있다. 각자의 관점을 나열하고 각 공통점을 중앙에 묶어두면 된다. 서로 동의하고 있다고 생각하는 점을 페이지의 중앙에 적고, 나머지 모든 아이디어는 주변을 둘러싸면서 적어보라.

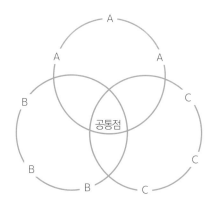

7. 자유토론을 위한 형식

기본 원칙

자유토론은 구조화되어 있지 않다. 자유토론 중에는 그룹의 아이디어 흐름이 예상하기 어려운 다양한 방향으로 진행되는 경우도 있다. 차트 기록자는 그룹의 유연성을 최대한 확보하면서 예측불가능한 논의 내용을 기록할 수 있는 형식을 사용해야 한다.

일반적인 원칙은 각 의견마다 공간을 많이 두는 것이다. 논의의 초반에는 특히 넓은 공간이 필요하다. 어느 정도 논의가 진전되면 아이디어끼리 조직할 수 있는 내용들이 나타나고, 새롭게 통합된 아이디어를 배치할 수도 있게 된다. 그룹은 이를 알아차리면서 어느 자리에 그 통합된 의견을 배치하는 것이 좋은지 의견을 제시하기도 한다.

자유토론을 위한 형식

벽면 하나를 차트로 채운 다음, 다음 순서를 따른다.

- 마음속으로 벽면을 5개의 구역으로 나눈다. 실제로 선을 긋지는 않는다. (아래 그림은 독자들을 위하여 어떻게 나누면 좋을지 그려놓은 예시이다.)

- 논의 내용을 기록할 때, 완전히 새로운 주제라고 생각하는 것은 다른 구역에 적어(붙여) 나간다. 각 구역 안에서는 목록적기의 형식을 사용한다. 가운데 자리는 비워둔다.

- 논의가 진행되면서, 그룹 구성원들은 중심에 두어야 할 주제를 발견하게 되고, 이를 가운데 자리에 적을 수 있게 된다.

공간 사용

1. 글자 크기

글자의 적당한 길이는 2.5cm가 보통이다. 이보다 작게 쓰면 많은 사람들이 읽기가 어려워지고, 이보다 크면 차트가 너무 빨리 채워져 불필요하게 차트를 추가하는 일이 생긴다. (즉, 논의 내용을 다 적으려면 더 넓은 벽면이 필요하게 된다.)

예외: 만약 30~40명이 넘는 인원이 한 자리에서 워크숍을 한다면 2.5cm는 너무 작을 것이다. 이때는 조금 더 크게 써서 모든 참석자가 쉽게 볼 수 있도록 해야 한다.

2. 여백

모든 면에는 5~8cm의 여백을 두는 것이 좋다. 그래야 나중에 초기 아이디어에 의견을 더할 일이 생길 때 유용해진다. 이 공간은 여러 아이디어 중에서 우선순위를 정하기 위하여 투표를 할 경우 숫자를 표시하기에 편리하다. 하얀 여백은 당신의 친구가 될 것이다.

3. 줄 간격

본문의 줄 간격도 2.5cm 정도를 유지하는 것이 좋다. 색깔을 바꾸어 항목을 구분하는 경우에는 4cm 정도가 바람직하다.

4. 들여쓰기

들여쓰기는 적게 할수록 좋다. 들여쓰기를 너무 많이 하면 색깔 지정과 같은 어려움을 겪게 된다. 논의가 진전되면서 범주가 달라지는 경우가 빈번하기 때문이다.

5. 밑줄 긋기

제목이나 세부제목에만 밑줄을 긋고, 강조를 위해서는 밑줄을 사용하지 않는 것이 좋다. (주요 아이디어를 강조하기 위해서는 별표나 동그라미, 형광펜을 사용하면 된다.)

6. 페이지 하단에 몰아 쓰지 않기

참여자들은 한 페이지가 가득차면 마치 과업을 마친 것 같은 행동을 하게 된다. 그러다가 새로운 페이지를 펼치면, 놀랍게도 그룹에 새 바람이 불기 시작한다. 새로운 페이지는 새로운 아이디어를 내는 데 도움을 준다.

차트 기록을 위한 실전기술

들은 것	기록하는 법
제안 예: "실제로 컨퍼런스를 개최할 때까지 서로 간에 하루에 한 번씩 체크인을 합시다."	컨퍼런스 때까지 일일 체크인
논리적 연결 예: "이 조직에서 사기저하와 결석은 분명 연관되어 있습니다."	결석 ⟷ 사기저하
문장요약 예: "제 생각에는, 이 프로그램은 교사와 학부모 모두를 대상으로 해야 한다는 말씀으로 들립니다."	대상 집단: 교사, 학부모
열린 질문 예: "주제에서 조금 벗어난 말 같습니다만, 신규 재무 보조원을 채용할지에 대하여 아직 확실히 하지 않은 것 같습니다."	☆ 재무 보조원 채용? ☆ 아직 미정

참여자의 발언을 일일이 적으려고 걱정할 필요는 없다. 그가 말하려는 것이 무엇인지를 확실히 적는 것이 중요하다.

1. 문장으로 기록하기

"금요일에 존이 짐에게 전화할 것."이라고 적는 것이 "존, 금요일"보다 이해하기 쉽다. 일주일이 지나도 이해할 수 있으면 잘 적은 것이다.

2. '우리'와 '나'를 사용하기

많은 초보 차트기록자들은 "우리가 회의를 원한다."와 같은 표현을 이상하게 여긴다. 대신 그들은 "그들이 회의를 원한다."거나 "당신이 회의를 원한다."와 같이 적는다. 하지만 차트는 그룹의 목적이나 요구, 헌신에 관한 사항이므로, 참여자 자신의 목소리로 기록될 수 있도록 하는 것이 바람직하다.

3. 동사와 명사가 우선이다.

만약 당신이 "나는 우리가 그 훌륭한 음식을 가져다 준 직원에게 따뜻하게 감사 인사를 써 보내야 한다고 생각합니다."라고 들었다면, 받아적을 만한 주요 동사와 명사는 이와 같다. "직원에게 감사 편지 쓰기"

4. 형용사나 부사는 부수적이다.

위의 예에서 "훌륭한"이나 "따뜻하게"라는 형용사나 부사를 사용할 수는 있다. 하지만 특별히 여유가 있는 경우가 아니라면 이는 생략할 수 있다.

5. 표준 약어 사용하기

빨리 적어내기 위하여 약어를 사용할 경우에도 함부로 약어를 만들어서는 안 된다. 약어를 사용할 때는 회의에 참석하지 않은 사람들도 이해할 수 있는가를 기준으로 삼아야 한다.

6. 모든 페이지에 제목 달기

모든 페이지에 제목을 달아두어야 일주일 후에 봐도 구분할 수 있다. "[앞 페이지의 제목], 2쪽"처럼 적어도 무방하다.

7. 수정 요청하기

당신이 작성한 차트를 참여자에게 확인시킨다. 그리고 잘 만들어진 차트가 훼손되더라도 기쁜 마음으로 수정사항을 받아들인다. 차트는 기록자의 것이 아니라 참여자의 것임을 기억하라.

회의 종료 후의 기록

1. 제목과 페이지 체크하기

모든 페이지에 제목이나 번호 등이 기록되었는지 확인한다. 시간이 지난 다음에도 이해하기 쉽도록 정리한다.

2. 두루마리를 만들고 표시 달기

만들어진 차트는 다음 회의 때 가져와서 참고할 수도 있다. 접혀진 페이지는 나중에 벽에 붙이거나 읽는 데 불편해지므로, 접기보다는 말아두는 것이 좋다.

다음 세 가지의 정보를 두루마리에 표시해두면 좋다.

- 회의 명칭

- 회의 일자

- 주제

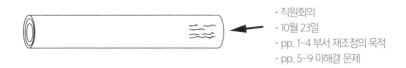

> · 직원회의
> · 10월 23일
> · pp. 1~4 부서 재조정의 목적
> · pp. 5~9 미해결 문제

3. 고무 밴드 두 개로 페이지 보호하기

대부분은 두루마리를 만든 후 접착테이프로 고정하여 보관하곤 하는데, 나중에 단단하게 붙여둔 테이프 때문에 차트를 열 때 찢어지는 경우가 발생한다.

4. 문서화와 관련하여 역할 명확히 하기

만약 당신이 차트를 정리하는 역할을 맡았다면 다른 사람들에게 복사본을 맡겨두라. 차트를 말아두기 전에 스마트폰 등으로 사진을 찍어두는 것도 필요하다. 이는 보관, 복사, 전송(공유)에 매우 유용하다.

5. 이 과정은 전문가다움을 보여준다.

이 네 가지의 절차를 완벽하고 효율적으로 진행할 때, 그룹 구성원들은 그의 전문성을 알아보게 된다. 말로 표현하지는 않는다 해도, 이 결과물 차트를 가지고 다른 사람들과 함께 일할 때 느끼게 될 것이다.

MEMO

심판의 연기와 브레인스토밍

심판의 연기를 위한 이론과 기술

미성숙한
비판으로 인한 손실

다듬어지지 않은 사고는 다듬어지지 않은 글과 같다. 그것은 다듬고 격려 받아야 할 대상이지만, 사람들은 그렇게 생각하지 않는다. 그들은 다른 사람의 생각에서 작은 결함이라도 발견되면 그것을 지적한다. 그리고 그것이 도움을 주는 것이라고 생각한다. 하지만 다듬어지지 않는 아이디어는 비판받기 전에 먼저 명료화하는 과정과 좀 더 연구해 보고 수정하는 과정을 거치는 것이 필요하다. 언제 비판적 평가를 받느냐에 따라 새로운 아이디어가 살아나느냐 소멸되느냐 그 운명이 달라진다.

사례연구

성장 가도에 있는 법무회사가 사무실 공간을 찾고 있었다. 회사의 사무장은 여러 개의 사무실 공간을 알아 본 후 다음 안을 추천하였다. "면적은 200평이고, 1년 계약에 한 달에 1,000만원 하는 자리가 있는데, 만약 5년 계약을 하면 주인이 임대료는 800만원까지 깎아줄 수 있다고 합니다. 북부지역이 밤에는 별로 좋지 않지만 대중교통으로도 가깝고, 주차할 곳도 많습니다. 그리고 지금 세 들어 있는 회사에 재임대를 할 수 있어서 진지하게 검토해 보면 좋겠습니다."

이것은 충분히 조사하여 잘 정리된 제안이다. 이쯤 되면 평가를 받을 만하다. 만약 결함이 있다면 비평해도 된다.

그러나 몇 달 전, 사무장이 이에 대해 초기 제안을 했을 때 이 회사는 묵살하고 말았다. 초기 제안은 이랬다. "사무실이 넓으면 임대료가 저렴해지니까, 좀 큰 사무실을 빌려서 일부를 재임대하면 어떨까요?"

그러자 누군가가 이렇게 말했다. "무슨 소리에요? 재임대까지 하려면 시간이나 에너지가 너무 많이 들어서 안 돼요."

또 다른 사람은 이렇게 말했다. "우리는 너무 큰 공간을 떠안는 걸 원하지 않습니다. 결국 5년 계약을 해야 할 것이고, 그렇게 되면 우리가 묶여버리는 꼴이 될 겁니다."

이런 즉각적인 반응에는 잘못된 가정이 자리 잡고 있다는 것을 알 수 있다. 재임대를 하는 데 큰 노력이 필요 없고, 5년 계약을 하는 것도 필수가 아니었다. 그러나 잘못된 가정에 따른 비판들 때문에 이 새로운 아이디어는 발전하기도 전에 사라져 버리게 된 것이다.

최종 회의에서, 사무장은 재임대를 요하는 공간을 포기했다. 하지만 적정한 가격의 작은 임대 공간을 찾기란 여간 어려운 것이 아니었다. 6개월 후, 회사는 결국 원래대로 돌아와 앞에서 언급한 재임대 포함 사무실 이전으로 제안 내용을 정리하였다. 미성숙한 비판이 6개월의 낭비를 불러온 셈이다.

미성숙한 비판은 정확하지 않을 때가 많고 또 억압적이다. 의견이 온전하게 정리되지 않은 상황에서 비판을 가하면, 많은 사람들은 의욕을 잃고 시도하기를 포기한다. 나아가 다음 회의에서 더 이상 다듬어지지 않은 이야기를 꺼내려 하지 않는다. 적어도 반대에 대한 대응 전략을 세우기 전에는 어떠한 제안도 하지 않고 침묵을 지킬 것이다. 즉, 자기검열이 강화된다. 결국 그 집단은 구성원들의 창의적 사고라는 가장 값진 자원을 빼앗기고 마는 것이다.

심판의 연기
- 자주 묻는 질문들

1. 다른 사람의 말에 동의하지 않아도 심판을 연기해야 하는가?

심판을 연기하라고 해서 곧 동의하라는 말은 아니다. 다만 조금 인내하라는 말이다. 어느 것이든 그냥 내버려 두라는 말이 아니라, 상대방이 자기 마음을 표현할 수 있도록 여지를 주라는 말이다.

2. 그 의견이 소용없다는 것을 알아도 유보해야 하는가?

심판을 연기하는 것은 그들의 상상력을 사용하도록 장려하는 것이다. 가끔은 불가능한 의견을 제시할 수도 있다. 예를 들면, "만약 우리 키가 6미터 정도 된다면, 기름을 많이 아낄 수 있을 것 같아. 좀 더 걸으면 되니까." 이 의견이 맞다고 생각할 필요는 없다. 다만 당신의 상상력이 만들고 있는 것이 무엇인지 들여다보면서, 그 의견에 따라가면 된다. "인간이 날 수 있다."는 의견도 20세기 전까지는 바보 같은 아이디어였다.

3. 바보 같은 아이디어를 모으는 것이 시간 낭비는 아닌가? 현실적인 의견에 초점을 맞추는 것이 더 효율적인 것이 아닌가?

심판을 연기하는 것은 현실적인 대안을 모두 평가해보고 난 후 부족함이 발견되었을 때 그 가치를 드러낸다. 다른 말로 하면, 더 이상 작동하는 의견이 없을 때 '창의적 사고'가 위력을 발휘하는 것이다. 어떤 사람에게는 바보 같은 아이디어가 다른 사람에게는 스파크가 될 수도 있다.

4. 심판을 연기하는 것이 토론의 방향을 잃게 하고 혼돈을 만드는 것은 아닌가?

물론 회의 절차를 잘 마련하지 않으면 혼돈에 빠지게 된다. 확고한 기본규칙을 정하고, 상대적으로 간결하게 시간 활용을 해야 효과적인 회의가 이루어진다. 에드워드 드 보노Edward de Bono가 말한 바와 같이, 집단적 사고 과정에는 내용적으로는 유연한 비공식성이, 구조적으로는 단호한 공식성이 있어야 한다.●

● E. de Bono, *Lateral Thinking* (New York: Harper & Row, 1970), p.151.

5. 틀렸다고 생각하는 의견에 심판을 보류하라면, 어떻게 비판의 기회를 갖게 될까?

심판의 연기는 일시적인 것이지 영원한 것이 아니다. 일반적으로 심판의 연기를 포함하고 있는 회의절차는 30분을 넘기지 않도록 설계되어 있다. 연기하는 것이지 포기하는 것이 아니다.

브레인스토밍의 기본규칙

브레인스토밍의 기본규칙●

‒ 커뮤니티앳워크Community At Work

1. 모든 의견은 가치가 있다.
   - 이상한 것, 벗어난 것
   - 혼란을 주는 것
   - 심지어 바보 같은 아이디어조차도

2. 심판의 연기
   - 우리는 타인의 의견을 심판하지 않는다.
   - 우리는 스스로의 아이디어를 검열하지 않는다.
   - 우리는 후속 논의를 위하여 이러한 아이디어들은 보존한다.

3. 이 과정을 시작하기 전이나 끝난 후에는 수정할 수 있지만, 진행 중에는 수정하지 않는다.

● 브레인스토밍이라는 창의성 자극 기술을 발명한 사람은 알렉스 오스본(Alex Osborn)이다. 그의 고전, <응용상상, *Applied Imagination*>(New York: Charles Scribner & Sons, 1953)은 100개가 넘는 브레인스토밍의 변형을 만들어냈다.

집단에 브레인스토밍 기술을 소개할 때 심판의 연기에 대한 가치를 간단하게 설명한다. 그리고 위 규칙을 따를 것인지를 각 참여자에게 묻는다. 만약 한 두 사람이 반대하면, 모든 참여자들이 받아들일 수 있도록 규칙을 수정해도 좋은지 묻는다.

전문가들이 추천하는 브레인스토밍 기본규칙

알렉스 오스본의 브레인스토밍 기본규칙 ●

1. 절대적인 비판금지
2. 다듬지 않은 거친 아이디어 환영
3. 가능한 한 많은 양의 아이디어 내기
4. 타인의 의견에 쌓아올리기

아서 밴건디의 브레인스토밍 기본규칙 ●●

1. 비판 금지
2. 자유분방 환영
3. 많은 양의 의견 추구
4. 결합편승의 권장

에드워드 드 보노의 브레인스토밍 기본규칙 ●●●

1. 교차자극 : 사람의 마음은 반드시 타인의 아이디어에 의하여 자극을 받는다. 타당성은 중요하지 않다.
2. 심판의 연기 : 발전시키지 못할 만큼 바보 같은 아이디어는 없다.
3. 구조의 공식성 : 의장과 서기를 임명하고 시간제한을 둔다.

● 재인용: James Adams', Conceptual Blockbusting, 1974, W.W. Norton & Co.

●● Arthur B. VanGundy, Techniques of Structured Problem-Solving, 1988, Van Nostrand Reinhold & Co.

●●● Edward de Bono, Lateral Thinking: Creativity Step by Step, 1970, Harper & Row.

브레인스토밍의 변형:
개인 기록과 결합한 브레인스토밍

브레인라이팅 Brainwriting •

1. 구성원들이 테이블에 둘러 앉는다.

2. 풀고자 하는 문제를 한 사람이 제기한다.

3. 각자 종이를 꺼내어 해결책이 될 만한 아이디어를 네 개씩 적는다.

4. 아이디어를 적은 종이를 다른 사람과 교환한다.

5. 교환한 종이에 한 두 개의 아이디어를 추가하여, 또 다른 사람과 교환한다.

6. 15분 정도 또는 아이디어가 소진될 때까지 이를 반복한다.

7. 아이디어를 비교하면서 논의한다.

방아쇠 기법 Trigger method ••

1. 집단이 문제를 정의하여 기술한다.

2. 각자 자신의 의문점과 해법을 종이에 쓴다.

3. 한 사람이 자신의 아이디어를 읽는다.

4. 이 아이디어를 변형하거나 새로운 아이디어를 내기 위하여 몇 분 간 논의한다. 10분 정
   도는 비판을 하지 않는다.

5. 각 참여자들이 3, 4번을 반복한다.

6. 모두가 순서를 마치고 나면, 추가 분석을 시도할 최선의 아이디어를 선정한다.

• H. Geschka, G.R. Schaude, and H. Schlicksupp, "Brainwriting Pool," Chemical Engineering (August 1973)

•• A. B. VanGundy, Jr., *Techniques of Structured Problem Solving*, 2nd ed. (New York: John Wiley and
   Sons, 1998).

브레인스토밍의 변형:
브레인스토밍의 창조적 확장

역할상상법 Rolestorming●

1. 각자가 임의의 인물을 한 명씩 고른다. 위대한 지도자, 소설 속 인물, 단골 고객 등 회의실에 없는 사람이면 누구든 좋다.

2. 브레인스토밍의 규칙을 확인하고, 아이디어 창출을 위한 질문을 던진다.

3. 참여자 중 절반은 상상 속 인물의 입장에서 아이디어를 내고, 나머지 반은 실제 역할로써 브레인스토밍을 진행한다.

4. 몇 분이 지나면 역할을 바꾼다. 즉, 연기를 한 사람들은 실제의 자신으로 돌아오고, 나머지 사람들은 선택한 인물의 입장으로 가서 의견을 낸다.

5. 진행된 내용을 돌아보고, 얻게 된 성찰에 대하여 토론한다.

역브레인스토밍 Reverse brainstorming●●

1. 브레인스토밍에서 묻고자 하는 바를 목적 형식으로 기술한다.

2. 목적을 뒤집고 그에 따른 질문을 던진다. "어떻게 하면 우리의 실제 목적을 반대로 성취할 수 있을까요?" 예를 들면, "어떻게 하면 최악의 웹사이트를 만들 수 있을까요?" 같은 질문을 던진다.

3. 이 반대의 질문에 따라 브레인스토밍을 진행한다. 이렇게 하면 아마도 "나쁜 웹사이트에는 네비게이션 바가 없어요." 같은 의견이 나올 것이다.

4. 충분히 의견을 낸 후, 이제 원래의 목적 달성에 도움이 될 만한 아이디어를 찾아 살펴보는 것으로 브레인스토밍을 마무리한다.

● R. E. Griggs, "A Storm of Ideas" Training, 22 (1985) 56.

●● J. G. Rawlinson, *Creative Thinking and Brainstorming*, (New York: John Wiley and Sons, 1981.)

브레인스토밍 진행 시
퍼실리테이터를 위한 팁

할 것 Do

- 따라 말하기를 충분히 하여 활발하고 생기 있는 속도를 유지한다.
- 심판의 연기를 상기시켜 비판을 방지한다.
- 바보스런 의견과 진지한 의견을 동일하게 취급한다.
- 집단의 주의를 유지하고, 에너지를 끌어올리기 위하여 전체를 돌아본다.
- 충분한 참여를 장려한다. "한참 동안 발언을 하지 않은 분부터 의견을 들어볼까요?"
- 목적을 반복하여 언급한다. "우리 사무실 시스템이 왜 그리 비효율적인지 또 누가 말씀해주시겠어요?"
- 차트 하나가 다 채워지기 전에는 새로운 차트를 기록하지 않는다.
- 시간이 거의 다 되었음을 예고한다.
- 명백해 보이는 아이디어들이 모두 소진되면, 새롭게 나타날 창의적인 아이디어들의 제2라운드를 기대한다.

하지 말아야 할 것 Don't

- 방해하지 않는다.
- "그건 이미 말한 겁니다."라는 말을 하지 않는다.
- "오! 좋은데요."라고도 말하지 않는다.
- "설마 이것까지 적어달라는 건 아니죠?"라는 말도 하지 않는다.
- 아이디어를 잘 내는 사람만 좋아해도 안 된다.
- 인상을 찌푸리거나 눈썹을 치켜세우는 등, 반대를 표현하는 제스처를 사용하지 않는다.
- 집단의 말문이 한 번 막혔다고 포기하지 않는다.
- 리더, 퍼실리테이터, 기록자의 역할을 동시에 수행하지 않는다.
- 제한시간을 명확히 정해놓지 않고서는 시작하지 않는다.
- 너무 내몰거나 압박을 가하지 않는다. 침묵은 보통 생각하고 있다는 의미이다.

아이디어의 정리와 우선순위 정하기

확산적 사고의 가닥잡기

아이디어 확산 후
할 일

확산적 사고의 과정을 통하여 만들어진 수많은 아이디어들은 그룹에 과도한 압박감을 줄수 있다. 어떤 그룹에서는 이러한 압박감을 줄이기 위해 각자 아이디어 하나씩만 고르게 한다. 하지만 그렇게 하면 쉽게 으르렁 지대로 빠져들 수도 있다. 참여자들은 대체로 논의하고자 하는 이슈가 서로 다르기 때문이다. 그럴 때는 위에 제시한 기술을 사용하여, 원래의 의견을 놓고 몇 분 정도 정리해보는 시간을 갖는 것이 좋다.

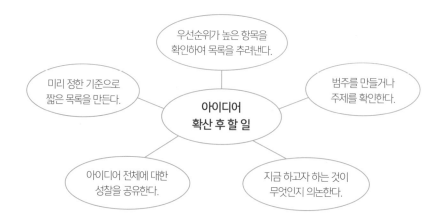

현장에서
범주 만들기

그룹이 브레인스토밍을 마치게 되면, 참여자들은 보통 산출된 아이디어 항목을 분류하려는 시도를 한다. 이는 매우 자연스런 일이다. 대부분의 사람들은 아이디어들이 늘어나면 기억하기 힘들어 한다. 그래서 아이디어의 수가 많아지면 이를 조직화하는 것이다. 이러한 범주화는 두 가지 별도의 과업으로 수행되는데, 하나는 범주를 만드는 것^{categorizing}이고, 둘째는 그 범주에 아이디어들을 배치하는 것^{sorting}이다. 이 과정에서 그룹은 곧잘 혼란을 겪게 된다.

그룹에게는 만들어진 항목을 채우는 것보다 범주를 만드는 것이 좀 더 어렵다. 주어진 카테고리의 의미나 중요성에 대해서 의견의 일치를 보는 것이 쉽지 않기 때문에 시간이 좀 걸린다. 반면, 범주에 항목을 골라 넣는 것은 범주가 잘 만들어지고 나면 비교적 단순한 편이어서 쉽다. 문제는 대부분의 그룹이 범주를 만드는 일에는 흥미를 가지지만, 항목을 채워 넣는 일은 너무 가볍게 생각한다는 것이다. 다음 사례연구를 보자.

사례연구

일선업무의 감독으로 구성된 그룹에서 '훈련 개선 방안'에 대하여 브레인스토밍을 했다. 그리고 그들은 목록을 범주화하기 위하여 다음과 같이 4개의 범주를 만들었다. 워크숍, 도제 교육, 독서, 멘토 찾기 등이다. 그리고 감독들은 이 네 개의 범주에 항목을 배치하기 시작했다.

얼마 지나지 않아 한 사람이 몇몇 항목은 '학교 재교육'이라는 새로운 범주를 만들어 넣는 것이 좋겠다고 말했다. 그러자 이것을 '워크숍'과 같은 항목으로 넣을지, 아니면 별도의 항목으로 넣을지에 대해 논란이 일어났다. 그 논의는 새로운 항목을 만드는 것으로 결론지어졌다. 그랬더니 이번에는 해당 항목들을 어느 범주에 넣을지에 대하여 의견이 엇갈렸다. 예를 들어, '컴퓨터 기술 배우기'를 워크숍에 넣어야 할지 학교 재교육에 넣어야 할지 이견이 생긴 것이다. 잠깐의 논란이 있은 후 구성원들은 그 항목을 양 쪽 모두에 배치하기로 하였다. 그리고 사람들은 "별 상관없어요. 그냥 저냥 해나갑시다."라는 분위기로 흘러가기 시작했다.

그러다가 한 사람이 도제 교육의 많은 아이디어들이 멘토와 연관되어 있다는 점을 지적했다. "도제 교육은 모두 멘토를 필요로 하는 것이 아닐까요? 멘토 찾기를 따로 구분할 필요가 없어 보입니다." 그러자 몇몇 참여자들은 멘토의 의미와 역할에 대한 심도 깊은 논의에 빠져들었다. 그들은 그 논의 자체가 매우 의미 있는 일이라고 여겼다. 하지만 다른 사람들은 그리 생각하지 않았다. 어떤 사람들은 신경질까지 냈다. "그게 뭐 그리 중요합니까? 제발 좀!"이라며 자극적인 말투로 물었다.

이로 인하여 한 사람이 "집중합시다. 우리의 원래 목적이 뭐였죠? 범주화에서 얻으려는 것이 무엇이었나요?"라고 말했다. 이어서 세 사람이 이 질문에 대하여 서로 다른 답을 내놓았다.

그러는 사이, 이 빠르고 간편하게 정리하려던 시도는 40분이나 지나갔다. 마침내 한 참여자가 말했다. "자 여러분, 이거 너무 어렵게 가고 있네요. 그냥 적당히 하고 마무리 지읍시다." 여러 사람이 고개를 끄덕였다. 이 시점부터 사람들은 어떤 의견에도 쉽게 동의했다. 그들은 힘든 경험을 했고, 빨리 마무리 짓고 싶어 했다. 5분이 지나 분류작업은 마무리되었다.

결과는 어떻게 되었을까? 아이디어들을 컴퓨터에 입력하고는 금방 잊어버렸다.

문제의 본질

범주화는 왜 생각보다 어려울까? 어떤 중요한 용어에 대해서 말할 때, 사람들은 다른 사람들도 자기와 똑같이 생각할 것이라고 여기는 경향이 있다. ("워크숍의 의미에 대하여 왜 그렇게 시간을 낭비하는 거죠? 그냥 상식 수준에서 사용하면 되는 거 아닌가요?") 그러나 생각보다 사람들은 우리가 사용하는 용어에 대하여 일반화된 의미를 공유하지 못하고 있다. 이것이 바로 그룹에서 범주를 만들 때 생기는 문제의 핵심이다. 어떤 사람은 의미를 명확히 하면서 조금 천천히 진행하기를 원하고, 어떤 사람은 급하게 진도 나가기를 원한다. 이 두 가지 선호 때문에, 범주화 섹션에서 잠자고 있던 문제가 드러나게 된다.

게다가, 사람마다 자신들이 생각하고 있는 범주가 다양하다. 일부는 매우 상세하게 생각하는데, 이는 그들의 생각 속에 사물을 구분하는 구별점이 꽤 많기 때문이다. 그들은 범주를 다양하게 세분화하려는 경향이 있다. 반면 다른 쪽 사람들은 전체적인 사고를 하는 경향이 있다. 그들의 분석 방식은 보다 추상적이어서, 비교적 적게 구분하는 편이다. 따라서 그들이 만드는 범주의 숫자는 꽤 적다. 그러므로 이 두 성향을 옳고 그르다는 방식으로 접근하면 안 된다. 그들은 단지 정보를 다른 방식으로 바라보는 것일 뿐이다. 서로 다른 인지적 방식을 가진 사람들이 모여 범주를 나누다 보니, '워크숍' 범주를 '학교 재교육'으로부터 나눌지 말지 이견에 맞닥뜨리게 된 것이다. 이러한 불일치는 인지적 방식의 차이에서 오는 것이 므로, 논리적 합리화를 통하여 해결할 수 없다.

사전에 준비된 기준을 사용한 목록 배치

사례연구에서, 만약 참여자들이 미리 정해준 기준에 맞추어 정리했다면 일이 훨씬 쉬웠을 것 이다. 예를 들면, '비용', '바람직함' 등이 기준이 될 수 있다. 만약 이러한 기준을 사용하여 정 리를 해나갔다면 훨씬 쉽게 유용한 결과를 만들어 냈을 것이다. 비용이 적게 드는 훈련과 많 이 드는 훈련을 먼저 확인하고, 그 다음에 추가적인 논의를 이어갈 수 있었을 테니 말이다.

목록을 미리 정해두고 해당 범주에 채워 넣는 과정은 일반적으로 두 세 사람이 작업한다. 그 런 다음 결과를 전체 그룹에 보여주고 수정하게 하면 된다. 혹은 여러 개의 팀으로 나누어 같은 목록을 다른 범주로 묶게 할 수도 있다. 예를 들면, 한 팀은 비용(고가, 저가, 무료)을 다 루고, 다른 팀은 바람직함(높음, 중간, 낮음)을 다루는 방법이다.

새로운 범주 만들기

그룹이 범주를 만드는 것은 철학적 논의를 거치는 과정이 된다. 무(無)에서 범주를 만들어 가는 과정은 가치 있는 과정이기도 하지만, 동시에 비용을 유발하는 과정이다. 이 철학적 논 의는 그룹을 으르렁 지대로 이끈다. 여기서 구성원들은 서로가 지닌 신념과 정의를 통합하 려는 시도를 한다. 하지만 그 과정은 불편하고 절망스러워서 회피하려는 경향이 있다. 때로 는 가치 있는 결과를 내기도 하지만, 그렇지 못한 경우가 더 많다.

사람들이 자신의 범주를 밝히거나 정의를 내릴 때면, 기본적으로 자신의 세계관을 나타내기 마련이다. 그룹의 구성원들이 아직 자신들의 가치와 목적을 논의하지 않은 상황에서는 이 점이 종종 부각된다. 예를 들어, 교사, 학부모, 의원 등으로 그룹을 구성하여 지역사회 개발 계획을 수립하는 상황이라면, 이들은 서로 다른 준거틀을 가지고 있다는 점을 인식해야 한 다. 이 경우 범주에 대하여 논의하는 것은 상호 이해를 돕는 매우 중요한 방법이 된다. 마케 팅, 생산, 연구, 개발 부서로부터 모인 구성원들이 제품 개발을 하는 경우도 마찬가지이다. 이 경우에도 범주를 만들어 가는 과정은 매우 유용하게 작동할 것이다.

요약

범주화는 회의 때마다 자주 등장하는 이슈이기 때문에, 퍼실리테이터는 범주 만들기와 항목 배치를 우선적으로 구분할 줄 알아야 한다. 이것을 알아야 그룹의 사고 과정의 진전을 제대로 도울 수 있기 때문이다.

범주 만들기는 어려운 과업이다. 시간도 많이 걸리고 좌절을 겪게 되기도 한다. 사람들이 서로의 가치와 목적에 대하여 더 깊은 이해를 해야 하는 상황이라면 이를 행하는 것이 특히 필요하다.

반면 미리 정해둔 범주에 항목을 배치하는 것은 비교적 단순한 과업이다. 쉽게 알아볼 수 있도록 항목을 줄이는 것이 일차적인 목적이라 할 수 있다. 30-40개의 항목을 두 세 사람이 정리하면 약 10분 정도면 끝난다. 필요하다면 전체에게 그 결과를 보여주고 수정할 기회를 제공하면 된다.

범주화의
두 가지 방법

새로운 범주 만들기

1. 각자가 돌아가면서 자신의 범주 세트를 제시한다. 한 번에 하나를 제시할 수도 있고, 여러 개를 제시할 수도 있다.

2. 각 사람은 원하는 만큼 발언 순번을 차지할 수 있다. 조합과 변형도 장려한다.

3. 모든 범주의 세트가 제시되고 나면 이에 대해 논의한다.

4. 가끔은 범주 세트에 쉽게 합의하기도 하지만, 긴 논의를 거쳐야 하는 경우도 있다.

사전 기준에 따른 범주 만들기

1. 그룹 전체에서 하나 또는 그 이상의 미리 정한 기준으로 범주를 만든다. (예, 각 항목의 긴급성: 높음, 중간, 낮음, 아래 도표 참조)

2. 두세 명을 선발하여, 선택된 범주에 항목을 배치하게 한다.

3. 배치한 사람들은 항목들을 검토하여 제대로 배치되었는지 점검한다.

4. 한 항목이 명백하게 한 곳에 배치되는 것이 맞는지, 여기에 이견은 없는지 확인한다.

5. 항목 배치가 끝나면, 전체 그룹이 한데 모여 필요한 경우 배치를 수정한다.

기준	범주			
중요성	매우 높음	높음	일부에게 중요 (모두가 아님)	보통 내지 낮음
소요시간	매우 많음	많음	적음	알 수 없음
비용	높음	중간	낮음	알 수 없음
실현가능성	작동 유망	반반	작동 불망	불확실
바람직함	매우 바람직함	시도할만함	바람직하지 않음	알 수 없음
긴급성	높음	중간	낮음	알 수 없음
후속소치	추가정보수집	상사 보고	협조자와 회의	추가 분석

범주들을 반드시 이렇게 적용해야만 하는 것은 아니다. 상황에 따라 단순하게 적용할 수도 있다. 때로는 이와는 다른 범주를 사용할 수도 있다. 예를 들면, '논란의 정도' 또는 '재미의 정도' 등이 사용될 수 있다. 상황에 부합하기만 한다면 어떤 것을 사용해도 좋다.

점착 메모지를 사용한 범주화

- 참여자들은 아이디어를 점착 메모지에 적고 벽에 붙인다.
- 모든 아이디어를 붙이고 나면, 참여자들은 벽에 붙은 메모지를 주제별 아이디어 그룹이 되도록 옮겨 붙인다.
- 전체 과정은 말없이 진행한다.
- 누구라도 점착 메모지를 이쪽저쪽으로 옮길 수 있다. 범주화가 받아들여질 때까지 아이디어의 위치를 바꿀 수 있다. 각 주제의 제목은 그룹 속에서 자연스럽게 드러난다.
- 이 과정에서 참여자들은 자신들이 만들 주제에 대하여 공통된 이해를 가지게 된다.

진행방법

1. 점착 메모지를 배부하고, 한 장에 하나의 아이디어만 적도록 한다.
2. 작성한 사람 모두는 점착 메모지를 벽에 붙인다.
3. 모두가 벽에 다가가 공통의 주제라고 생각되는 것끼리 군집을 만든다. 이때 대화는 금지된다.
4. 새로운 군집이 생길 때마다 다른 색깔의 메모지를 사용하여 제목을 붙인다.
5. 몇 분이 지난 후, 군집을 변경할 기회를 준다.
6. 모두 자리에 앉으면 범주를 받아들인다는 의미로 이해하고, 과정을 종료한다.

기획 회의에서의
범주화 질문

- 새로운 시도들은 대체로 기획자, 시행자 및 다른 이해관계자 등 광범위한 부서가 모인 특별 회의에서 나온다. 이러한 회의는 주로 스폰서의 발표가 있고난 후, 질의응답으로 이어진다. 나머지 시간은 다음 단계의 업무를 추진하기 위한 그룹을 조직하는 데 할애한다.
- 질의응답에서는 폭넓은 질문이 제기되는데, 보통 사명과 목적, 의사결정권자, 업무분장, 자원, 시간계획 등의 내용이 다루어진다. 이 경우, 질문이 나오는 대로 즉흥적으로 응답하는 것은 효과적이지 못하다. 대부분의 구성원들은 당황할 수 있으며, 많은 사람들이 응답을 듣지 않기도 한다. 하지만 퍼실리테이터가 질문을 차트에 적고, 쉬는 시간을 준 다음 범주를 나누고 응답을 정리하여 답변한다면 더 명료하고 간결한 진행이 가능해진다.
- 그룹에 도움이 될 만한 범주의 세트로는 아래 진행방법 2번과 같은 것들이 있다.

🤝 진행방법

1. 스폰서의 발표가 끝나면 참여자들에게 질문할 기회를 준다. 질문을 모두 차트에 기록한 후, 휴식 시간을 갖는다.
2. 쉬는 동안, 스폰서로 하여금 다음 세 개의 범주로 질문을 나누게 한다.
   - 즉시 답변할 질문
   - 기획 과정에 대하여 자세한 논의를 거친 후 오늘 후반에 답변할 질문
   - 업무가 진행되는 각 단계에 따라 참여자들 중 관계자가 답변을 해야 하는 질문
3. 쉬는 시간이 끝나면 정리된 차트를 벽에 붙인다.
4. 스폰서는 세 가지 묶음에 이름을 붙인 후, 언제 답변이 가능한지를 설명한다. 그리고 즉시 답변할 질문에 대하여 답변을 시작한다.

기법을 활용한
우선순위 정하기

막대투표

1. 각 구성원들은 원하는 대로 분배할 수 있는 3~5개의 막대를 가진다.

2. 한 항목에 모든 막대를 걸 수도 있다.

3. 절반 투표(1/2점을 주는 투표)도 가능하지만, 장려하지는 않는다.

4. 상위 몇 개를 우선적인 항목으로 선정한다.

   장점 •속전속결로 진행할 수 있다. •명확하고 분명하게 확인할 수 있다.

3분법

1. 브레인스토밍을 마친 아이디어들을 삼등분으로 나누어 1, 2, 3의 번호를 붙인다.

2. 각 참여자에게 1, 2, 3번 중 하나의 숫자를 부여한다.

3. 자신이 받은 숫자에 해당하는 아이디어를 원하는대로 분류한다.

4. 분류 후 아이디어를 3가지씩 추려내고, 가장 많은 선택된 아이디어들이 우선순위가 높은 아이디어가 된다.

   장점 •창의적인 아이디어가 보존된다. •소수자의 의견이 보호된다.

진심선호법

1. 각자가 **최우선** 목록에 포함하고 싶은 모든 항목에 투표한다.

2. 한 항목에 한 표만 던질 수 있다.

3. 만장일치를 한 항목과 만장일치에 가까운 득표를 얻은 항목을 우선적인 목록으로 정한다. (주의: 만장일치에 가까운 득표란 대체로 만장일치에서 한두 표 부족한 것을 말한다.)

   장점 •사람들이 실제로 느끼는 바를 반영한다. •만장일치를 이룬 것을 확인할 수 있다.

형식을 활용한
우선순위 정하기

기법	사용법	주요 장점	주요 단점
항목법	퍼실리테이터가 한 번에 한 항목씩 읽어 내려간다. 항목별로 거수한 수를 합산한다. 예를 들면, "3번 항목을 좋아하시는 분은 몇 분인가요?" "4번 항목은 몇 분인가요?"	절차가 직관적이어서 참여자에게 특별한 설명을 요하지 않는다. 영향력 있는 사람의 선호를 줄여준다.	항목이 매우 많은 경우 지겹고 지치게 된다.
개인법	각자의 순번에 따라 자신의 선호를 밝힌다. 이 한바퀴 방식은 우선순위를 정하는 가장 단순한 방법이다.	각자의 이유를 확인하여 서로 이해하도록 돕는다. 지위를 불문하고 그룹에 영향을 주고자 하는 사람에게 그 시도가 가능해진다.	앞 사람의 견해가 선호에 영향을 주므로, 마지막에 의견을 내는 사람에게 불공정해진다.
벽면법	모두 일어서서 유색 마커를 이용하여 자신이 선호하는 항목에 점을 찍는다.	자리에서 일어나 움직이므로 에너지가 높아진다.	항목이 적을 경우, 과한도 득표가 발생한다.
비밀투표	모든 항목에 번호를 매긴다. 참여자들은 자신이 선호하는 항목 번호를 비밀리에 종이에 적는다. 두 사람 이상이 모여 결과를 표로 만든다.	논란이 많은 경우에 유용하다. 특히 공개적으로 의견을 말하면 선택이 달라질 가능성이 있는 경우에 좋다.	선호를 공개적으로 말하는 것이 안전하지 않다는 인식을 강화시킨다.

도출된 아이디어가 많을 때
흔히 범하게 되는 10가지 실수

1. 차트를 말아서 책상 아래에 둔다.

2. 쉬는 시간을 가진 후 다시 돌아보지 않는다.

3. "자, 빨리 범주화를 진행한 후 다음 단계로 넘어갑시다."라고 말한 후, 실제로는 두 시간 이 지나도록 아무것도 하지 않는다.

4. 자신의 그룹에서 무언가 진척되고 있음을 보여주기 위하여, 도출된 목록을 사내 잡지 등 의 소식지에 싣는다.

5. 지난 해 회의에서 만들어진 유사한 목록을 모호하게 회상하며, "우리는 같은 일을 반복 하기를 원치 않습니다."라고 말하면서, 예전 목록이 발견될 때까지 현재 목록에 대한 처 리를 미룬다.

6. 누군가가 가지고 가서 목록을 정리한다. 그리고는 다음 회의에서 그 사람을 회의 참여자 목록에서 빠뜨린다.

7. 추가적인 지시 없이 행정요원에게 차트를 넘겨준다.

8. 각 항목이 스스로 진행될 것이라 여긴다. 나중에 "우리가 정한 줄 알았지…" 하면서, 아직 문제가 해결되지 않는 점을 불평한다.

9. 항목을 묶어서 줄이려는 시도를 한다. 그리고 각 새로운 항목에다 억지로 의미를 부여 한다.

10. 매우 생산적인 회의를 했다며 자축한다.

MEMO

자유토론 퍼실리테이션

의견 교환의 자유로운 흐름을 지원하는 기술

자유토론에서의 퍼실리테이션

자유토론은 그룹이 형식에 구애받지 않고 대화하는 방식으로, "친근감 있게 진행하는 말하기"라고 할 수 있다. 사람들은 원하는 바가 있을 때 목소리를 높이고, 원하는 시간 동안 말하게 된다. 퍼실리테이터는 자유토론을 진행할 줄 아는 것이 무엇보다 중요하다. 이것을 할 줄 알아야 그룹에서의 사고과정을 잘 도울 수 있다.

자유토론은 많은 목적을 위해 쓰이는 방식이다. 누군가 중요한 이슈를 제기하면, 그룹 전체는 이에 대해 논의를 한다. 그러다가 그 이슈가 그룹의 참여를 이끌어내지 못하게 되면, 누군가가 새로운 이슈를 제기하며 주제를 바꿀 수 있다. 그러면서 논점이 명확해지고, 깊은 분석이 가능해지며, 제안이 날카롭게 다듬어진다. 이해관계자는 다양한 관점을 표현할 수도 있다.

잘 이루어지면 자유토론은 매우 효과적이다. 그러나 많은 경우 그런 토론은 잘 일어나지 않는다. 때로는 대화가 꼬이거나 떠돌기 쉽다. 소수의 사람들이 토론을 독점하기도 하고, 여러 사람이 말한다 해도 겉돌기만 할뿐 서로의 아이디어를 연결해 내지 못한다. 그래서 자유토론은 '으르렁 지대'로 그칠 때가 많다.

자유토론에서의 퍼실리테이션

퍼실리테이터의 임무는 모든 사람들이 최선의 사고를 할 수 있도록 지원해주는 것이다. 가장 일반적인 지원은 온전한 참여를 장려하고 상호이해를 촉진시켜주는 것이다. 이러한 역할이 가장 잘 적용되는 곳이 바로 자유토론일 것이다. 자유토론은 그 설계에서부터 높은 수준의 참여와 상호이해에 바탕을 두고 있다. 그러나 현실에서 이러한 기준이 잘 적용되는 예를 찾아보기는 쉽지 않다.

여기 두 가지 근본적인 질문이 있다.

1. 토론의 흐름을 어떻게 구성해야 최적의 참여를 이루어낼 수 있을까?

2. 많은 이들이 참여하여 다양한 관점을 만들어냈을 때, 그 관점들을 어떻게 다루어야 구성원 모두를 잘 이해시킬 수 있을까?

이를 잘 다루는 퍼실리테이터야말로 자유토론을 생산적으로 이루어내는 민주적 의사결정의 주축이라 할 수 있다.

토론 흐름의
조절

상황

자유토론을 진행하다 보면, 다음 발언자를 선정하는 문제가 종종 발생한다. 일반적으로는 "할 말이 있으면 하세요."라고 말하면서 발언 기회를 주는데, 이것이 실제 토론에서는 혼란과 불균형을 초래하곤 한다. 타인이 발언하는 동안 예의를 지켜 기다려주는 사람은 틈만 나면 끼어드는 사람에 의하여 발언 기회를 잃게 된다. 이러한 발언 태도는 일종의 고정관념을 불러일으키는데, 즉 재빠르게 말을 하면 무례하거나 지배적인 사람으로 보이고, 머뭇거리는 사람은 회의에 공헌을 하지 않는 사람으로 보이는 것이다.

잡아두기

이 기술은 오가는 발언을 정리하는 효과적이면서 손쉬운 방법이다. 잡아두기 기술은 다음과 같은 순서로 진행한다.

1. 먼저 다음과 같이 묻는다. "하실 말씀이 있는 분은 손을 들어 주십시오."

2. 발언을 시작하기 전, 손을 든 사람들에게 번호를 부여한다. "OOO 1번, OOO 2번, OOO 3번 입니다."

3. 1번부터 발언하도록 안내한다.

4. 첫 발언자가 발언을 마치면 다음 순번으로 넘어간다. "누가 2번이시죠? 아, 케이, 네 말씀해 주세요."

5. 잡아두기를 한 차례 완료하면, 다시 한 번 잡아두기를 시도한다. "자, 또 누가 말씀해 주시겠습니까? 손을 들어 주십시오."

잡아두기의 일시적 중단

잡아두기의 어려움은 발언의 동시성을 저해한다는 것이다. 누군가 어떤 도발적인 발언을 한다고 하더라도, 즉시 대응하지 못하고 손을 들고 부여 받은 순서에 따라서만 발언해야 한다. 이러는 동안 시간이 흐르면서 논의의 방향이 다른 곳으로 흘러갈 수 있다. 이 문제를 해결하기 위해 퍼실리테이터는 '잡아두기의 중단'이라는 기술을 사용할 수 있다. 만약 논란이 되는 발언에 대하여 특이한 몸짓이 감지되면, 다음과 같이 말한다.

"지금 한 발언에 대하여 잠시 짚고 넘어가 보겠습니다. 이미 손을 들었던 분들은 기억하고 있으니 염려 마세요. 이 부분을 짚은 다음 다시 시작하겠습니다."

이 기술은 퍼실리테이터가 자기 마음대로 진행하고 있다는 인상을 줄 수 있다. 이를 방지하려면, '중단'을 시작할 때 원래의 순서로 돌아올 것을 언급해 주어야 한다.

잡아두기의 편의와 한계

퍼실리테이터가 지나치게 잡아두기에 의존하면 다음과 같은 불평을 종종 듣게 된다. "우리를 공정하고 또 편향되지 않게 대하는 것은 좋습니다. 하지만 한 번에 너무 많은 주제가 제기된다고 생각합니다. 토론을 따라가기가 어렵네요." 혹은 "논란의 핵심으로 좀 더 들어가 보고 싶은데, 당신은 너무 모든 사람을 참여시키려고만 하는 것 같아요. 나는 친숙한 주제에 대하여 좀 더 토론하고 싶었습니다." 이와 같이 잡아두기만으로는 충분하지 않다.

그럼에도 불구하고 잡아두기를 통해 토론에 개입하는 것은 매우 중요하다. 그것은 습관처럼 이루어지는 존중의 행동을 깨뜨릴 수 있다. 말하자면, 매우 경직된 위계 그룹에 속한 하위직 사람들이 논의에 참여할 수 있게 해 주는 아주 간단한 방법이다. 마찬가지로 통제 불능한 상황으로 흘러가버릴 수 있는 논의를 조절할 수도 있다. 결국 잡아두기는 자유토론의 흐름을 조직화하기 위해 사용할 수 있는 가장 단순한 기술이다.

참여를 확장시키는 기술

상황

잡아두기가 모든 그룹에서 다 잘 작동하는 것은 아니다. 속도가 빠르고 경쟁적인 스타일로 시작하는 그룹에서는 잡아두기가 인위적이고 강압적인 느낌을 줄 수 있다. 3~4명 정도로 구성된 작은 그룹에서는 지나친 통제가 되기도 한다.

물론 이런 작은 그룹에서도 언제 자신이 발언해야 할지 주저하는 사람들이 있다. 할 말이 많은 소수의 참여자들이 주도함으로써 다른 사람들이 참여하지 않게 되면 문제가 심각해진다. 이처럼 잡아두기가 잘 작동하지 않을 때에는 덜 참여하는 사람들에게 기회를 줄 수 있는 다른 방법을 사용하는 것이 필요하다.

장려하기

어떤 사람들은 자기가 말하고 싶은 것이 무엇인지 알더라도, 그것을 말할 수 있도록 따뜻한 격려를 해 주기 바라고 있다. 장려하기는 추가적 언급을 허용하는 질문으로서, 다음과 같이 말하는 것이다.

- "누가 또 말씀해주실까요?"
- "한참동안 말하지 않은 사람부터 얘기해 볼까요?"

장려하기는 그룹 전체에게 도움을 주는 기술이다. 참여도가 높은 사람들에게는 그들의 기여가 다른 사람을 압도한다는 염려 없이 자유롭게 말할 수 있게 하고, 그 반대의 참여자들에게는 무례하게 느끼지 않으면서 말할 수 있도록 도움을 준다.

균형잡기

이 기술은 사람들이 분쟁을 피하기 위해 머뭇거리고 있다고 느낄 때 사용한다. 퍼실리테이터는 중립적이고 우호적인 톤으로 다음과 같이 질문할 수 있다.

- "이 사안을 다른 방식으로 바라볼 수 있을까요?"
- "혹시 누가 다른 관점을 갖고 있나요?"
- "잠시 동안 누가 악마의 대변자 역할을 해주시겠습니까?"

지금까지 논의된 것과 다른 관점으로 말해야 할지 말지 고민하는 사람에게는 이러한 질문이 도움이 될 것이다. 다른 의견이 즉시 표출되지 않았다고 원안을 밀고 나가는 것은 현명하지 못하다. 사람들은 퍼실리테이터의 역할 속에서 신뢰와 안정감을 느낄 때 비로소 목소리를 낼 준비를 하게 된다.

같은 마음 찾기

이 기술은 의견에 거울을 놓고 비추는 것과 같은데, 균형잡기에 대한 반대 이미지라 할 수 있다. 참여를 확대시키기 위해 확산적 관점을 사용하는 대신 수렴적 관점을 사용한다. 즉, 같은 생각을 가진 사람들을 통해 목소리를 더해줌으로써 같은 결과를 찾아주는 것이다. 예를 들면, 다음과 같이 말할 수 있다.

- "누가 또 비슷하게 느끼나요?"
- "비슷한 경험을 갖고 계신 분이 있나요?"

이런 질문을 하는 이유는 절대로 토론을 종결시키기 위한 것이 아니다. 사실은 그 반대이다. 오히려 참여자의 숫자를 늘리려는 것이 목적이다. 만약 너무 빠르게 종결될 것 같으면 다시 균형잡기 질문으로 돌아가면 된다. "다르게 생각하는 분 있나요?" 그러면 참여자들은 더 생각하도록 자극받는다.

시계 사용하기

이 기술은 다음과 같이 말하는 것이다.

- "이제 5분 남았습니다. 발언할 사람들은 거의 다 한 것 같은데요, 혹시 지금까지 발언 기회를 얻지 못하신 분 있나요? 누가 말하실래요?"
- "아직 한두 명의 의견 들을 시간이 더 있습니다. 아무래도 한동안 말하지 않은 사람의 의견을 들었으면 좋겠는데요."

그러면 조용한 구성원들은 마음속으로 더 깊은 메시지를 듣게 된다. "이제 말해야 할 순간 이 왔다. 지금이 기회이다."

공간 주기

공간 주기 기술은 특별한 사람을 겨냥하여 지원해주는 기술이다. 퍼실리테이터는 다음과 같이 질문한다.

- "스티브, 좀 전에 뭔가 말하려고 하지 않았나요?"
- "말하고 싶었던 것처럼 보였는데, 맞나요?"
- "뭔가 떠오르는 것이 있나요?"

이런 질문은 참여자가 "말해도 되나요?" "나도 의견이 있어요."라는 제스처를 취할 때 특별 히 도움이 된다. 어떤 사람은 손을 들기보다는 검지 손가락을 살짝 들어 올린다. 또 어떤 사 람은 끄덕이는 것 대신 턱을 들어올리기도 한다. 어떤 사람들은 퍼실리테이터를 바라보며 코 를 찡끗하거나 입을 오므리며, "나는 방금 말한 의견에 동의하지 않습니다."라는 신호를 보낸 다. 퍼실리테이터는 이러한 비언어적 신호들을 보고 조용한 구성원들에게 말할 기회를 준다.

누군가를 이름으로 부르는 것이 항상 현명한 것은 아니다. 많은 사람들은 자신이 드러나는 것 을 원하지 않는다. 그래서 판단력이 필요하다. 사람들이 서로 잘 아는 편안한 상황이거나 퍼 실리테이터와 좋은 관계를 형성하고 있는 상황에서는 이 기술이 잘 작용한다. 하지만 다른 상 황이라면 '장려하기'나 '균형잡기' 기술을 사용하는 것이 더 좋다. 그러한 기술들은 조용한 사 람들을 주목받지 않게 하면서도 지원할 수 있는, 간접적이면서도 효과적인 방법이다.

침묵을 인내하기

자유토론이 진행되는 동안 3-5초 정도는 통상적인 침묵이 흐를 수 있다. 심지어 10-15초까지 침묵이 지속될 수도 있는데, 그쯤 되면 고통스러운 침묵이다. 이런 침묵들은 사람들이 생각하고 있다는 뜻이다. 예를 들어, 사람들은 복잡한 문제를 분석하기 위해 몇 초 정도가 필요하다. 긴장된 회의에서는 어려운 감정을 표현하는 재치 있는 방법을 찾는 동안 잠시 조용해질 수도 있다. 침묵은 잘못된 것이 아니다. 침묵은 참여자들이 내면에 귀를 기울일 때 발생한다. 어떤 퍼실리테이터는 이러한 침묵을 과도하게 힘들어 한다. 하지만 이것은 그룹의 문제라기보다 침묵을 불편해하는 퍼실리테이터의 몫이다.

당신이 느끼는 불편함이 어느 정도인지 알아보기 위해 친구와 함께 실험해보라. 대화하다가 갑자기 "자, 이제 침묵 해보자"라고 말한 후 5초를 센다. 그리고 어떤 느낌인지 의논한다. 이번에는 15초로 늘려서 실험한다. 침묵을 인내하는 것은 다른 기술과 마찬가지로 연습을 통해 얻을 수 있다. 당신이 침묵을 깨지 말고 다른 사람이 깰 때까지 기다려라.

참여자의
논점 잡아주기

바꿔 말하기와 따라 말하기

69, 71쪽에 있는 반영적 경청 기술은 놀랍도록 단순하다. 방금 말한 사람에게 집중을 유지시키지만 특별한 반응을 강요하지는 않는다. 발언을 더 할지 말지 결정하는 것은 온전히 발언자의 몫이다. 그래서 이것은 '권한을 주는 개입'이 된다.

퍼실리테이터가 바꿔 말하기나 따라 말하기 기술을 사용할 때는 가능한 많은 참여자들에게 하는 것이 중요하다. 그렇지 않으면 특정 사람을 편애하는 것처럼 보일 수가 있다.

동시에 반영적 경청을 지속하는 것은 지루하고 성가실 수도 있다. 이는 속도를 늦추고 즉흥성도 방해한다. 그래서 많은 퍼실리테이터들은 발언자가 논점을 명확히 하지 못하거나 발언자의 속도가 서로 다를 때처럼 명백히 도움이 필요할 때 바꿔 말하기와 따라 말하기를 사용한다. 이렇게 명백한 상황에서 사용하면 편애하는 것처럼 보이지 않는다.

이끌어내기

이 근본적 경청 기술은 발언자의 생각을 발전시키도록 도와준다.

- "좀 더 말씀해주시겠어요?"
- "이에 대해서 어떤 예가 있을까요?"(이끌어내기 기술에 대해서는 70쪽에 자세히 나와 있다.)

퍼실리테이터가 사람들의 생각을 이끌어내려고 하는 것은 사실상 발언자의 말을 더 듣는 것이 가치 있다고 판단했기 때문이다. 그래서 이 기술은 누가 발언권을 좀 더 가져야 하는지, 누구의 아이디어가 더 다루어져야 하며 더 조직되어야 하는지 등에 대해서 미묘하지만 실질적인 영향을 준다. 궁극적으로는 그 아이디어를 다른 구성원들에게 더 잘 접근시키려는 것이다.

그러므로 퍼실리테이터는 그럴싸해 보이는 아이디어를 내는 사람들에게만 집중하는 것을 경계해야 한다. 이것은 불편부당의 기본 규칙을 위배하는 것이다. (구성원들은 퍼실리테이터가 숨은 의제를 갖고 있다고 생각하게 된다.) 한편, 다른 사람들이 이해하기 어려운 진술을 하는 사람들에게는 바꿔 말하기 기술을 사용해보자.

다양한 관점 다루기

사례연구

주차장 몇 개를 가진 소유주가 주차권 자동발매기를 설치하기로 결정했다. 작업이 시행되기 전에, 그는 9명의 매니저를 만나 작업 실행 계획에 대해 논의했다.

회의 도중 소유주는 주차권을 잃어버리는 고객에 대해 문제를 제기하며, 매니저들에게 제안을 요청했다.

어떤 사람이 재빨리 벌금에 대한 아이디어를 냈다. 그러자 다른 사람이 그것은 현명하지 않은 의견이라고 말했다. "단골 고객을 화나게 할 수도 있습니다."

세 번째 사람은 계산원이 협조적이지 않을 것이라 예측했다. "계산원은 매우 취약한 직업이어서, 몇 달 후 실직하게 될 것입니다."

또 다른 사람이 이에 동의하면서 말했다. "이게 정말 가치가 있을까요? 사기가 저하될 것입니다. 좀 더 신중하게 생각해보면 어떨까요?"

다섯 번째 사람은 이 프로젝트를 포기하는 것은 싫어했지만 장비의 신뢰성에 대해 걱정했다. "먼저 작은 장소에서 테스트 해 봐야 하지 않을까요? 결함이 있을 수도 있습니다."

이쯤에서 소유주는 참을성을 잃고, 주제에서 벗어난 이야기들을 꾸짖었다. 그 결과 방이 조용해졌으며, 매니저들은 어떤 말이 어떻게 받아들여질지 몰라 더 이상 아무 노력도 하지 않았다.

이것은 매우 흔한 상황이다. 소유주는 매니저들이 중요하지 않은 부차적인 문제에 시간을 낭비한다고 느꼈다. 하지만 실제로는 누구의 행동도 잘못되지 않았다. 사실은 그 반대일 수 있다. 매니저들은 아이디어를 만들어내기 위해 최선을 다했다. 소유주는 문제를 논의하도록 직원들을 불렀고, 직원들은 도우려고 한 것뿐이다.

계산원의 관점을 언급한 사람은 온갖 불편한 결과를 초래할 해고의 문제를 예상했다. 장비 테스트를 제안한 사람은 IT 시스템을 적절한 테스트 없이 설치했을 때 많은 문제가 발생했던 이전 경험을 기억해 냈다.

이 사례는 확산적 관점이 좌절과 오해를 불러일으킨 한 예이다. 매니저들은 문제 해결을 위해 열심히 노력했다. 그들은 각자의 준거 기준을 토대로 일을 했다. 그들은 각자의 경험을 바탕으로, 잘못 다루어졌을 경우 회사에 악영향을 미칠 수 있는 문제를 제기한 것이다. 직원들은 자기들이 주제에 집중하고 있다고 느꼈다. 그렇기 때문에 주제에 집중하라는 소유주의 성급한 권고는 제대로 작동하지 않았다.

퍼실리테이터의 도전

이 주차장 논의는 많은 퍼실리테이터들이 잘 다루지 못하는 과제이다. 그들은 흔히 이렇게 말한다. "우리는 주제에서 벗어나고 있는 것 같아요." "제 자리로 돌아와야 할 것 같습니다." 이러한 개입은 겉으로는 좋아 보이지만 사실은 비효과적이다. 그들이 실제로 말하고 있는 것은 "당신의 준거 기준은 타당하지 않아요. 회의를 방해하고 있습니다."라는 의미가 된다.

실질적으로 모든 사람은 자신의 준거틀로 토론에 접근한다. 주어진 관점의 의미나 중요성, 우선순위는 모두 해석의 문제이다. 본능적으로 각 참여자들은 이러한 문제에 대해 다른 접근을 하게 된다. 이러한 다양한 접근이 일어나는 것이 그룹이 건강하지 않거나 해로운 일이 아니라는 점을 퍼실리테이터가 인지하는 것이 중요하다.

좋은 토론의 목적은 상호 이해의 과정을 통해 개개인의 다른 관점을 화합시킴으로써 다양성의 조화를 이루는 것이다.

하지만 많은 사람들은 조화에서 출발해야 한다고 생각한다. 확산적 사고로 인해 주제에서 벗어나는 것처럼 느껴지면, 설득 혹은 통제의 과정을 통해 문제를 해결하려고 한다. "이건 지엽적 문제예요." "논점으로 되돌아갑시다." "집중해줄래요?" 이러한 진술들은 사람들의 발언을 중단시키며, 자신들이 이해받지 못한다고 느끼게 한다.

선의를 갖고 있는 사람들도 무엇이 중요하고 그렇지 않은지, 주제에 맞는지 아닌지, 유용하거나 그렇지 않은지에 대해 생각이 다를 수 있다. 이러한 차이가 발생할 때 불편함이 생긴다. 하지만 이것은 정상적이고 건전한 과정이다. 사람들이 참여하고 있다는 의미이기 때문이다. 하지만 자신의 관점이 상호기여의 가치를 떨어뜨리고 있다고 판단받을 때, 참여자들은 함께 생각할 수 있는 능력을 해칠 만큼 불편함이 깊어질 수 있다. 이렇게 되면 서로에게 참을성을 잃게 되어 유감스러운 것들을 말하며, 듣기를 멈추고, 유치하게 행동한다.

이러한 일들을 막기 위해 퍼실리테이터는 어떻게 해야 할까? 다른 말로, 으르렁 지대에 들어섰을 때 어떻게 자유토론을 촉진할 수 있을까? 이어지는 내용들은 토론이 다양한 사고로 뻗어나갈 때 범할 수 있는 흔한 실수들을 피할 수 있는 조언과 유용한 도구들을 설명해줄 것이다.

순서 정하기

교사들이 커리큘럼에 대해 논의하려고 모였다. 2학년 교사인 카터가 논란이 될 만한 발언을 했다. 이에 사서인 토니가 개인적인 반응을 보였다. "카터가 또 시류에 편승하려는군. 이건 시간 낭비야." 그런데 다른 교사 한 명이 카터의 관점에 대해 진지하게 반응했다. 그 즉시 토니가 "자, 우리 다시 주제로 돌아갑시다."라고 말하자, 다른 교사가 "토니, 고마워요. 사실 좀 떠돌고 있다고 생각했거든요."라고 말했다. 카터는 모욕감을 느낀 나머지 짜증을 냈다. 그러자 이미 참을성을 잃었던 토니는 더 짜증을 냈다.

만약 퍼실리테이터가 함께 했다면 어땠을까? 아마도 순서 정하기를 적용해 전혀 다른 결과를 만들어냈을 것이다. 퍼실리테이터는 토니의 언급 이후에 개입하여 이렇게 말할 것이다. "두 개의 대화가 동시에 진행되고 있는 것 같습니다. 어떤 사람은 카터의 진술에 대해 말하고 싶을 것이며, 어떤 사람은 본래의 주제로 돌아가고 싶을 것입니다. 이렇게 해보죠. 카터의 진술에 대해 2-3개의 의견을 들은 후, 토니에게 다시 한 번 주제를 소개해달라고 하겠습니다. 카터의 논점에 대해 몇 분 정도 써보기 원합니다. 필요하다면 그 논점에서 가장 중요한 것이 무엇인지 재검토할 수도 있습니다."

다음은 논의를 순차화하는 방법이다.

1. 두 개의 관점을 모두 유효화한다.
2. 잠시 동안 하나의 생각에 집중하게 한다.
3. 다음 몇 분 동안은 다른 생각에 집중하게 한다.
4. 필요하면 다음에 집중할 주제를 결정하도록 물어본다.

순서 정하기의 장점과 한계

퍼실리테이터가 동시에 진행되고 있는 두 대화의 순서를 정하게 될 때는 한 쪽 편을 들지 않으면서 토론을 집중시켜야 한다. 이러한 개입은 대개 그룹으로부터 인정을 받는다. 두 개의 서로 분리된 일련의 사고를 확인하고 명명함으로써, 퍼실리테이터는 참여자들에게 무슨 일이 벌어지고 있는지 추적하게 해준다. 그리고 양자의 관점을 유효화하는 것은 모두에게 더 안전한 환경을 만들어 준다.

그러나 순차화는 두 개보다 많은 주제를 다룰 때에는 효과적이지 못하다. 대다수의 참여자들이 흥미를 느끼지 못하는 3~4개의 주제를 잡아둔다는 것은 어려운 일이다. 그런 상황에서 이 방식은 시도조차 하지 않는 것이 좋다.

반응 요청하기

반응 요청하기는 새로운 발언자들의 참여를 장려하면서 논의의 초점을 유지하는 방법이다. 다음과 같은 예가 있다.

- "에린의 말에 의견 있으신 분 계신가요?"
- "방금 한 말에 질문 있으신가요?"

이와 같은 질문은 누가 말하더라도 앞선 사람의 발언과 동일한 주제에 머물게 한다.

늘 그렇듯이, 퍼실리테이터의 지지를 받은 의견이 좀 더 논의되기 쉽다. 하지만 퍼실리테이터가 보다 넓은 참여를 요청한다고 해서 이러한 시도가 반대나 불신을 유발하지는 않는다. 참여자들은 반응 요청을 논의가 진행되도록 하는 중립적인 노력으로 바라보는 경향이 있다. 이러한 경향은 두 개 혹은 그 이상의 주제 사이에서 퍼실리테이터가 선택한 것이 명백한 때에도 마찬가지다. 퍼실리테이터가 누군가의 편을 드는 것이 아니라 균형을 유지하기 위한 좋은 신념에서 선택을 한 이상, 대부분의 구성원은 퍼실리테이터를 신뢰할 것이다.

의도적 재초점화

퍼실리테이터는 의도적으로 다음과 같이 말함으로써 논의의 재초점화를 시도할 수 있다.

- "지난 10분 동안, 여러분은 ABC 주제에 대해 이야기를 나눴습니다. 하지만 여러분 중의 몇 명은 DEF 주제에 대해 논의하고 싶다는 표시를 한 것 같습니다. 자, 이제 그 쪽으로 전환해 볼까요?"
- "조금 전에 로빈이 이슈를 제기했는데 아무도 대응하지 않았습니다. 이 이슈에서 넘어가기 전에 로빈의 말에 코멘트 하실 분이 있나요?"

의도적인 재초점화는 유도하는 것처럼 보일 수 있다. 그룹이 일련의 생각을 완성하기 전에 퍼실리테이터가 논의를 잘라내는 비중립적 선택을 한 것처럼 느껴질 수 있기 때문에, 이때의 개입은 지시보다는 질문으로 하는 것이 더 낫다. 이러한 방식을 취함으로써 참여자들은 현재 주제에 머무를지 옮겨갈지 선택할 수 있게 된다.

결국, 이것은 사람들의 관심을 다른 발언자에게로 이동시키는 것이다. 그렇게 함으로써 비중립적인 개입처럼 보이게 된다.

추적하기

주차장 사례에서 본 것처럼, 자유토론은 몇 개의 다른 하위 대화들로 나뉜다. 추적하기는 일련의 다양한 사고 경로를 따라가게 하는 것으로서, 퍼실리테이터는 아래와 같은 단계로 논의를 추적할 수 있다.

1. 그룹에게 말한다. "지금 동시에 몇 개의 이슈가 논의되고 있는 것 같습니다. 이를 살펴보자면~"

2. 구분할 수 있는 일련의 생각들을 분류한다.

예를 들면, 퍼실리테이터는 주차장 논의에 대해서 다음과 같이 말할 것이다. "우리는 지금 4개의 이슈를 논의하고 있는 것 같습니다. 첫 번째는 주차권을 잃어버린 고객을 대하는 문제이고, 두 번째는 계산원의 자세가 협조적인지에 대한 문제, 세 번째는 기계식 지불 시스템 자체에 대한 문제이며, 마지막은 장비의 신뢰성에 대한 문제입니다."

경청 기술로서의 '추적하기'에 대한 설명은 74쪽에 잘 나와 있다. 참여자들이 서로 경청하려고 하지 않아 규칙도 없고 경쟁만 높아버린 토론에서 이 기술은 매우 유익하게 사용될 수 있다. 이는 순차화처럼 유도적인(안내적인) 방법이 잘 작동되지 않는 상황에서는 가장 좋은 방법이다. 사람들마다 각자 자신의 아젠다를 밀어붙이려고 하면 퍼실리테이터의 제안이 잘 받아들여지지 않을 수 있다. 이런 상황에서 퍼실리테이터는 논의의 우위성을 정하거나 구조화하는 것을 삼가야 한다. 그 대신 중립을 지키며 각각의 발언자들을 지지하고 있어야 한다. 추적하기는 최소한 누군가는 듣고 있다는 것을 모두에게 확인시켜 준다.

일반적으로 그룹은 '둘 중 하나'의 방식으로 추적하기에 반응한다. 가장 일반적인 반응은 '통합적' 방식이다. 누군가는 퍼실리테이터가 분류한 몇 개의 트랙을 조합하고 통찰력 있는 분석을 제시하거나 통념을 깨는 질문을 한다. 다시 말하면, 누군가는 그룹의 사고를 발전시키고 통합한다. 또 다른 반응은 '고집'하는 방식으로, 어떻게 하든 원래의 주제로 돌아가려고 한다. 때때로 구성원들은 그가 이끄는 대로 따라가고, 일시적으로는 새로운 논점을 만들어내기도 한다. 어떤 경우에는 다툼도 일어난다. "저는 지금 그 이슈에 대해 말하고 싶지 않아요." 그런 경우 퍼실리테이터는 정직한 중단자로서 단순한 흐름을 제안할 수 있다. "이 주제에 대해 몇 분만 더 이야기하고 다른 주제로 넘어갈까요?"

추적하기의 마무리

참여자들이 논의해왔던 일련의 이슈들을 그들에게 보여준 이후, 지금까지 빠뜨렸다고 생각되는 다른 주제로 논의를 이끌라. 그렇게 함으로써 "똑바로 해!"라는 부담 혹은 강요적인 느낌을 없앨 수 있다. 논의하는 동안 있었던 모든 이슈를 다 기억할 필요는 없다. 왜냐하면 그룹이 이슈의 목록을 지속적으로 개선시켜 줄 것이기 때문이다.

1. "모든 주제를 다뤘나요?"라고 묻고, 누군가 "제 아이디어는 빠졌어요."라고 말하길 기다린다. 만약 그렇게 말하는 사람이 있다면, 방어적이지 않은 자세로 그 내용을 설명해 준다.

2. 요약한다. "우리가 다룬 논점은 5개였고, 그것들은 다 중요합니다."

3. 이쯤에서 이런 코멘트를 한다. "자, 이제 논의로 돌아갑시다. 누가 먼저 말할까요?" 그렇지만 이 장에서 소개한 다른 행동들을 선택할 수도 있다. 예를 들어, "다른 주제로 넘어가기 전에 어떤 이슈들을 논의할지 정리해봅시다."라고 말할 수도 있다.

주제 물어보기

이 기법은 추적하기와 비슷하나, 퍼실리테이터가 이슈를 확인하는 것이 아니라 참여자들이 확인한다는 점에서 다르다.

1. "우리는 동시에 여러 가지 이슈를 다루고 있습니다."라고 말한다.

2. "잠시 멈추고, 우리가 다루고 있는 이슈들에 대해 말해볼까요?"라고 묻는다.

3. 플립 차트에 그 목록을 기재한다.

4. 목록을 완성한 후 이와 같이 말한다. "이제 이 주제에 대해 우리가 생각하는 범위를 쉽게 알 수 있습니다. 필요하면 잠시 물러서서 주제의 우선순위를 정할 수도 있습니다. 일단은 다시 논의를 시작해 봅시다. 누가 먼저 말씀해주시겠어요?"

틀 잡기

이 기술의 본질은 논의 내용으로부터 잠시 벗어나, 구성원들에게 대화의 목적을 상기시켜 주는 것이다.

1. 위에서 설명한 두 개의 개입 방식처럼, 몇 개의 하위 대화도 있음을 명시한다.

2. "이 논의가 어디서 비롯되었는지 말해봅시다."라고 말한다.

3. 논의의 본래 목적을 재진술한다. 예를 들면, "원래는 수잔이 다음 달 아젠다의 새로운 안건을 요청했는데, 이 대화가 여러 가지 방향으로 흘러갔습니다. 이 중 일부는 지금 당장 진행해야 할 것이고, 나머지는 좀 미뤄야 할 것 같습니다. 어느 것이 적당할까요?"

4. 남은 절차들은 주제를 물었을 때와 동일하다. 구성원들의 주제를 받아 적고, 자유토론을 이어나간다.

자유토론의
시작과 마무리

자유토론을 시작하기

퍼실리테이터는 그룹과 함께 작업하기 시작할 때, 그룹이 협조할 수 있도록 접근 방식에 대해 간략히 설명해야 한다. '잡아두기'나 '잡아두기의 중단' 같이 낯선 개입들은 '순서 정하기'와 같이 자연스럽게 알게 되는 기술과 달리 좀 더 상세한 설명을 해줘야 한다.

효과적인 예를 소개한다.

"우리는 30분 동안 자유토론을 시작하려고 합니다. 제 의도는 회의가 진행되는 동안 원하는 모든 사람에게 기회를 주려는 것이며, 동시에 회의가 자연스럽게 흐를 수 있도록 도와주려는 것입니다."

"동시에 여러 사람이 발언하려고 할 수 있으므로, 발언을 원하는 사람은 손을 들어 주십시오. 제가 번호를 지정해 드리겠습니다. 그러면 그때마다 손을 들지 않아도 여러분의 차례를 알 수 있습니다. 만일 즉각적인 반응을 불러일으키는 발언이 나온다면, 번호를 부여하지 않았더라도 그 사람의 의견을 좀 듣도록 하겠습니다. 하지만 그럴 수밖에 없는 명백한 상황에서만 그렇게 하도록 하겠습니다. 그리고 의견을 듣고 난 이후에는, 원래의 순서대로 돌아가겠습니다."

약 1분 정도 이런 소개를 한다. 퍼실리테이터에게 1분은 매우 긴 시간이지만, 그렇게 하지 않을 경우 그룹은 협력하지 않을 수도 있다.

자유토론에서 다른 형식으로 전환하기

토론이 지루해지고 사람들이 지쳤을 때 가장 현명한 선택은 자유토론을 종료하거나 다른 형식으로 전환하는 것이다. 대안적인 형식으로는 '소그룹 운영', '개인 기록', '브레인스토밍', '짜임 한바퀴'와 같은 것들이 있다. 이러한 방식에 대한 자세한 사항은 9장에서 소개된다.

자유토론은 그룹의 사고를 도와주는 가장 일반적인 형식이다. 그러나 강력한 퍼실리테이션이 없다면 자유토론은 매우 지루하고 절망스럽고 비생산적으로 흘러가게 된다. 그룹의 잠재력을 생산성 있게 거두어들이려면 퍼실리테이터의 참여 기술이라는 내공이 절대적으로 필요하다.

자유토론의 대안적 기법들

다양한 참여 의형으로 그룹 에너지를 관리하는 방법

그룹 에너지
관리하기

그룹의 에너지를 관리하는 것은 퍼실리테이터의 역할 중에서 매우 중요한 요소이다.

예를 들어, 그룹의 에너지가 여기저기 흩어져 있으면 에너지를 어떻게 모을지 생각하며, 회의 분위기가 너무 가라앉아 있다면 이를 끌어올리기 위해 노력한다. 에너지가 넘쳐 조바심내거나 성급해하는 분위기가 되면 속도를 조절하고 차분해지도록 대안을 만들어낸다.

한마디로, 효과적인 에너지 관리는 생산적인 회의와 일반적인 회의를 가르는 기준이 된다.

에너지를 관리하는 기술은 그렇게 중요한 것이지만, 이 기술은 손에 잘 잡히지도 않고, 정의 내리기도 어려우며, 가르치기는 더욱 어렵다. 단지 일부 탁월한 퍼실리테이터들만이 본능적으로 그 방법을 실행하고 있을 뿐, 많은 사람들은 여전히 에너지를 괴상한 존재나 파악하기 어려운 모호한 존재로 인식하고 있다.

그룹의 에너지를 잘 관리하려면, 먼저 그것이 무엇인지 알아야 한다. 무엇인지 알 수도 없는 것을 관리할 수는 없기 때문이다. 필요하면 조작적으로라도 그룹 에너지를 정의하거나, 볼 수 있고 측정할 수 있는 방식으로 변환해야 한다.

이론가들은 에너지가 생물학적 현상이라거나 화학적인 현상이라거나 신경학적 혹은 정신적인 현상이라거나 하는 말들에 도무지 동의하지 못할 것이다. 심지어 그것의 존재 자체에 대해서도 의심한다.

그러나 많은 사람들은 그룹 회의에서 에너지를 쉽게 감지한다. 심지어 언어가 통하지 않는 사람들을 만났을 때도 감지가 가능하다. 그들은 '방안의 공기'라고도 말하고, '흐름' 혹은 '분위기'라고도 지칭한다. 그것을 어떻게 표현하든, 그룹 에너지가 존재한다는 것은 명백한 사실이다. 따라서 퍼실리테이터는 그것을 어떻게 효과적으로 관리해야 할지 세심한 주의를 기울여야 한다.

다음 두 페이지는 '그룹 에너지'라는 개념에 담긴 막연하고 신비스러운 요소를 제거하고, 그것을 관리하는 적절한 과정과 스킬에 대해 설명해주고 있다. 나머지 내용들에서는 그것을 사용하는 유용한 도구들을 상당량 제공하면서, 사용 안내문을 이해하기 쉽게 설명해 놓았다.

일상에서의 그룹 에너지

일상 생활에서 볼 수 있는 가장 일반적인 '그룹 에너지group energy'의 사례는 아마도 업무 회의 중 프레젠테이션을 하는 장면일 것이다. 우리는 청중들이 모두 매료되어 있는 장면을 본 적이 있다. 사람들은 주의 깊게 청취하고, 부서질 듯한 정적이 흘렀다. 정반대의 상황도 본 적이 있다. 프레젠테이션은 지루했으며, 사람들은 자기들끼리 속삭이거나 낙서를 하기도 하고 의자에서 몸을 꼬기도 했다. 슬그머니 스마트폰을 보면서 문자를 보내거나 축구경기 결과를 확인하는 사람도 있었다.

에너지가 집중되고 주의 깊든 아니면 분산되고 지루하든, 누군가가 이 두 회의 장면을 문 앞에서 지켜봤다면 분명 그곳의 에너지를 읽을 수 있었을 것이다. 논의의 내용을 몰라도 읽을 수 있다. 이방인도 읽을 수 있는 것, 그것은 구체적으로 무엇일까?

에너지를 느낀 사람은 분명 어떤 행동을 보았을 것이다. 그리고 어떤 감정의 존재에 대하여 추정했을 것이다. 감정은 개인적인 것이고, 소리 내어 말하지 않으면 직접적으로는 잘 드러나지도 않는다. 따라서 그는 그 감정을 보지는 못했을 것이다. 그러나 그들의 행동을 보면 그 저변에 깔려있는 감정들을 추정해 낼 수 있다.

마음을 사로잡는 프레젠테이션의 경우, 청중들이 몸을 앞으로 기울이거나 고개를 끄덕이거나, 정직함이 묻어나는 표정으로 필기를 하고 있는 모습을 관찰할 수 있다. 이는 모두 측정 가능한 행동들이다. "흥미롭군요." "매력적이에요." "발표자의 모든 말이 울림을 주고 있어요." 같은 말로도 그들의 느낌이 표현되고 있다. 문 앞에서 관찰한 그 감정이 확실하다는 검증을 받은 것은 아니지만, 적어도 보이는 행동을 통해 암시와 힌트는 얻게 된다.

반대로 지루한 프레젠테이션에서는 안절부절하거나, 다른 일을 하거나, 옆 사람에게 속삭이는 등 참여도가 낮은 행동들이 나타난다. 이 역시 관찰 가능한 것이다. 하품을 하거나, "언제 끝나요?"라고 말하는 듯한 행동들을 통해서도 감정을 헤아릴 수 있다. 겉으로 드러나는 행동은 회의실 안의 분위기를 나타내는 중요한 지표가 된다. 분위기를 측정하는 것이 쉽지는 않지만, 그러한 행동들을 통해 추론할 수는 있다.

요약하면, 그룹 에너지를 파악하려고 할 때는 쉽게 확인할 수 있는 행동, 즉 눈에 보이는 행동을 탐색해야 한다. 그러한 행동들은 볼 수는 없지만 추정은 할 수 있는 일련의 감정들을 나타내고 제안하며 또 암시해 준다.

그룹 에너지 관리의 핵심 통찰

지금까지 논의한 것은 매우 중요한 노하우로서, 그룹 에너지에 영향을 주는 감정을 유추할 수 있게 해준다. 그러나 표현되지 않은 생각과 감정은 관리할 수 없다. 할 수 있는 것은 개인의 생각과 감정에서 나타난 '행동'이다.

그러므로 소극적인 사람들이 모여 있는 그룹, 혼자만 몰두하고 있는 것처럼 유리된 그룹에서는 회의실 안의 에너지가 매우 낮고, 일도 지지부진한 상황이 된다. 이는 퍼실리테이터에게 조치를 취해달라는 일종의 신호가 된다. 이때 퍼실리테이터가 어떤 행동을 하느냐가 중요하다. 그에 따라서 그룹의 행동이 바뀔 수 있기 때문이다.

분산되어 있는 그룹을 퍼실리테이션하는 방법

- 구성원들을 두 명, 또는 세 명으로 나눈다. 그러면 그룹은 격식적이지 않게 되며 반쯤은 사적인 공간을 제공하여, 구성원들이 한꺼번에 프레젠테이션을 청취할 때보다는 훨씬 높은 수준으로 회의에 참여하게 된다. 작은 그룹에서는 그룹의 에너지가 살아나고

전환되고 또 상승한다.

- 모든 개인에게 자신의 의견을 적는 과제를 준다. 그러면 각자가 의견을 정리하고 세련되게 발전시킨다. 개인 기록을 하는 동안 그룹의 에너지는 사려 깊게 되고 집중되며 또 몰입된다.

- 시간을 내어 브레인스토밍을 한다. 사람들이 뭔가를 만들어 내고 연관 짓고 제멋대로 의견을 내는 상황이 되더라도 브레인스토밍은 전체의 참여도를 증가시켜줄 것이다. 그러면 그룹의 에너지는 점점 가볍고 쾌활해지게 되며, 구성원들은 창조하는 능력을 느끼면서 자신감을 갖게 된다.

이 모든 방법들은 그룹이 참여하는 방식을 변화시킴으로써 그룹의 에너지를 전환해 준다. 좀 더 정확히 말하면, '참여 의형participation format'●을 바꾸어 주는 것이다. 의형을 바꾸면 그룹의 행동이 달라진다.

요약하면, 한 활동에서 다른 활동으로 그룹의 행동을 변화시킬 수 있도록 그 구조와 체계를 만드는 참여 의형을 조정함으로써 그룹의 에너지를 관리할 수 있다.

이 장은 이 핵심적인 통찰에 기반을 두고 만들어진 것으로, 퍼실리테이터의 판단과 기술을 활용하여 그룹의 에너지를 관리할 수 있는 많은 도구들을 제시하고 있다.

● 역자 주: 의형은 영어 'format'을 역자의 의견을 담아 번역한 말이다. 일반적으로는 형식이라고 번역하겠지만, 이 책에서는 회의 또는 토의를 하는 형식을 지칭하는 말로서, '의형(議形)'이라는 새로운 용어를 사용하였다. 여기서 의형은 사람들이 모여 있는 형태와 움직임, 논의 그룹의 크기, 그룹 내의 발언 순서, 상호작용 방식 등이 결합되어 일정한 시간 동안 시도되는 특별한 회의 방식을 나타내는 말이다.

자유토론의 대안적 기법들

그룹 참여는 각각의 목적에 맞도록 여러 가지 방식으로 조직할 수 있다. 예를 들면, 어떤 의형들은 모든 사람에게 말할 것을 요구하지만, 어떤 의형들은 그렇지 않다. 또 어떤 의형은 격식 없이 활발하게 초안을 생각해 내는 것을 장려하며, 어떤 의형은 개인적인 감정을 나눌 수 있게 해준다. 개인이 혼자 작업할 수도 있고, 둘씩 짝을 짓거나 동시에 많은 사람들과 어울릴 수도 있다. 이제 아래에 열거된 모든 참여 의형에 대한 목적과 절차와 기본 규칙을 보도록 하자.

목록 적기
Listing ideas

추천 용도

1. 논의를 시작할 때: 목록 적기는 그룹이 주제를 생각하기 시작하는 그 순간부터 주제의 여러 측면들을 신속하게 확인할 수 있도록 도와준다.

2. 경쟁하는 의견이 있는 양극화된 그룹의 구성원을 보여줄 때: 목록 적기는 하나의 주어진 주제에서 다양한 생각을 이끌어낼 수 있는 방법이다. 이는 그룹 내에 의견이 양극화되어 있거나 '우리 대 그들'이라는 분위기가 팽배해 있을 때에도 가능하다.

3. 보다 나은 원인을 이해하거나 문제의 요인을 찾을 때: 문제가 처음 볼 때보다 더 복잡해져 있으면, 다음과 같은 질문을 하면서 목록 적기를 시행한다. "실제로 여기서 무슨 일이 일어나고 있죠?" 혹은 "아직 우리가 생각하지 못한 효과들은 없을까요?"

4. 어려운 문제에 대해 혁신적이면서도 비정형화된 목록을 만들 때

5. 작은 그룹에서 일한 사람들을 큰 그룹에 연결시킬 때: 아이디어 목록 적기는 다양한 토론을 통해 수확을 얻을 수 있는 가장 빠른 방법이다. 그러면 그룹은 흥미 있는 주제에 대해 심도 있는 토론을 할 수 있는 시간을 더 많이 가질 수 있다.

6. 주제가 과도하거나 다루기 어렵고 통제할 수 없을 때: 아이디어 목록 적기를 통해 참여자들은 그룹 전체의 사고 범위를 볼 수 있으며, 논의의 구조를 이해하게 된다. 이로써 각자가 먼저 해결하고 싶어 하는 요소들의 우선순위를 정하게 되고 그것들을 분류할 수 있게 된다. 그러므로 목록 적기는 어려운 과업의 복잡성을 줄여주는 중요한 첫 단계이다.

진행방법

1. 벽에 커다란 전지를 붙인다.

2. 차트 기록자를 자원 받는다. 차트 기록자가 할 일은 사람들의 의견을 검열하거나 개선시키는 것이 아니라 그대로 받아 적는 것이다.

3. 심판의 연기라는 기본 규칙을 설명한다.

  • 누구든 적당하다고 생각하는 의견을 낼 수 있다.

  • 심판을 연기한다. 목록에 작성되고 있는 내용들에 대해서 비판하지 않는다.

  • 목록이 만들어지고 있는 동안에는 논의를 하지 않는다. 모든 목록이 만들어진 이후에야 아이디어를 논의한다.

4. 질문 형식으로 그룹의 과업을 선언한다. 예를 들면, "예산을 절감하려면 어떻게 해야 할까요?"

5. 예상 소요 시간을 정하고, 활동을 시작하게 한다.

6. 한 번에 한 명씩 아이디어를 내게 한다.

  • 모든 사람의 말을 존중한다.

  • 필요하면 따라 말하기 기술을 사용한다.

  • 기록자를 위해 복잡한 문장은 요약해준다.

  • 누군가가 비판이나 논의를 시작하면, 공손하게 기본 규칙을 상기시켜준다.

7. 속도가 느려진다고 당황하지 않는다. 그것은 사람들이 생각하고 있다는 뜻이다. 나올 만한 아이디어가 모두 나온 상태일 수도 있다. 침묵을 인내한다. 아이디어를 더 내라고 재촉하면 사람들이 압박을 느끼고, 생각하는 것을 멈추게 된다.

8. 정해진 시간에 다가가면 다음과 같이 선언한다. "2분 남았습니다." 이렇게 하면 경우에 따라서는 아이디어가 폭발할 수도 있다.

목록 적기의 응용

■ 목록적기 Listing Ideas: Standard Approach

그룹이 의견을 내기 시작한다. 의견들을 차트에 기록한다. 모든 아이디어를 수용한다.

■ 점착 메모지 사용 Using Sticky Notes

구성원들이 점착 메모지를 사용하여 한 장에 하나씩 의견을 적는다. 모든 메모지를 벽에 붙인다. 나중에 분류작업을 할 수 있다.

■ 브레인라이팅 Brainwriting

개인별로 종이 위에 아이디어를 적는다. 몇 분마다 종이를 서로 바꾼다. 새로운 아이디어를 추가한다.

■ 다중 주제, 다중 장소 Multi-Topic, Multi-Station

각각 다른 주제를 적은 차트를 회의실 여러 곳에 게시한다. 구성원들은 어떤 장소에서 시작해도 좋다. 몇 분마다 장소를 이동하여 작업한다.

■ 소그룹 점화 Small Group Jump-Start

구성원들에게 짝을 짓게 하고 한 질문에 대하여 논의하게 한다. 그런 다음 전체 그룹으로 모여 좋은 아이디어의 목록을 만든다.

■ 브레인스토밍 Brainstorming

아이디어 창출, 특히 기이하고 불가능한 것을 내도록 장려한다. 질보다 양이 더 중요하다.

목록 적기는 확산적 사고를 유도하는 형태로 다양한 활용이 가능하다. 이처럼 다양한 논의 형태는 과정을 새롭고 흥미롭게 해준다.

진행방법에 따라 여러 가지 다양한 시도들을 할 수 있겠지만, 무엇을 하더라도 심판의 연기 원칙만은 항상 유지해야 한다.

짜임 한바퀴
Structured go-arounds

추천 용도

1. 회의를 시작할 때: '라운드 로빈'이라고도 불리는 짜임 한바퀴는 90분 이상 소요되는 회의를 시작할 때 쓸 수 있는 좋은 방법이다. 어색함을 깨뜨리고, 모든 사람들이 환영과 기대 속에서 참여할 수 있다는 확신을 심어준다.

2. 복잡한 논의를 시작할 때: 논의가 시작되면 서로 다른 관점들이 혼란스럽게 꼬이게 된다. 이러한 혼란을 해결하려면 그들 스스로 이슈를 정리하게 하는 것이 좋다. 한바퀴 기술을 사용하면 모든 사람들이 지형을 파악하게 되고, 올바른 출발을 할 수 있다.

3. 침묵하는 구성원이 있을 때: 한바퀴는 대화에 참여하기 어려워하는 사람에게 말문을 트게 해 준다.

4. 논쟁 없이 지지해줄 때: 한바퀴는 각자가 갖고 있는 참조틀의 타당성에 대한 논쟁으로부터 구성원들을 지켜준다.

5. 지위나 계급에 차이를 두지 않아야 할 때: 한바퀴는 모든 참여자들에게 동일한 시간을 제공한다. 그룹 내 권위의 정도는 고려되지 않는다.

6. 물러서야 할 필요가 있을 때: 한참 동안 이견에 대해 혼란을 겪게 되면, 논제로부터 한 발 물러서서 상황을 바라보는 것이 좋다. 한바퀴는 이러한 상황에 대한 최적의 대안이다.

7. 회의를 마칠 때: 기회가 주어지지 않았더라면 표현하지 못했을 생각이나 감정이 있다. 한바퀴는 그런 것들을 표현할 수 있는 기회를 준다.

1. 의자를 가져와 원 또는 반원의 형태로 앉게 한다. 한바퀴에서는 구성원들이 서로의 얼굴을 볼 수 있다는 것이 중요하다.

2. 다루게 될 주제를 한 문장으로 설명한다. "방금 청취한 프레젠테이션에 대해 각자가 소감을 말해보도록 하겠습니다."

3. 절차를 설명한다. "누가 말하든 시계 방향으로 돌아가며 말하겠습니다. 발언이 끝날 때까지는 아무도 방해하면 안 됩니다. 발언을 마치면, '다음 분'이라고 말하고 다음 분이 이어받습니다."

4. 기본 규칙을 다소 변형시킬 수도 있다. 필요하면 구성원들끼리 의논하여 규칙을 정하면 된다. 자기 차례가 되었는데 발언할 의사가 없으면 통과하는 것도 일종의 규칙이 될 수 있다.

5. 기본규칙을 설명한 후 주제를 다시 선언한다. 사람들은 기본규칙을 듣는 데 집중하느라 주제를 잊어버릴 수 있다. 그런 것들을 상기시키고, 필요하면 상세한 설명을 덧붙인다.

6. 주어진 시간을 알려준다. "각자 1분씩 소감을 말씀해주세요." 또는 "필요한 만큼 시간을 쓰실 수 있습니다."처럼 구성원들에게 안내할 수 있다.

7. 한바퀴가 진행되는 동안에는 바꿔 말하기 또는 생각 꺼내기를 시도하지 않는다. 자기 차례에서는 말하는 시간을 자유롭게 선택할 수 있다. 구성원이 말한 다음, 필요하면 퍼실리테이터가 핵심 코멘트를 던질 수 있다.

한바퀴 응용

■ 표준 짜임 한바퀴

누가 먼저 말하든지 왼쪽 혹은 오른쪽으로 돌아가면서 차례대로 한 사람씩 말한다.

■ 일곱 단어 이내

일곱 단어 이내의 문장을 사용하여 마무리 발언을 한다. 문장이 불완전해도 상관없다.

■ 발언 막대

구성원들이 발언 막대를 들고 속마음을 말한다. 발언 막대가 내려지기 전에는 누구도 끼어들 수 없다.

■ 팝콘

누구든 말하고 싶을 때 발언에 끼어든다. 한 사람이 지나치게 자주 말하면 퍼실리테이터는 "누가 아직 말씀하지 않으셨나요?"라고 묻는다.

■ 두세 가지 감정 단어

사람마다 두세 가지의 감정 단어를 사용하여 회의를 마감한다.

■ 오자미 넘기기

발언을 마친 사람이 다음 발언자를 선정해서 어떤 물건을 던진다(예를 들면, 지우개).

이러한 것들은 오늘날 주로 사용하는 한바퀴 의형의 변형 방식들이다. 이것들은 모든 참여자들을 동등하게 지지해주고 평균화하는 역할을 한다. 여기에는 두 가지 기본 규칙이 있다. 1) 한 번에 한 사람씩 말한다. 2) 다음 발언자는 자기가 언제 말하게 될지 예상할 수 있다.

소그룹 대화
Small groups

추천 용도

1. 아이스브레이크를 할 때: 참여자에게 안전한 분위기를 느끼게 해준다. 사람들은 소그룹을 덜 공격적으로 느끼므로, 발언에 대한 부담도 줄어든다.

2. 에너지를 얻어야 할 때: 의자에서 일어나 이동하면 육체적으로 활력이 생긴다. 게다가 소그룹에서는 누구나 말할 수 있기에, 이러한 활발한 참여를 통해 사람들은 더 많은 에너지를 얻게 된다.

3. 주제에 대해서 더 깊이 이해할 필요가 있을 때: 소그룹에서는 자신의 의견에 대하여 더 깊이 탐색하고 발전시킬 수 있다.

4. 이슈에 대한 다른 관점을 신속하게 탐색해야 할 때: 소그룹에서는 한 문제의 세부내용을 동시에 다룰 수 있다. 이는 효율과 효과성을 증가시킨다.

5. 관계를 형성할 때: 소그룹은 사람들이 개인적으로 사귈 수 있는 좋은 기회를 제공한다.

6. 결과에 대한 책임의식을 높일 때: 소그룹은 구성원들을 더 깊은 참여로 이끈다. 더 깊은 참여는 결과에 영향을 미치는 정도가 높다는 것을 의미한다. 모든 참여자의 의견이 결과에 담길 때, 참여자들은 논리와 함의를 더 깊이 이해하고, 그 결과의 실행에 대한 책임의식을 가질 가능성이 높아진다. 이는 결과에 대한 '주인의식ownership'을 가지게 됨을 뜻한다.

진행방법 ——————————————————————

1. 다음 과업의 목적에 대한 개요를 한 문장으로 말해준다. "이제 닥터 스톤의 지난 번 강의에 대하여 논의를 시작하겠습니다." 아직은 설명이 모호한 채로 남겨둔다.

2. 참여자들에게 소그룹을 어떻게 나눌지 말해준다. "옆에 있는 사람에게 돌아앉으세요." 또는 "잘 모르는 사람끼리 짝을 지어보세요."

3. 아직 추가 설명을 하지 말고, 소그룹이 만들어질 때까지 기다린다.

4. 모든 사람들이 자리를 잡으면 구체적인 과업을 말해준다. 논의하게 될 주제를 설명하고, 기대하는 결과물을 알려준다. "닥터 스톤은 기혼 매니저와 미혼 매니저가 매우 차별대우를 받는다고 주장했습니다. 이에 동의하시나요? 여러분은 그런 경험이 있으십니까? 일하는 곳에서 이런 사례가 있었는지, 두세 개씩만 찾아보겠습니다."

5. 만약 특별한 회의 규칙이나 절차에 대한 추가설명이 필요하면 지금 이야기한다. "한 사람이 발언하면 다른 사람은 경청합니다. 그리고 제가 신호를 하면 역할을 바꿉니다."

6. 제한 시간을 말해준다.

7. 논의가 진행되면 남은 시간을 말해준다. "3분 남았습니다!" 시간이 다 되면 마지막 신호를 보내준다. "이제 몇 초면 마칩니다."

8. 전체 그룹으로 다시 모여, 소감과 알게 된 점에 대하여 몇 명에게서 의견을 듣는다.

소그룹 대화의 응용

■ 즉석대화

참여자: 2명 이상

격식 없는 분위기

일반적으로 3~7분 정도 간략한 대화

■ 2-4-8

참여자: 8명

1회전: 2명 4팀

2회전: 4명 2팀

3회전: 8명 1팀

총 20~30분

■ 2회전 이상

짝꿍 대화

1회전: 대화 후 교대

2회전: 절차를 반복함

총 10~15분

■ 대화 후 교대

짝꿍 대화

1인 발언자, 1인 경청자

역할 교대

총 5~8분

■ 2-4-2

참여자: 4명

1회전: 짝꿍

2회전: 4명 전체

3회전: 새로운 짝꿍

총 15~20분

■ 칵테일파티

임시 그룹 만들기

목적: 주제에 대한 격의 없는 논의

참여자들이 자유롭게 다님

총 20~30분

■ 친구처럼

참여자: 2~3명

활동이 변경될 때까지 파트너 지속

종일 진행할 수 있음

■ 활동 후 피드백

참여자: 3명 이상

목적: 스킬 향상

다른 사람들이 활동을 하는 동안 한 사람은 조용히 관찰함

활동이 종료되었을 때 관찰자가 피드백을 해줌

■ 번개 데이트

참여자: 2명

목적: 다양성 탐색

간편한 대화

2~3분마다 파트너 교대

총 10~30분

■ 그룹 나누기

참여자: 다양함

목적: 과업을 충분히 진전시키기

차트를 사용하면 효과가 더해짐

총 30~40분

소그룹 활동은 퍼실리테이터들이 생각하는 것보다 훨씬 많이 있다. 이렇게 다양한 소그룹 활동들은 지루함을 막아주며, 사람들에게 다음엔 무엇이 있을까 하는 호기심을 만들어준다.

소그룹을 활용하여
동시에 여러 주제 다루기

그룹 나누기 Breakout groups

1. 전체 그룹을 소그룹으로 나누고, 각 그룹에게 서로 다른 과업을 부여한다. 예를 들어, 그룹이 컨퍼런스를 기획할 때 3개의 소그룹으로 나누는 것이다. 한 그룹은 초대할 사람들의 목록을 만들고, 두 번째 그룹은 논의할 주제를 정한다. 세 번째 그룹은 다뤄야 할 행정업무를 찾아낸다.

2. 각 그룹마다 리더, 서기, 발표자를 정한다.

3. 소그룹마다 작업의 제한시간을 설정한다. 그리고 시작한다. 종료 10분 전에 예고한다.

4. 전체 그룹으로 다시 모인다. 각 소그룹으로부터 보고를 받는다. 5~10분간 질의 응답시간을 갖는다.

갤러리 투어 Gallery tour

1. 그룹을 소그룹으로 나누고 각각 과업을 부여한다.

2. 차트와 마커를 주고 적당한 장소로 보낸다. 이 때 장소는 분리된 회의실일 수도 있고 같은 회의실의 한쪽 코너일 수도 있다. 각 소그룹은 이야기 나눈 내용을 기록하며, 가까운 벽에 이를 게시한다.

3. 시간이 되면 전체 그룹으로 다시 모인다. 그리고 관람 그룹을 형성한다. 각 관람 그룹에는 모든 소그룹에서 적어도 한 사람씩 오게 한다.

4. 관람 그룹들은 각 소그룹에서 논의했던 게시물을 7~10분씩 관람한다. 이때 해당 소그룹에서 온 사람이 해당 차트를 설명한다.

개인 기록
Individual Writing

추천 용도

1. 구성원들에게 자유토론을 준비할 수 있도록 자신의 생각을 수집할 기회를 줄 때.

2. 개인적으로 최근에 그룹에서 일어난 특이하고 가치 있는 일을 생각해보게 할 때.

3. 사람들의 익명성을 보호할 때: 상사나 부하 직원이 있거나, 자신의 생각이 받아들여지지 않을 것이라는 공포가 있으면 자유롭게 말하는 것을 주저할 수 있다. 어떤 사람들은 자신의 의견을 익명으로 제출할 때 자신의 생각을 좀 더 잘 공유할 수 있다.

4. 논의가 지지부진 할 때: 사람들이 참여할 수 있도록 돕는다. 개인 기록은 참여자들이 그룹의 역동이 주는 인간적인 무게감을 깨뜨리게 해준다. 그래서 참여자들이 지속적으로 과업을 수행하도록 도와준다.

5. 긴장이 고조된 후 생각과 감정을 정리할 수 있도록 도울 때: 감정을 통제할 수 없는 상황이 되면 자신들이 느끼고 있는 상처나 분노의 대하여 5분 정도 기록할 시간을 갖는 게 좋다.

6. 편지 또는 사명선언문과 같은 기록물의 초안을 만들 때: 이러한 개인기록을 만들 때 설익은 초안을 작성한다. 그런 다음 그룹의 다른 사람들과 초안을 공유한다.

7. 회의에 참석하지 않은 스폰서 또는 의사결정자에게 아이디어를 제공할 때.

8. 회의를 평가함에 있어서, 시간이 부족하지만 건설적인 비판이 필요할 때.

1. 작업에 대한 개요를 설명한다. "성과 평가 절차에 관한 문제점에 대하여 각자의 생각을 5분 동안 적어보겠습니다."

2. 모든 사람이 펜과 종이를 준비한다. (주의: 여분의 펜과 종이를 준비한다. 전자기기를 사용하다 보니 필기구를 휴대하지 않는 사람들이 많다.)

3. 모든 사람이 준비될 때까지 기다린다.

4. 과업에 대한 자세한 설명을 한다. "우리는 성과 평가 절차의 개선이 필요하다는 것을 알고 있습니다. 지금부터 하실 일은 잘못된 것을 찾아내는 일입니다. 우선 현재 시스템의 문제를 두어 개씩 적습니다. 그런 다음 왜 이 절차를 바꾸기가 어려운지 여러분의 생각을 간단하게 적습니다."

5. 자신이 기록한 것을 다른 사람에게 보여주게 되는지 여부를 알려준다. 다음과 같은 말로 확인해줄 수 있다. "지금 쓰는 것은 누구에게도 보여줄 필요가 없습니다. 단지 각자의 생각을 명확하게 할 수 있도록 도움을 주는 것뿐입니다."

6. 제한 시간을 알려준다. 그리고 시작한다.

7. 1분 남았을 때 남은 시간을 알려준다.

8. 시간이 다 되면 전체 그룹으로 모인다. 기록하면서 생성한 결과물에 대하여 논의할 수 있는 충분한 시간을 갖는다.

발표와 보고의 개선
Improving presentations and reports

문제		해법
구성원들이 이해하기 힘든 어지럽고 복잡한 보고	→	발표자에게 자신의 보고에 대한 논리를 다시 생각해볼 수 있도록 약간의 시간을 미리 제공한다.
지루하고 산만하고 반복적인 보고	→	발언하기 전에 주요 내용을 종이에다 간략하게 적어보게 한다.
그룹 구성원들이 보고의 중심내용을 이해하지 못함	→	발표자에게 앞부분 몇 문장에서 가장 중요한 점을 말하게 하고, 나중에 이를 요약해서 다시 말하게 된다.
파워포인트로 발표하는 동안 사람들이 반응을 보이지 않고 수동적임	→	프레젠테이션은 소그룹 토론과 같이 참여가 높은 활동에서만 하고 끝낸다.
발표가 의미 없어 보임. 사람들이 멍하고 이해하지 못하는 모습임	→	발표자에게 질의 응답시간을 갖도록 요청한다. 그리고 실제 질의응답 섹션을 퍼실리테이션한다.
발표하고 있는 내용에 관하여 무엇을 해야 하는지 청중들이 혼란스러워함	→	발표자에게 이 발표 내용에 대해 청중에게 기대하는 바가 무엇인지 말하게 한다.
지나치게 상세한 내용으로 퍼붓듯 보고하여 청중이 과중한 상태가 됨	→	발표자에게 간단한 시각 자료나 다이어그램으로 대체하도록 요구한다. 때로는 차트에다 손으로 쓰는 것이 파워포인트보다 더 효과적이다.
유인물이 배포되는 동안 발언함. 참여자들은 유인물을 보느라 발표를 듣지 못함	→	유인물이 배포되는 동안 발표를 잠시 멈추게 하거나, 발표가 끝난 후에 유인물을 나누어준다.

박람회
Trade show

- 박람회는 그룹에게 청중 친화적으로 정보를 제공하는 방법이다. 이것은 3명 이상의 발언자가 각자 15분 이상 연속적으로 발언하는 경우에 유용하다.

- 일반적인 발표에서는 여러 명의 발언자가 전체 청중에게 순차적으로 발표하지만, 박람회에서는 발언자들이 하위 그룹들에게 동시에 발표한다.

- 이 의형은 청중들이 소그룹을 이루어 발표자들을 순차적으로 찾아가는 것이다. 청중들은 한 곳에서 발표를 들은 다음 다른 발표자에게 넘어간다. 발표자는 새로 도착한 그룹에게 반복하여 발표한다.

- 박람회는 여러 가지 좋은 점이 있다. 작은 그룹일수록 참여자들은 더 깊은 질문을 할 수 있다. 또한 걸어 다니는 동안 에너지가 생기게 되는데, 이는 프레젠테이션 청취로 무거워진 두뇌를 완화시켜준다.

✍ 진행방법 ────────────

1. 발표자들은 미리 서로 다른 위치를 점유해 놓는다. 발표자마다 자신의 발표장이 있어야 한다.

2. 예정된 시간에 발표자들을 각 발표장으로 보낸다. 그리고 청중들을 발표장으로 나누어 보낸다. 각 발표장에 보내는 인원은 균등하게 조정한다.

3. 발표자들은 주어진 시간 동안 발표하고, 질의응답 시간도 정해진 대로 갖는다.

4. 시간이 다 되면 청중들은 한 발표장에서 다른 발표장으로 이동한다. (시계 방향으로 이동하게 하는 것이 좋다.)

5. 발표자는 새로운 청중에게 같은 내용을 반복하여 발표한다.

6. 모든 참여자들이 모든 발표를 청취할 때까지 3~5단계를 필요한 만큼 반복한다.

7. 전체 그룹으로 모여 디브리핑을 한다.

소그룹 순회
Rotating breakout groups

- 이것은 박람회를 정교하게 변형시킨 것으로, 참여자들이 주요 아이디어들을 동등하게 발전시키도록 수정되었다.

- 박람회에서와 같이 3개의 소그룹을 편성한다. 각 그룹은 3개의 서로 다른 핵심 질문을 부여받는다. 코스를 도는 동안 모든 참여자들은 3개의 전시장을 순회하면서 3개의 모든 주제를 다루게 된다.

- 박람회와 달리 이곳에서는 전시장마다 사람들의 생각에 영향을 미치는 전문가가 배치되어 있지 않다. 그룹 스스로 주제에 대한 아이디어를 차트에 기록하고, 다음 그룹이 더 발전시킬 수 있도록 남겨둔다.

- 이 의형은 고전적인 소그룹 방식의 역동을 유지하면서 그룹이 점진적으로 수렴적 사고를 할 수 있도록 돕는 탁월한 방법이다.

🤝 진행방법

1. 그룹이 작업하고 있는 주제로부터 도전적인 질문 3개를 뽑아낸다.

2. 그룹을 3개의 소그룹으로 나누고, 회의장 내의 3개의 코너로 보낸다. 한 코너에 하나의 질문을 부여하여 차트에 적어둔다.

3. 모든 사람이 각 전시장에 정착하면, 자원자에게 서기의 역할을 맡긴다.

4. 필요하면 안내를 추가한다. 그리고 15~30분 동안 사람들에게 작업을 하도록 한다.

5. 시간이 다 되면 각 그룹을 시계 방향으로 돌려 다음 전시장으로 옮긴다. 새 그룹은 이전 그룹이 적어놓은 아이디어 위에 아이디어를 추가한다.

6. 시간이 다 되면 3번째 마지막 장소로 이동한다.

7. 다 마치면 모든 사람들이 선 채로 각 전시장에 있는 차트를 관람한다. 그리고 함께 디브리핑을 한다.

대결 토론
Debate mode

- 대결 토론은 2개의 서로 다른 관점을 강조하기 위하여 의도적으로 설계한 것이다. 각 팀은 자신의 입장을 정하고, 돌아가면서 자신의 주장을 펼친다. 서로의 발언에 대하여 논박하는 시간을 가진다.

- 의견의 차이를 형식화함으로써 주장의 논리를 명확하게 할 수 있다. 양측은 상대방의 검증과 비판 위에 설 수 있는 합리화의 길을 발전시켜 나간다. 이것은 이슈에 대하여 양쪽의 입장으로 생각하는 것을 의미한다.

- 반대편 관점에서 정당성을 전개해 나가는 시간을 가짐으로써, 사람들은 차이에 대해 관용을 베푸는 법을 배우게 된다. 그리고 서로의 관점을 좀 더 깊이 이해할 수 있도록 지원하게 된다.

진행방법

1. 2개의 관점을 찾아낸다. 각 관점을 대표하는 팀을 선정한다(일반적으로 2~4명).

2. 각 팀은 자신의 입장을 명확하게 정리하고, 논리적인 이유와 증거를 댈 수 있는 정당성을 수립한다. 그리고 예상되는 질문과 비판에 대해 깊이 생각하여 응답할 수 있는 준비를 시킨다.

3. 각 팀에게 자신의 주장을 준비할 수 있는 시간을 준다. 그리고 발언자에게 역할을 부여한다.

4. 첫 발언자를 정한다. 규칙과 시간을 설명한다. 1회전은 양측에 7분씩 제공하고, 끼어들기를 허용하지 않는다. 2회전은 다른 팀의 입장에 대하여 응답하는 시간이며, 각각 5분씩 준다.

5. 토론을 시작하고 시간을 잰다.

6. 자유롭게 종료한다. 전체 그룹이 이긴 팀을 결정한다.

역할 연기
Role plays

- 역할 연기는 꾸며낸 시나리오로 15~20분 동안 실시한다. 이 의형의 장점은 참여자들이 '만약에'라는 사고를 시험해볼 수 있다는 것, 새로운 스킬을 시도해볼 수 있다는 것 그리고 다른 사람 속으로 들어가볼 수 있다는 것 등이다. 그로부터 통찰과 연민을 얻을 수 있게 된다.

- 역할 연기는 너무 어렵게 설계되어서는 안 된다. 모든 사람이 각 활동이 어떻게 이루어지는지 그리고 왜 이루어지는지를 이해할 수 있어야 효과적이다. 역할에 대한 명확한 정의와 구성이 성공을 위한 핵심 요소이다.

- 반대로 참여자의 아이디어가 소진될 만큼 경직되게 설계하면, 역할 연기를 바보스럽게 하거나 지나치게 공격적으로 하게 된다. 이러한 일반적인 문제를 예방하기 위해서는 역할 연기를 시작하기 전에 자기들의 마음을 변화시킬 수 있도록 준비되어야 한다.

진행방법

1. 역할 연기의 목적을 설명한다. "이 활동은 관리자와 직원 사이의 커뮤니케이션 문제에 대하여 통찰력을 얻게 하기 위한 것입니다."

2. 소그룹으로 나눈다.

3. 각 참여자에게 역할을 부여한다. 그리고 역할이 생생해질 수 있도록 약간의 배경을 설명해준다. "당신의 상사가 당신에게 불가능한 임무를 부여했고, 당신은 그에게 맞서기를 두려워하고 있습니다."

4. 필요하다고 생각되는 사항을 추가로 설명한다. "이 역할 연기에서 당신은 왜 그 일을 마치지 않았는지, 방어적으로 행동할 상사에게 꼭 설명해야 됩니다."

5. 명확하게 시간을 제한하고 활동을 시작한다.

6. 다 마치면, 전체 그룹으로 다시 모여 활동에 대한 디브리핑을 한다.

촌극
Skits

- 촌극은 어린 학생들을 위한 활동으로 잘 알려져 있다. 성인용 촌극에서는 4~6명의 소그룹이 적합한 이슈를 담고 있는 익살스런 짧은 연기를 진행한다. 각 소그룹은 15~30분 정도 준비 시간을 가진 후, 모든 사람들 앞에서 연기한다.

- 아이들을 위한 게임이라는 이미지 때문인지 촌극의 효과는 평가절하되어 있다. 하지만 촌극의 효과를 설명할 수 있는 실제 사례가 있다. 한 연례회의에서 교장 선생님과 일부 고참 교사들이 야구 모자와 티셔츠 등을 입고, 논란이 되고 있는 학교 정책에 대해 투덜거리는 학생들을 연기한 것이다. 그것을 본 모든 이들은 이 고참 교사들의 익살스러운 연기를 보고 실컷 웃었다. 그 후 교사들은 학교가 겪고 있는 갈등 상황을 표면화할 수 있게 되었다.

🖐️ 진행방법

1. 폭 넓은 주제를 사용한다(예를 들면, '내년 예산' 같은 문제). 소그룹으로 나누어 시간을 주고 촌극을 준비하게 한다.

2. 성공의 대부분은 소그룹이 촌극을 준비하는 과정에서 생겨난다. 촌극을 준비하면서 그룹은 유쾌한 분위기에 빠져들게 된다. 그리하여 편안한 마음을 가지고 창의성과 영감을 얻게 된다. 그러한 효과를 높이기 위하여, 참여자들에게 촌극을 짜는 섹션을 마음껏 즐기라고 말해준다.

3. 다시 모이기 전에 쉬는 시간을 갖는다. 속도가 느린 그룹은 이때 약간의 추가시간을 벌게 된다.

4. 각각의 촌극이 끝나면 함성을 지르고 박수를 치도록 유도한다. 모든 촌극이 끝나면 각 촌극에 대하여 디브리핑을 한다. 촌극을 통해 알게 된 것과 얻게 된 것에 관하여 약간의 의견을 물어보는 것으로 마무리한다.

어항 토론
Fishbowls

- 어항 토론은 배경이나 직업이 매우 다른 사람들 사이의 상호이해를 증진시켜주는 활동이다. 예를 들어, 의사, 간호사, 관리자들의 서로 다른 관점들을 이해하게 도와준다.
- 일정 시간 동안 한 그룹이(예를 들면 간호사) 회의실 중앙에 앉는다. 그리고 자기들끼리 대화를 나눈다. 그러는 동안 다른 사람들은 그 대화를 청취한다. 시간이 다 되면 간단한 전체 그룹 대화를 시도하고, 새로운 그룹이 중앙(어항)으로 이동한다.
- 이와 같은 방식으로, 동일한 마음을 가진 참여자들이 공개적으로 자기들의 이슈를 논의하는 기회를 가진다. 대립하는 관점에 대하여 자기들의 생각을 설명하거나 방어할 필요도 없다.

진행방법

1. 목적을 설명하는 것으로 활동을 소개한다. (예를 들면, 공무원, 서비스업 종사자, 지역사회 활동가 그룹에게) "이 활동은 각 그룹이 우선시해야 할 일들과 도전해야 할 과업들에 대해 서로 간에 논란을 일으키지 않으면서 이해를 높일 수 있도록 도울 것입니다."
2. 한 이해관계 집단을 중앙(어항)으로 초대한다. 회의실 중앙에 원을 그려 앉게 한다.
3. 주어진 이슈에 대하여 어항에서 서로 논의하도록 요청한다. 제한시간을 설정해주고, 나머지 사람들은 조용히 듣게 한다.
4. 시간이 다 되면 누구라도 의견을 말하거나 질문을 할 수 있도록 허용한다. 선택사항: 어항 안에 있던 사람에게 이 활동을 통해 느낀 점을 말해달라고 요청한다.
5. 다음 이해관계 집단을 어항으로 초대하고, 절차를 반복한다.

전문가 인터뷰
Ask the expert

- 전문가 인터뷰는 어항 토론 방식의 일종이나, 자유토론보다 더 깊이 전문영역을 탐색하고 자 하는 사람들에게 '전문가'들과 1:1로 대화할 수 있도록 해주는 것이다.

- 그룹의 요청에 따라 '전문가'인 구성원이 회의실 맨 앞에 앉는다. 누군가 질문을 던지면 전문가는 대답한다. 이 지점에서 퍼실리테이터는 질문자가 계속할 수 있도록 장려한다. 질문자들은 자기 의견을 말하거나 추가질문을 던질 수도 있다. 이 과정은 주로 3~5분 정도 걸리고, 특별한 퍼실리테이션을 필요로 하지 않는다.

- 절차는 반복될 수 있다. 그룹이 원하는 만큼 여러 차례 반복될 수 있으며, 전문가는 같은 사람일 수도 있고 새로운 사람으로 교체될 수도 있다.

- 비록 한 사람만 전문가로서 대화에 참여했지만, 다른 사람들도 자신들이 대화에 참여하고 있는 것 같은 자극을 받게 된다.

진행방법

1. 이 활동을 시작하기 전에 관심 있어 하는 주제에 대하여 확인한다. 이는 아젠다 계획자에 의하여 미리 준비되는 것이 좋다.

2. 전문가를 회의실 앞에 앉도록 요청한다.

3. 질문자 역할을 할 사람을 찾는다. 질문자가 나서면 시작한다. 만약 나서지 않으면 강요하지 않는다. 어떤 그룹에서는 퍼실리테이터가 자기들이 지지하지 않는 입장을 인위적으로 강요하고 있다고 느낄 수도 있다.

4. 일단 시작되면 거실에서 일어나고 있는 일상적인 대화처럼 취급한다. 그들 스스로 말할 수 있도록 그냥 놔두면 된다. (예외: 한 사람 또는 양쪽 모두 지나치게 긴장하여 경직되면 그들을 내려오게 한다.)

5. 4분이 지나면 1분 남았다고 예고한다.

6. 시간이 다 되면 다음 참여자를 신청 받는다. 시간이 허락될 때까지 반복한다.

뒤섞기
Scrambler

- 뒤섞기는 단일한 활동의 틀 안에서 많은 파트너들과 참여자들이 작업할 수 있도록 소그룹 활동을 조직하는 방법이다.

- 이 활동의 열쇠는 여러 라운드로 활동을 나누는 것이다. 각 라운드를 완료하면 각 하위 그룹의 구성원들은 서로 흩어져 새로운 하위 그룹을 만든다.

- 혼란을 피하기 위해 새로운 파트너를 찾는 방법을 명확하게 제시해 주어야 한다. 가장 좋은 방법은 한 사람을 시계 방향으로 다음 테이블로 보내고, 또 한 사람을 반시계 방향으로 보내는 것이다. 나머지 한 사람은 그 자리에 남는다. 만약 하위 그룹 활동이 3명을 초과할 경우에는 2명을 왼쪽으로, 2명을 오른쪽으로 보낼 수도 있다.

 진행방법

1. 3명으로 소그룹을 만든다. 그리고 소그룹 안의 있는 사람들에게 각자 1,2,3번의 번호를 부여한다.

2. 그들에게 역할을 부여한다. 활동을 자세하게 설명하면, 그에 따라 행동을 개시한다.

3. 시간이 다 되면 1번 사람이 일어서서 시계 방향으로 다음 그룹으로 이동한다.

4. 이번에는 2번 사람이 일어나서 반시계 방향으로 이동한다.

5. 3번 사람은 그 자리에 남는다.

6. 2단계를 반복한다. 각자에게 새로운 역할을 부여한다. 예를 들어, 이전에는 1번 사람이 경청자였다면 이번에는 2번 사람이 경청자가 된다.

7. 3단계부터 6단계까지 반복한다.

8. 전체 그룹으로 모여 디브리핑을 한다.

따로 또 같이(직소)
Jigsaw

- 따로 또 같이는 여러 이해관계자들이 처음에는 관심사가 같은 사람과 시간을 보내고 그 다음에는 관심사가 다른 사람들과 시간을 보낼 수 있도록 하여, 서로의 관점에 대하여 영향을 주고받을 수 있도록 설계된 소그룹 절차이다.

- 사람들은 전체 그룹에서 이 활동을 시작한다. 그리하여 회의의 전체 목적과 관련된 주요 주제를 정의한다.

- 그 다음에는 주요 주제 중 하나를 탐색하는 데 관심이 있는 사람들이 모여 소그룹을 만든다.

- 시간이 지나면 새로운 그룹으로 재구성되는데, 이때 새로운 그룹은 다른 이해관계 그룹에서 온 대표들로 구성된다.

- 새로운 그룹에서는 이해관계 그룹에서 이야기 나누었던 주요 아이디어들에 대하여 공유하고 논의한다.

🤟 진행방법

1. 작업할 주제를 확인한다.

2. 주제 안에서 관심 있을 만한 소주제를 마련한다.

3. 소주제의 관심에 따라서 소그룹을 형성한다. 이 이해관계 그룹에 적절한 과업을 부여한다. 예를 들면, "가장 다루기 힘든 이슈에 대하여 논의하시오."

4. 정해진 시간이 다 되면 새로운 그룹을 형성한다. 이 새로운 그룹에는 각 이해관계 그룹에서 적어도 한 명의 대표가 참여한다. 예를 들어, 만약 5개의 이해관계 그룹이 있었다면 각 새로운 그룹의 구성원은 5명이다.

5. 새로운 그룹에서는 이해관계 그룹에서 나누었던 논의에 대하여 공유하고, 필요하면 추가 논의를 진행한다.

6. 전체 그룹으로 다시 모여 활동을 디브리핑한다.

중앙 진입(변형된 어항 토론)
Enter the center

- 중앙 진입은 특화된 방식의 어항 토론이다. 이 방식은 다양한 이해관계자들이 의미 있는 대화에 참여할 수 있도록 지원하기 위해 수정된 것이다.
- 어항 토론처럼 회의실 중앙에 몇 명이 앉아서 대화하고, 다른 사람들은 외곽에 둘러 앉아 조용히 청취한다.
- 하지만 어항과 달리 외곽의 참여자들이 중앙에 진입할 수 있다. 누군가가 중앙 발언자에게 다가가 등을 두들기면, 발언자는 그 새로운 사람에게 자리를 내주어야 한다.
- 중앙 진입은 논란의 여지가 많은 이슈에 대하여 대화와 숙의를 할 때 특별히 유용하다. 이 프로세스가 다소 의식적 요소를 포함하고 있기 때문에, 참여자들은 그들의 차례가 돌아왔을 때 진지하고 열정적으로 발언하게 된다.

 진행방법

1. 의자를 두 겹 원으로 배열한다. 내부 원에는 각 이해관계 그룹에서 온 한 사람 또는 두 사람의 대표자가 앉는다. 퍼실리테이터도 함께 앉는다. 외부 원에는 모든 참여자가 앉을 수 있도록 충분한 의자를 배치한다.
2. 내부 원에 앉아있는 사람만 발언할 수 있음을 설명한다. 외부 원에 있는 사람들은 안에 있는 사람과 자리를 바꾸었을 때만 발언할 수 있다.
3. 각 이해관계 그룹으로부터 한 명 또는 두 명의 사람을 내부 원으로 초대한다.
4. 외부 원에서 발언을 원하는 사람이 있으면 내부 원에 있는 누군가에게 다가와 조용히 어깨를 두드린다. 한 번 이상 발언한 다음, (원할 경우) 앉아있던 사람은 외부 원으로 이동한다.
5. 제한시간을 명확하게 제시한다(일반적으로 60~90분이면 적당하다). 시작한다.
6. 퍼실리테이터는 대화 도중 진행 규칙이 어긋났을 때만 개입한다. 규칙이 어긋나지 않는 상황이면 스스로 움직이도록 놓아둔다.

속도의
변환

■ 산책 대화

두 사람씩 짝을 지어 밖으로 나간다. 30~45분 동안 걸으면서 주제에 대하여 논의한다. (주제는 모든 사람에게 같을 수도 있고 다를 수도 있다.)

■ 카페 나들이

가까이 있는 카페를 찾아 2명, 3명, 4명씩 서로 다른 테이블에 앉는다. 격의 없이 적당하다고 생각하는 사람에게 찾아간다.

■ 현장방문

그룹의 목적에 부합하는 우수 사례를 찾을 수 있도록 회사, 지역사회, 사회단체 및 기관 등을 방문하도록 시도한다.

■ 90분 이탈

하루 종일 회의할 때면 한 타임 정도는 회의실을 바꾸거나 혹은 가까이 있는 다른 장소로 이동한다. 길 건너 식당 같은 곳으로 회의 장소를 변경해 아젠다에 대하여 논의한다.

■ 동영상 보기

온라인상에서 대화에 영감을 줄 만한 비디오 한두 편을 찾는다. 노트북에 프로젝터를 연결하여 감상한다. 필요하면 팝콘도 제공한다.

■ 연사와 토론자

외부연사를 초청하여 그룹에게 교육을 제공하며, 토론자로 참여시킬 수도 있다. 섹션을 여는 것도 초청연사에게 맡길 수 있다. 긴 시간 동안 그룹으로 일하는 것은 고통스럽고 진이 빠지는 일이다. 이와 같은 참여 의형들은 새로운 육체적 움직임 또는 장면의 전환을 더해줌으로써 생산적인 에너지를 보충해주는 귀중한 방법이 된다.

참여 의형의
시작과 마무리

활동 소개하기

퍼실리테이터가 새로운 활동을 소개할 때, 많은 사람들은 자신들에게 요청하고 있는 행동에 대하여 주의 깊게 듣지 못한다. 부끄러움을 느낄만한 활동은 더욱 그렇다. 아래에 보여준 논리적 진행은 명확하고 견고하다. 그래서 주의가 산만하거나 자신에게 몰두하고 있는 사람에게도 그들이 기대하고 있는 바를 잘 파악할 수 있게 해준다.

 진행방법

1. 한 문장으로 목적을 기술한다.
   "우리가 다루고자 하는 이슈는 ...입니다."

2. 참여자를 조정한다.
   "잘 알지 못하는 사람끼리 짝을 지으시기 바랍니다."

3. 시끄러움이 잦아들 때까지 기다린다.

4. 절차를 요약한다.
   "두 명이 말하고, 한 명은 경청합니다."

5. 회의 규칙을 구체적으로 알려준다.
   "경청자가 되었을 때, 당신은 ..."

6. 활동에 부여된 제한시간을 알려준다.
   "이 활동은 ... 동안 하시게 됩니다."

활동 후 디브리핑 하기

목록 적기, 소그룹 나누기 등과 같은 구조적 활동은 일반적으로 폭넓은 관점을 생산해낸다. 구조적 활동을 완료하면서 전체가 모여 그 논의한 것에 대한 성찰의 시간을 갖는 것은 의미가 있다. 이 시간을 통하여 사람들은 이렇게 고백한다. "저는 그 이슈에 대하여 그렇게 많은 관점이 있을 수 있다는 것을 몰랐습니다." 또는 "저는 이것이 왜 문제인지 이제야 이해하게 되었습니다."

그룹이 분리되어 활동하던 사람들이 이러한 시간을 갖는 것은 매우 중요하다. 이는 그들이 전체 그룹에서 함께 논의할 수 있는 환경을 회복해주기 때문이다. 나아가 그룹 본래의 모습, 즉 그들 모두가 '통일된 하나'라는 정체성을 상기시켜준다.

 진행방법 ─────────────────────────

1. 시작하기 전에 다음과 같은 질문을 던진다. 어떤 질문을 선택해도 상관없다.

이제 [주어진 활동]이 마무리 되었다.

- 어떻게 진행되었나요?
- 알게 된 것은 무엇인가요?
- 무슨 걱정이 생기셨나요?
- 어떤 감정이 들던가요?
- 이 그룹에 대하여 알게 된 것은 무엇인가요?
- 우리의 성공에 대한 전망은 어떻습니까?
- 새롭거나 신선한 것을 들은 바가 있나요?
- 그렇게 많은 관점을 들으셨는데, 어떻게 하시겠습니까?

2. 몇몇 참여자에게 대답을 요청한다. 또는 모든 사람의 반응을 들을 수 있도록 '한바퀴'를 시행한다.

3. 2단계를 마치면 아젠다의 다음 항목으로 이동한다. 혹은 "다음엔 무엇을 하면 좋을까요?" 라는 질문을 던져, 그룹 내에서 상의하게 한다.

효과적인 아젠다: 설계 원칙

회의 계획을 정의하고 순서화하고 소통하는 프레임

아젠다를 엉망으로 만드는 방법

1. 분 단위로 아젠다를 작성하고, 회의가 정시에 시작할 것이라고 가정한다.

2. 회의에 참석하는 사람들이 회의 목적을 정확하게 알고 있을 것이라고 가정한다.

3. 회의 후반부에 무엇을 할 것인지는 회의 전반부에 찾는다.

4. 프레젠테이션과 같은 발표 자료나 분석 도표 등을 사용하며 참여자의 흥미를 유지한다.

5. 어렵고 중요한 이슈를 다루는 아젠다가 있을 때는 쉬는 시간이나 점심시간을 줄여 효율을 높인다.

6. 중요한 이슈에 대하여 정서적인 어려움이 예상될 때는 마지막에 더 잘 풀릴 것을 예상하여 마지막으로 미룬다.

7. 모든 사람은 회의 주제를 고수하기 원하기 때문에 새로운 이슈 제기도 하지 않을 것이라고 가정한다.

8. 아젠다가 너무 꽉 채워진 경우, 시간을 넘길 것이라고 가정하지만 누구에게도 미리 말하지 않는다. 사람들은 때때로 압박 상황에서 좋은 생각을 내놓는다.

9. 유연성을 지키기 위하여 아젠다를 써놓지 않는다.

10. 아젠다를 설계하는 데 시간을 낭비하지 않는다. 어차피 예상대로만 흘러가지는 않는다.

효과적인
아젠다의 구성

효과적인 아젠다 설계의 요소

회의는 3가지의 요소로 구성된다. 논의할 주제, 각 주제별 기대하는 결과, 기대하는 결과를 이루어가는 절차가 그것이다. 이 3요소가 회의 설계의 초석이라 할 수 있다.

논의하게 될 각각의 주제들은 회의에서 다루게 될 각 섹션으로 분리된다. 예를 들어, 어떤 회의가 3개의 주제를 다룬다면(마케팅 이슈, 채용 이슈, 예산 이슈) 각 주제는 분리되어 논의되고, 따라서 서로 구분되는 섹션을 두는 것이 필요하다.

기대 결과는 각 주제별 섹션마다 갖는 회의의 목적을 말한다. 예를 들어, '마케팅 이슈'라는 주제를 다루는 섹션의 기대 결과는 '새로운 웹사이트 개발 계획'이 될 수 있다.

절차는 기대 결과를 얻기 위하여 행하게 되는 활동 또는 일련의 활동들을 지칭한다. 이러한 활동에는 브레인스토밍, 범주화, 토론, 그 외의 다양한 것들이 포함된다.

아젠다의 논리적 설계

	섹션1	섹션2
주제	새 본부 이사 계획	안내원의 채용과 고용
결과	단계별 추진사항 정리	직무기술서 확인 채용책임자 선정
절차	1. 브레인 스토밍 2. 우선순위화 3. 그룹별 토론 – 추진사항 정리 4. 전시 및 관람 5. 자유토론 6. 의사결정	1. 지난 해 서류 검토 2. 변화의 제안 3. 결정 4. 채용책임 희망자 확인
	2시간	10~15분

아젠다 설계자가 해야 할 핵심적인 일은 각 회의 섹션마다 3개의 벽돌을 논리적으로 잘 쌓는 것이다. 다음과 같은 질문에 답해 가면 좋은 설계를 해낼 수 있다.

1. 주제: 해결하고자 하는 주제가 무엇인가?

2. 결과: 각 주제별로 얻고자 하는 결과가 무엇인가?

3. 절차: 그 결과를 얻는 데 필요한 가장 바람직한 활동(또는 일련의 활동들)은 무엇인가? 각 활동에 드는 시간은 얼마나 되는가?

이 논리적 모델을 잘 만들어가는 과정은 쉽지 않다. 그러나 이 과정은 생산적인 회의와 쓸모없는 회의를 구분하는 중요한 갈림길이 된다. (11장에서는 결과를 위한 개념과 도구를, 12장에서는 절차 설계를 위한 개념과 도구를 제시하고 있다.)

섹션의 세분화

제목 (예: "오늘의 아젠다")

1. 개회 방법(예: 국민의례, 아이스브레이킹)
2. 간단한 안건
3. 한두 가지의 실질적 섹션
4. 쉬는 시간(2시간 이상의 회의인 경우)
5. 한두 가지의 실질적 섹션
6. 폐회

회의 설계자가 회의의 각 섹션을 위한 논리 모델을 형성한 후, 이어서 하게 되는 일은 섹션 안에서의 순서를 정하는 일이다. 위 그림은 그 일반적인 접근방법 중 하나이며, 이어서 6개의 예를 제시해 줄 것이다.

아젠다 예시 1

간단한 안건과 주요 주제

1. 등록과 아젠다 검토
2. 간단한 안건
3. 첫 번째 주요 주제
   - 오늘의 회의 목적 소개
   - 회의 절차 설명
   - 주제를 다루는 실제 과정
   - 추진계획 확인

   – 휴식 –

4. 두 번째 주요 주제
   - 오늘의 회의 목적 소개
   - 회의 절차 설명
   - 주제를 다루는 실제 과정
   - 추진계획 확인
5. 회의 평가

이 형식은 같은 날 몇 개의 주제에 대하여 의사결정을 내려야 하는 상시적인 경영진의 회의에 적합하다.

시간 배분

간단한 안건은 30~45분 정도의 시간을 할애한다. 각 이슈마다 제기-처리 방식으로 다룬다. 각 주요 주제는 30분 또는 그 이상 다루게 되며, 그래서 두 개 이상의 주제를 다루는 회의는 일반적으로 2.5시간 정도로 설계한다. 주요 주제는 간단한 안건보다는 주의력이 집중되도록 설계한다. 회의는 가장 쉬운 간단한 안건으로 시작하는 것이 바람직하다.

아젠다 예시 2

간단한 안건 / 주요 행사

1. 등록과 아젠다 검토
2. 간단한 안건
3. 주요 행사
    – 오늘의 회의 목적 소개
    – 회의 진행 절차 설명
    – 진행
    – 90분마다 짧은 휴식
    – 목적 달성 때까지 계속
4. 추진 계획
    – 추진 항목 확인
    – 각 항목마다 담당자, 추진내용, 기한 확정
    – 오늘 논의 결과를 전달할 필요가 있는가? 무엇을 어떻게 전달하는가?
5. 회의 평가

목적이 뚜렷하지만 풀기 어려운 이슈를 다루는 회의에 잘 적용된다. 전략 수립, 연간 예산 수립, 일정 인원 감원 등이 그 예가 된다. 이런 종류의 회의에서는 충분히 생각할 수 있는 절차를 설계하는 것이 필요하다.

시간 배분

이 회의는 일반적으로 한 섹션마다 3~6시간 정도의 시간이 소요된다. 이 프로젝트는 몇 주에 걸쳐서 이루어질 수도 있다. 간단한 안건에는 1인당 5~7분 정도의 시간을 배분하는 것이 좋다. 마무리 되지 못한 이슈는 옆에 메모해 두었다가 별도로 만나거나 다음 회의에서 다룬다.

아젠다 예시 3

이전 안건 / 새 안건

1, 전기 회의록 채택

2. 알림과 보고사항

3, 이전 안건
- 이전 회의측에서 미루어진 항목들을 찾아, 가장 오래되고 두드러진 항목부터 시작
- 항목을 다루거나 다시 미룸
- 이전의 모든 안건은 다루거나 미룰 때까지 지속함

4. 새 안건
- 미리 새 안건 항목을 아젠다에 올림
- 모든 새 안건을 다루거나 다음 회의로 미룸

5. 회의 평가

'로버트의 규칙'의 축약형인 이 형식은 자원봉사 조직, 특히 이사회에서 사용하기에 적합하다. 회원들은 상근직이 아니기 때문에 회의와 회의 중간에 이슈에 대하여 깊이 생각할 시간을 갖지 못한다. 그러므로 이전 회의의 회의록이 아젠다 구조의 주요 도구로 활용된다.

시간 배분

이 회의는 이전 안건과 새 안건을 모두 다룰 때까지 지속된다. 그리고 시간의 제약이 있기 때문에 많은 항목을 다음으로 미루는 경향이 있다.

아젠다 예시 4

일괄 상정 후 개별 처리

1. 등록
2. 안내
3. 오늘의 안건 목록
    - 모든 항목 나열
    - 우선순위 정하기
    - 최우선 항목부터 시작
    - 기대 결과의 명확화
    - 논의가 종료되면 다음 절차 확인 및 기록
    - 시간이 다 되거나 모든 항목을 다룰 때까지 지속
4. 다음 단계 검토
5. 회의 평가

이 형식은 대부분의 업무가 간단명료한 일상적인 직원회의에서 자주 활용된다. 미리 설계할 필요가 없고, 기대 결과도 회의 도중에 확인해가며 할 수 있다. 복잡한 이슈는 이러한 방식의 회의에서 결정하기가 어렵다.

시간 배분

이러한 형식의 회의는 대체로 1시간 이내로 진행된다. '오늘의 안건 목록'은 주로 45분 정도로 잡는 것이 좋다.

아젠다 예시 5

안건 수에 따른 시간 할당

1. 등록
2. 안내
3, 직원 1의 모든 이슈
4. 직원 2의 모든 이슈
5. 직원 3의 모든 이슈
6. 다음 단계 검토
7. 회의 평가

참여 그룹들 간에 서로 다른 업무 영역이 있을 때 유용하다. 새로운 정보를 공유하거나 의사결정을 할 때에도 사용된다. 그러나 이 방식이 효과적이 되려면 구성원들이 제기한 안건에 대하여 미리 기대 결과를 제시해 놓는 것이 좋다.

시간 배분

참여자들에게 시간을 얼마나 할애할지는 각 그룹이 자체적으로 정한다. 누군가 시간이 더 필요하다고 요청하지 않는다면 동등하게 배분한다.

아젠다 예시 6

상황 보고

1. 등록
2. 안내
3. 상황 보고
   각 프로젝트별 보고
   – 프로젝트의 전체 목적과 현재의 목표 요약
   – 지난 회의 이후 발생한 주요 사건 보고
   – 지난 회의 이후 수행한 모든 행위 항목 열거
   – 각 항목별로 수행한 것과 수행하지 못한 것 보고
   – 현장 질의응답
   – 새로운 행위 항목 열거 (필요시 논의)
4. 회의 평가

프로젝트 팀에게 유용한 회의 방법이다. 서로 독립적으로 일하면서 하나의 프로그램을 추진할 때, 서로의 상황을 공유해야 하는 구성원들의 회의에도 유용하다.

시간 배분

상황 보고는 보고 하나 당 10~15분 정도가 적당하다. 그 시간 중 반은 토론으로 활용한다. 회의는 1시간 이내로 마치며, 사람마다 두세 차례 회의 중 한 번씩은 보고를 하도록 한다.

회의 계획의 효과적인 안내

> ### 6월 15일 아젠다
>
> 1. 준비회의
> 2. 보고
> 3. 주제 1
> 4. 주제 2
> – 휴 식 –
> 5. 주제 3
> 6. 주제 4
> 7. 후속 조치

회의 설계에서 중요한 것 중 하나는 아젠다를 문서화하는 것이다. 간단히 말하면, 아젠다는 서로가 잘 이해하도록 만들어져야 한다. 사람들은 이해하지 못한 계획을 실천할 수 없다. 회의가 시작되면 참여자들이 수많은 심리적 이슈에 노출되기 때문에, 그들을 회의에 충분히 집중시키는 데 어려움이 있다. 그러므로 아젠다는 단순하면서도 명료하고 쉽게 이해할 수 있도록 문서화해야 한다.

위에 보여준 그림은 매우 일반적인 예로서, 명료하고 단순한 아젠다의 여러 가지 면을 보여주고 있다.

- 제목과 날짜가 제시되어 있다.
- 회의 시작이 표시되어 있다. 예: "준비회의" 또는 "개요 설명"
- 섹션마다 주제가 순서에 따라 명기되어 있다. (회의 리더가 다른 섹션과의 맥락 속에서 각 섹션의 논리 모델을 설명하게 될 것이라는 가정이 깔려 있다.)

- 휴식 시간이 표시되어 있다.
- 회의 종료가 표시되어 있다. 예: "다음 단계" 또는 "폐회 선언"

아젠다 설계에서의
역할 분담

퍼실리테이터	회의 담당자
아젠다 설계에 필요한 시간을 확보하는 것이 중요하다는 것을 설명한다.	회의 아젠다 설계에 시간을 얼마나 투자할지를 정한다.
회의 담당자에게 가능한 모든 주제의 목록을 나열하도록 요청한다.	가능한 회의 주제를 생각해 보고 실제로 포함시킬 것을 확정한다.
각 주제별로 전반적인 목적을 설정하도록 회의 담당자에게 요청한다.	각 주제에 대한 전반적인 목적을 찾아본다.
각 주제별로 회의 목적을 정의하도록 회의 담당자에게 장려한다.	아젠다의 각 주제에 대한 회의 목적을 확정한다.
회의의 각 섹션마다 그룹의 참여를 이끌 사고 활동을 제안한다.	퍼실리테이터의 제안을 고려하여 득실(시간 대비 회의의 질)을 판단하고 각 섹션을 결정한다.
전체 시간을 고려하여 초벌 아젠다를 통합한다.	초안을 수정하고 최종 아젠다를 검증한다.
회의에서 아젠다를 발표하지 않는다. (회의 담당자가 결과물의 소유자다.)	회의에서 아젠다를 발표하고 각 항목마다의 목적을 설명한다.

아젠다 설계 시
참여자의 역할

전체 아젠다를 참여자가 설계하는 경우

아무도 회의 아젠다를 미리 설계하지 않은 상황에서 회의 직전에 구성원들이 스스로 설계하고자 할 때,

1. 잠재적인 아젠다 주제를 나열한다.

2. 주제의 우선순위를 정한다.

3. 최우선 과제에 대하여 기대결과를 정한다.

4. 자유토론으로 진행할지, 소그룹으로 토의할지 등 그 주제에 대한 절차를 수립한다.

5. 주제에 대하여 논의한다.

6. 시간이 충분하면 3~5번을 반복한다.

회의 설계자가 함께 하는 경우

몇몇 그룹이 주제를 선정하는 것은 원하지만 주제를 다루는 세부 절차는 설계자에게 맡기려할 때,

1. 회의 말미에 또는 회의를 마친 후 구성원이 이메일로 다음 회의의 주제를 제안한다.

2. 설계자는 각 주제의 기대 결과를 정하고, 필요한 경우 다른 구성원에게 전달한다.

3. 설계자는 각 주제의 절차 설계에 온전한 책임을 진다.

4. 아젠다를 미리 게시하고, 아젠다에 대한 의견을 청취한다.

사전 계획된 아젠다를 승인하는 경우

회의 시간의 제약이 있지만 그룹은 여전히 높은 수준의 합의를 원할 때,

1. 회의를 시작할 때 아젠다를 게시하거나, 시작 전에 아젠다를 미리 배포한다.

2. 각 개인에게 회의를 진행해도 좋은지를 묻고, 모든 사람들에게 확인을 받는다.

3. 만약 변경할 것을 제안 받으면 이에 관한 의사결정을 퍼실리테이션한다. (이는 나중에 생길 수 있는 심각한 분쟁을 예방할 수 있다.)

4. 게시된 아젠다에 새로운 합의사항이 보이도록 표시한다. 승인되었으면 회의를 진행한다.

아젠다 설계의 원칙

아젠다는 두 개의 목적을 지닌 도구이다. 한 편으로는 회의를 성공으로 이끄는 구상으로서, 회의가 어떻게 풀려 나갈지를 설명하는 이론이다. 이는 회의 부분들을 체계적으로 순서화하는 것이 된다. 각 부분은 자신의 논리 모델을 가지고 있다. 주제, 하나 또는 그 이상의 결과, 결과에 다다르게 하는 절차 등이 그것이다. 다른 한 편으로는 성공을 이루기 위한 구상을 참여자와 공유하기 위하여 만든 문서이다. 그러므로 아젠다는 이해하기 쉽도록 명료하고 단순해야 한다.

이 두 가지 목적을 기억하면서, 효과적인 아젠다를 만들기 위한 설계 원칙을 다음과 같이 단계별로 제시한다.

아젠다 설계

1 단계: 누가 아젠다를 설계할지와 다른 참가자들로부터 어떻게 의견을 들을지를 정한다.

2 단계: 회의에서 논의할 주제를 확인한다.

3 단계: 각 주제별 기대 결과를 정의한다. (제11장 참조)

4 단계: 그룹이 각 주제별 기대 결과를 얻어낼 수 있도록 절차를 만든다.

5 단계: 회의의 각 섹션마다 논리 모델을 만들어내는 첫 3단계를 완성한다. 회의가 잘 진행될 수 있도록 섹션들의 순서를 정한다.

6 단계: 성공을 위한 구상을 참여자와 공유할 수 있도록 간략하고 명료한 문서를 만든다.

    - 인쇄 또는 차트

- 페이지의 제목을 붙인다.

- '안내와 개요' 또는 '회의 시작' 같은 짧은 어구로 개회 명칭을 단다.

- 원활한 진행 순서를 고려하여 주제에 따라 섹션 목록을 적는다.

- 휴식시간이 있는 경우 표시한다.

- '다음 단계' 또는 '폐회사' 같은 짧은 어구로 회의 종료를 표시한다.

MEMO

효과적인 아젠다: 기대 결과

목적을 정하기 위한 개념과 기법

전체 목적과
회의 목적

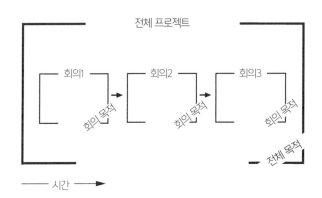

이 그림은 "다중 시간 프레임 지도multiple time frames map"●라 불리는 것으로, 단기 목적을 품은 장기 목적을 묘사하기 위해 고안된 그림이다.

● 이 그림은 "이정표 지도(Milestone Map)"라고도 불린다. (See S. Kaner and D. Berger, *Roadmaps for Strategic Change*, unpublished manuscript, 2006.)

보는 것처럼 한 프로젝트의 전체 목적은 일련의 여러 회의를 통해서 이루어지게 된다.

각각의 회의는 전체 프로젝트의 목적을 향해 진행되도록 연결되어 있다. 그러나 여전히 각 회의들은 두세 가지의 회의 목적을 달성하기 위한 별개의 회의로 보이게 된다.

이 장에서는 이러한 회의 목적들을 명확하고도 현실적으로 정의해줄 것이다. 그럼으로써 단일 회의 시간 안에서 이루어야 할 목적을 알고 또 달성하도록 도와줄 것이다.

이 주제에 관한 전체 목적
이 주제를 모두 다루었을 때 우리가 얻고자 하는 최종 결과는 무엇인가?

이 주제에 관한 회의 목적
각각의 회의에서 이 주제에 관하여 얻고자 하는 명확하고 특정한 목적은 무엇인가?

회의를 설계하는 데 있어서 아젠다 상의 각 주제별 기대 결과를 정의하는 것은 가장 어려운 작업이다. 이것이 어려운 것은 같은 주제 아래에서 회의 목적과 전체 목적의 차이를 구분해야 하기 때문이다.

1차 회의에서의
전체 목적과 회의 목적

사례연구

인기가 많은 한 지역 스포츠용품점이 전국에 5개에서 100개로 급속히 늘어나는 성장을 했다.

전에는 인사에 관한 업무를 모두 한 명의 인사담당자가 관리해 왔다. 하지만 이제는 인사 담당 부서를 두어 체계를 갖추려고 한다.

새로운 인사부서를 설계하기 위하여 회사의 소유자는 인사 분야 컨설턴트와 함께 프로젝트팀을 구성하였다.

그리고 그들에게 다음 세 가지의 주제 영역을 해결하도록 책임을 부여했다.

- 부서의 기능
- 충원
- 예산

회사의 소유자는 또 이 세 영역에 대한 전체 목적을 지정해 주었다.

부서의 기능에 관해서는 인사 목적, 역할, 주요 제도의 정의를 전체 목적으로 잡았다.

충원에 관해서는 인사부서장과 직원에 대한 채용 및 고용을 전체 목적으로 잡았다.

예산에 관해서는 현실성 있는 첫 해 예산 수립을 전체 목적으로 잡았다.

팀의 첫 회의는 다음과 같이 진행되었다.

부서의 기능에 대해서는, 인사부서가 책임져야 할 주요 의무와 서비스가 무엇인지 슬라이드를 준비하여 설명하였다.

충원 부분에 대해서, 컨설턴트는 우선 부서장 채용에 집중할 것을 권유하였다. 참여자들은 이에 동의하고, 부서장 채용계획의 초안을 만들었다.

예산에 대해서는, 컨설턴트가 주요 지출항목을 설정하고, 실제 비용이 어느 정도 소요될지에 대하여 팀원들을 각 지출항목별로 나누어 조사하게 하였다.

참여한 모든 사람은 회의가 잘 기획되고 생산적이었다고 느꼈다.

주제	전체 목적	회의 목적
부서 기능	인사의 목적, 역할, 주요 제도의 정의	주요 인사 서비스와 의무를 팀원에게 소개
충원	부서장과 직원의 채용 및 고용	인사부서장의 선발 계획 초안 수립
예산	현실성 있는 첫 해 예산 수립	주요 비용 조사 업무를 개개인에게 할당

후속 회의에서의
전체 목적과 회의 목적

사례연구

3개월 후, 인사부서 설계팀은 과제해결의 중간지점에 이르렀다.

지금까지 대부분의 업무는 각자가 책상에서 읽고 쓰고 전화하면서 이루어졌다.

하지만 팀은 매주 한 시간씩은 만나서 회의를 했으며, 부득이 자리에 없는 팀원은 전화회의로 참여했다. 그리고 한 달에 한 번은 문제해결과 의사결정을 위한 회의를 반나절 정도 진행했다.

이것은 그 월례회의 이야기다.

예전과 같이 중점을 두고 있는 세 개의 주제 영역별로 아젠다가 정리되어 있었다.

부서 기능에 관해서는, 직무분류, 고용, 승진, 퇴임, 복리후생과 같은 몇 가지 주요 기능에 관한 데이터 시스템을 설계하기 위해 외주업체와 계약을 앞두고 있었다. 이번 회의에서는 낮은 가격에 더 많은 서비스를 제공해 주는 회사가 어디일지 심사할 것이다. 제안 업체 중 최종 후보군에 오른 업체는 오라클, 피플소프트,

그리고 한 창업회사이다. 이번 회의의 목적은 계약업체를 최종 선정하는 것이다.

충원에 관해서는, 각 역할에 따른 직무기술서를 만드는 일에 훌륭한 진전이 있었다. 이제 모든 사람의 동의를 얻는 훌륭한 부서장을 찾아 채용할 때가 되었다. 오늘 회의 말미에는 헤드헌터에게 넘겨줄 부서장의 직무기술서를 확정하고, 이를 헤드헌터에게 넘겨주어 인재를 구할 수 있도록 준비시켜야 한다.

예산 쪽은 가장 많은 진전이 이루어졌다고 판단되는 영역이다. 예산안이 2주 전에 회사 부사장에게까지 회람되었고, 의견도 수렴되었다. 오늘 회의에서는 회람을 통해 제기된 의견을 반영하여 예산안을 수정하였다.

이번 회의 역시 별일 없이 잘 마무리 되었고, 참석자들은 잘 준비된 회의에서 매끄러운 결과를 만들어 가는 것에 자부심을 가지게 되었다.

주제	전체 목적	회의 목적
부서 기능	인사의 목적, 역할, 주요 제도의 정의	주요 데이터 시스템 설계 업체 선정 승인
충원	부서장과 직원의 채용 및 고용	헤드헌터에게 넘겨줄 인사부서장의 직무기술서 완성
예산	현실성 있는 첫 해 예산 수립	예산안에 대한 부사장의 의견 정리 및 수정안 논의

회의 목적의
7가지 유형

주어진 어떤 주제에 대한 '회의 목적'이란, 본 주제에 대해 한 회의에서 다루게 되는 특정하고도 범위가 좁혀진 하위 목적을 말한다.

회의 목적은 7가지로 나눌 수 있다. 예를 들어 '내년 예산'이라고 말할 경우, 전체 목적은 '예산 확정'이 된다. 각각의 회의에 대해서는 이 7가지 중에 어떤 목적에 해당하는지를 생각해 보고, 좁혀진 회의 목적을 설정해야 한다. 다음 페이지에 자세한 설명이 나와 있다.

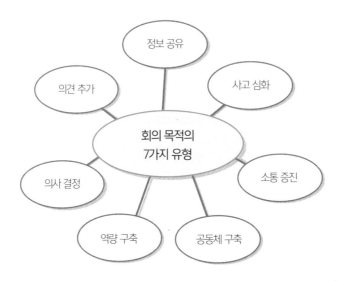

회의 목적 7가지 유형의 예시

'내년 예산'이라는 주제로 활동하는 대규모 프로젝트팀이 있다고 가정해 보자. 이때 전체 목적은 '내년 예산안의 확정과 승인 획득'이라 할 수 있다. 프로젝트 관리자의 입장으로 각각의 회의들을 생각해 볼 때, 어느 시점이 되면 회의는 예산을 다루게 될 것이다. 이에 7가지 목적에 따른 회의 상황을 다음의 예시를 통해 살펴보고자 한다.

회의 목적 유형	예시
정보 공유	지난 3년간의 연간 예산으로부터 주요한 숫자와 가정들을 검토하여, 모든 사람이 과거 예산의 결정사항에 대해 새롭게 이해하도록 돕는다.
사고 심화	20~30%의 비급여 항목 예산을 줄일 경우 생길 수 있는 3개의 시나리오를 만든다.
의견 추가	다음 중 어느 것이 좋을지에 대하여 의견과 정당성을 듣는다. (가) 지출 축소, (나) 수익 증대, (다) 두 가지 모두
의사결정	지출에 관하여 아래 사항 중 하나를 확정한다. (가) 지난해보다 축소, (나) 축소하지 않음, (다) 확대 전망
소통 증진	심각한 예산기획의 오류에서 발생했던 절망적 분위기를 걷어낸다.
역량 구축	예산에 적합한 회계 원칙에 대하여 그룹 전체를 몇 시간 교육한다.
공동체 구축	비용 절감 방법을 제시한 사람에게 저렴하면서도 재미있는 상품을 주거나 축하 사진을 게시하는 방법 등으로 축하한다.

회의 목적 1. 정보 공유

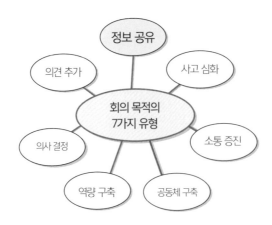

보고사항이나 발표자료를 누군가 발표할 때 그의 회의 목적은 '정보 공유'가 된다.

예시

프로젝트팀은 예산에 관한 업무를 막 시작하려고 한다. 그들의 전체 목적은 '프로젝트 예산 확정'이다. 이 목적을 달성하기 위하여 프로젝트 관리자는 세 번의 후속 회의를 통하여 예산에 관한 논의를 하게 될 것으로 예상하고 있다. 첫 회의에서 프로젝트 관리자는, 이 회사에서 프로젝트 예산이 어떻게 수립되는지를 모든 사람들에게 이해시켜주려 한다. 그의 계획은 지난해의 프로젝트 예산 중에서 참고가 될 만한 것 세 가지를 사람들에게 비교 자료로 보여주는 것이다.

주의사항

정보를 공유하고자 하는 사람은 정보를 공유하는 최선의 방법이 무엇인지를 생각해 볼 것이다. '슬라이드? 그래픽? 유인물? 나한테 주어진 시간은?' 그는 이와 같은 질문을 던지면서, 정보를 수신하는 사람을 청중으로 바라보게 된다. 그런데 대부분의 구성원들도 비슷한 생각을 가지고 있다. 그들은 스스로를 '발표자가 하는 말을 듣는' 청중일 뿐이라고 생각하는 것이다. 그 결과로 멍한 무기력으로 가득찬 분위기가 만들어지게 될 것이다. 그러나 실제 상황에서 이러한 '발표자-청중'의 사고방식은 도움이 되지 않으며 옳지도 않다. 일터에서 정보가 공유될 때, 수신자는 단지 수동적인 청중이 아니라 정보의 최종 사용자이다. 회의의 설계자가 이 사정을 안다면, 그는 이 기회를 달리 활용할 수 있다. 짤막한 짝꿍 대화를 시도하거나, 들은 내용을 요약해 보도록 요청할 수도 있다. 그렇게 하면 그들은 자기들이 얻은 정보를 필요할 때 적절히 사용하게 된다.

회의 목적 2. 의견 추가

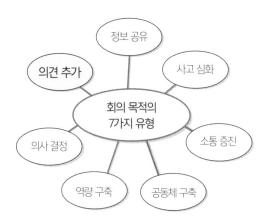

누군가 그룹으로부터 피드백이나 제안을 받는다면, 그에게 요구되는 것은 단지 의견을 더해달라는 것일 뿐, 어떤 결정을 내려달라는 것이 아니다. 그러므로 이때의 회의 목적은 '의견 추가'가 된다.

예시

앞 페이지의 예시를 이어서 보자. 그 프로젝트팀은 예산에 관한 일을 하고 있다. 이때 전체 목적은 앞에서 말한 것처럼 "프로젝트 예산 확정"이다. 그러나 이 회의에서 예산 기획자는 다른 회의 목적을 가진다. 그는 세 개의 예산 시나리오에 대한 사람들의 반응이 궁금하다. 그래서 팀원들의 의견을 구하게 된다. 그들이 결정을 내려주기를 바라는 것은 아니다.

주의사항

참여자가 의사결정이 아니라 의견 추가를 요청받고 있다는 것을 안다면, 그는 다른 사람을 설득하는 데 시간을 많이 들이지 않을 것이다. 하지만 내용을 잘 아는 사람들은 타인에게 영향을 주려고 한다. 대체로 리더들이 그렇다.

때때로 참여자들은 의견 추가가 목적인 것을 모르고, 의사결정을 하는 자리에 초대된 것으로 착각을 한다. 그래서 그들은 비판과 토론에 노력을 기울이면서 타인의 지지를 얻어내려고 한다. 그런 사람들은 리더가 여러 의견들을 청취한 후에도 일방적으로 의사결정을 하게 되면 좌절감과 자괴감을 느낀다. 스스로 의사결정에 참여한 것으로 착각했기 때문이다. 이때 일반적으로 나타나는 반응은 "의견을 반영하지도 않으려면 뭐하러 물어보는 거야?" 같은 불만이다. 하지만 이런 불만은 예방할 수 있다. '의사결정'이 아니라 '의견 추가'가 회의의 목적임을 미리 밝혀놓으면 된다.

회의 목적 3. 사고 심화

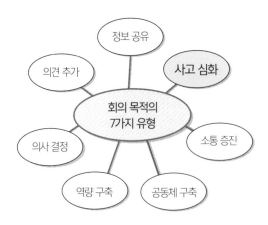

대부분의 프로젝트는 몇 개의 단계를 거쳐 이루어진다. 그리고 각 단계에는 일련의 사고 단계가 포함되는 것이 일반적이다. 그러나 사고의 심화는 한 번에 한 단계씩 이루어진다. 이러한 원리를 아는 설계자는 현실적이고도 유용한 목적을 보다 정밀하게 만들어낼 수 있다.

예시

다음은 회의에서 사고를 심화시키는 간단한 방법을 보여준다.

- 문제를 정의한다.
- 문제를 분석한다.
- 근본원인을 확인한다.
- 내재된 패턴을 확인한다.
- 주제별로 의견을 정리한다.
- 의견을 평가한다.
- 흐름도를 작성한다.
- 핵심가치를 확인한다.
- 이정표 지도를 그린다.
- 업무의 세분화를 시도한다.
- 자원분석을 시도한다.
- 위험분석을 시도한다.
- 우선순위에 따라 항목을 재정리한다.
- 핵심 성공요인을 찾아낸다.
- 선언문을 편집하고 문구를 다듬는다.

주의사항

이 목적을 가진 회의에서는 참여자들이 몰두하여 사려 깊은 행동을 할 가능성이 매우 높다. 그러므로 특정한 목적을 논리적으로 정의하는 것이 당연히 중요하다. 예를 들어, 문제가 명확하게 정의되어 있지 않으면, 논리적으로 가능한 해법을 찾아내는 것이 어렵게 될 것이다. 그리고 목적을 명료하게 전달하는 것도 중요하다. 또한 회의의 목적이 사고를 진전시키는 것이지 의사결정을 하는 것이 아니라는 점도 명확히 해야 한다. 이와 같은 조건이 충족되면, 많은 사람들은 대화를 즐겨가면서 생산적으로 두뇌를 활용하게 될 것이다.

회의 목적 4. 의사결정

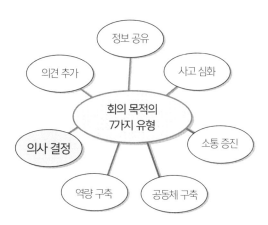

어떤 의사결정은 쉽게 이루어지고, 어떤 의사결정은 매우 어렵게 이루어진다. 하지만 어떤 경우든, 특정 이슈를 마무리 짓고자 한다면 그 회의 목적은 '의사결정'이다.

예시

단순한 의사결정은 주로 생각하기에 쉬운 것들이다. 위험의 정도가 낮아서일 수도 있고, 단순하고 친숙한 것이어서 결과를 예측하기가 쉽기 때문일 수도 있다. 예를 들어, 대부분의 예산기획 과정은 진행 중인 프로그램과 보수를 확인하는 정해진 업무로 되어 있다. 이러한 경우는 대체로 분석과정을 거칠 필요 없이 빠르게 결정된다. 반대로 어려운 결정은 그 프로젝트가 불확실하거나 경쟁적인 대안이 있어서 많은 독립변수들이 작동하는 경우이다. 예를 들어, 예산을 삭감하거나 보수를 줄이는 작업을 할 때에는 일반적으로 더 많은 분석을 하거나 여러 가지 사항들을 세심히 살펴보게 된다.

주의사항

이때 해야 할 질문은 "의사결정에 어떤 규칙을 적용할 것인가?"이다. 단순한 결정에 대해서는 권한 있는 1인이 하거나, 다수결로 결정하거나, 전체 그룹의 합의에 의하여 결정하거나 별로 문제가 되지 않는다. 쉬운 결정에서는 어느 방법을 쓰더라도 정서적 분리가 크지 않고, "그래 한 번 해보자."라는 태도가 작동하게 된다. 그러나 어려운 사안에 대한 결정에서는 그룹의 행동이 크게 달라진다. 만약 리더가 결정자라면, 사람들은 자신의 실제 생각을 숨기고 한 발 뒤로 물러선다. ("핵심이 뭡니까?"라는 말은 거의 하지 않는다.) 반면 전체 그룹이 합의에 도달해야 하는 경우에는 으르렁 지대에 들어갈 준비가 되어 있다. 어려운 이슈를 결정해야 하는 사람들은 복잡한 사안에 대해 서로 이해를 공유해야 한다는 부담을 지니게 된다.

회의 목적 5. 팀 소통 증진

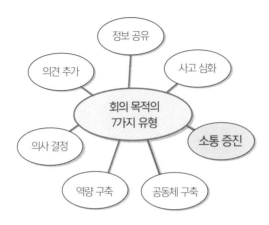

회의 설계자가 그룹 구성원들의 정서적인 공감과 관계성에서의 긴장을 다룸으로써 업무 협력을 강화하려고 한다면, 이때의 회의 목적은 '팀 소통 증진'이 된다.

예시

프로젝트팀이 중요한 마감기한을 놓쳤다. 스폰서가 팀원들을 불러 그들의 성과에 대하여 불쾌감을 표시할 수밖에 없는 지경이 되었다. 모두 조용히 자리에 앉았다. 누군가가 데이터 담당자의 잘못을 책망했다. 어떤 이들은 비현실적인 스케줄을 잡은 프로젝트 관리자를 탓했다. 나머지는 실패한 원인에 대해서 스스로를 탓하기만 했다. 하지만 누구도 자신들의 감정에 대해서 공개적으로 언급하지 않았고, 사기는 땅에 떨어졌다. 마침내 그룹은 이 이슈도 해결하고 분위기도 전환시키기 위해 팀빌딩 워크숍 날짜를 잡았다.

주의사항

이것은 실현하기 매우 어려운 회의 목적이다. 이는 근본적으로 담당하고 있는 업무에서 벗어나 서로의 관계와 감정에 대하여 이야기를 나누려는 것으로, 그룹의 평소 행동방식과는 다른 행동을 기대하는 것이 된다. 더 깊고 진정한 자기 노출이 필요하며, 그래서 서로 피드백을 주고받겠다는 의지를 가져야 한다. 참여자들은 평소 피드백을 주고받을 때와는 달리, 보호적이고 방어적인 경향을 극복해야 한다. 이는 단순한 일이 아니다. 많은 사람들은 여러 가지 개인적, 문화적 이유로 일터의 동료들과 이런 일을 하는 것을 꺼린다. "자, 그러지 말고 다 같이 분위기를 바꿔봅시다."라고 단순히 말하는 것만으로는 충분치 않다. 그런 선언만으로는 사람들의 입을 열고 마음속 이야기를 꺼낼 수 없다. 가끔 가능할 때도 있지만, 늘 그렇지는 않을 것이다. 우선은 안전한 환경을 만들고, 마음을 열 수 있는 기반을 마련한 다음, 매우 기술적이고 잘 설계된 접근방법을 사용하여 부드럽게 자기노출과 상호피드백이 일어날 수 있게 해야 한다.

회의 목적 6. 팀 역량 구축

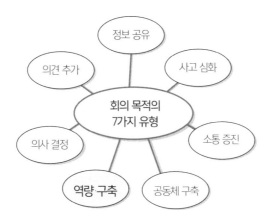

역량 구축은 일상의 회의 방식과는 좀 다르게 인식되는 편이다. 일반적으로는 교육부서에서 행하는 개인의 능력개발 같은 수업정도로만 인식된다. 하지만 역량 구축이 전체 팀의 회의 목적으로 다루어진다면, 이는 그룹 개선에 있어 많은 유용한 점들을 확연하게 드러내줄 것이다. 문제 해결과 의사결정 역량, 산업분야에 대한 주요 트렌드에 관한 지식 확충, 팀의 목적에 부합한 업무 방법론과 우수 사례의 획득 등은 '팀 역량 구축'이라는 목적에 매우 적합하다.

예시

큰 프로젝트를 맡고 있는 한 팀이 예산을 수립하는 과정에서 두 가지의 부진한 업무를 수행했다. 프로젝트 관리자는 주요 구성원들이 기본 회계 원칙을 모르고 있고, 그래서 논의 과정에서 중요한 내용을 빠뜨리게 되었다고 생각했다. 관리자는 회계부서의 한 직원을 초청하여, 몇 시간에 걸쳐 회계의 기초에 대해 교육하는 시간을 가졌다. 나중에 모든 구성원들은 그 교육이 예산 관련 대화가 가능하도록 만드는 씨앗이 되었다고 회고했다.

주의사항

역량 구축의 경험들은 경험할수록 강화된다. 그것들은 학습이 일어난다는 확신을 축적하고, 학습한 것을 적용할 수 있다는 희망을 누적한다. 뿐만 아니라 역량 구축은 개념을 공유하게 하고, 언어를 공유시켜주며, 팀이 무언가를 함께 해냈다는 생각을 갖게 해준다. 이러한 효과를 얻어내려면 당연히 학습 섹션에서 배운 것을 적용해보는 계획을 세워야 한다. 그 과정이 효과적으로 이루어지면, 그룹 전체의 성숙과 역량을 강화하고 개인의 행동에 셀 수 없는 파급효과를 만들어 낸다.

회의 목적 7. 공동체 구축

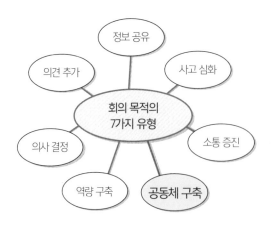

회의 설계자가 우정을 쌓고 함께 일하는 사람 간에 유대를 강화하며 전체적인 사기를 높이고자 한다면, 이때의 회의 목적은 '공동체 구축'이 된다.

예시

프로젝트팀이 예산 업무를 종료하게 되면 작은 축하의 자리를 갖기로 결정했다. 그 일이 대대적으로 축하할 만한 큰 일이라고 생각하지는 않았지만, 그렇다고 아무런 인정도 없이 지나치는 것도 원하지 않았다. 프로젝트 관리자는 늦은 오후에 있을 회의 마지막 시간에 스폰서를 초청하기로 결정했다. 약간의 음식과 축하주를 준비하고, 스폰서 앞에서 최종 발표를 하여 그 자리에서 승인받기로 결정한 것이다. 실제로는 스폰서에게 미리 최종 승인을 받아둔 상태였다. 하지만 그가 이 회의에 참석하는 주된 이유는, 그룹과 더불어 사교와 칭찬의 몇 시간을 함께함으로써 공동체 구축이라는 목적을 달성하는 데 일조하기 위해서이다.

주의사항

공동체 구축은 일반적으로 정규 회의의 목적으로는 생각하지 않는다. 보통은 회사 밖에서 이루어지는 단합대회나 근사한 만찬 행사쯤으로 치부한다. 이는 공동체 구축에 대하여 충분히 알지 못한 오해의 결과이다. 사기는 공동체 구축이 일상의 업무 흐름에 늘 통합되어 있을 때 높아진다. 팀의 업무 성취나 팀원의 생일 같은 것은 5~10분 정도면 매우 기분 좋게 축하할 수 있다. 공동체 구축의 또 다른 방법은 그룹으로 자원봉사에 참여하거나, 기념할 만한 행사에 공동으로 반응하는 것, 혹은 간단한 창의적 활력소를 찾아 실행하는 것 등이 있다. 중요한 것은 공동체 구축 목적을 아젠다에 담고, 다른 회의 목적과 동일하게 취급하는 것이다.

회의의 결과
정하기

다음은 회의 담당자가 회의의 결과를 결정하는 과정이다.

회의의 결과 정하기

– 커뮤니티앳워크Community At Work

1단계. 회의에 관한 모든 주제topic를 찾아낸다.

2단계. 처음 시작할 주제를 선택한다.

3단계. 그 주제에 대한 가능한 전체 목적goal을 나열한다.

4단계. 그 주제에 대한 전체 목적을 확정한다.

5단계. 가장 적합하다고 생각하는 회의 목적의 종류를 탐색하고, 하나를 정한다.

6단계. 회의 목적을 명확하게 정의한다.

새로운 주제에 대하여 1~6단계를 반복한다.

예시: 5단계에서 회의 목적의 유형이 '의견 추가'로 정해졌다면, 6단계에서는 회의 목적을 'Z는 제외하고 X와 Y에 대한 의견 추가하기'처럼 명확하게 정의해야 한다.

퍼실리테이터는 이 기본적인 양식을 늘 마음속에 담아두고 있어야 한다. 현실에서 이를 사용할 때 회의 담당자는 한 단계에서 다른 단계로 왔다 갔다 하기 쉽다. 한 주제에 대하여 순서를 마무리짓지 못한 채 이 주제에서 저 주제로 오락가락 할 수도 있다. 만약 그런 일이 발생하면, 어쩔 수 없다. 그의 방식을 따라가라. 사람마다 사고하는 방식이 서로 다를 수 있다.

기대하는 결과를 확인하기 위한 퍼실리테이터의 질문: 담당자에게 묻기

전체 목적	회의 목적
• 당신이 바라는 성공은 어떤 형태입니까? • 과업이 마쳤다는 것을 어떻게 알 수 있나요? • 근본적으로 이루고 싶은 것은 무엇입니까? • 명확하게 말해서, 모든 것이 완료되었다고 생각하는 시점은 언제인가요? • 이 회의에서 중요한 점은 무엇입니까? • 여기서 기대하는 것은 무엇입니까? • 성취하고자 하는 것에 대하여 좀 더 말씀해 주세요. • 시간과 돈이 얼마든지 있다면, 정말로 일어나기 바라는 것은 무엇입니까? • 당신의 미래 비전에 대하여 좀 더 말씀해 주세요.	• 이 회의에서 만들어내고자 하는 결과물은 무엇입니까? • 이 중 가장 급한 부분은 무엇입니까? • 다음에 논의해야 하는 이슈는 무엇인가요? • 논리적으로 무엇을 먼저 다루는 것이 좋은가요? • 전체 목적을 몇 개의 단계로 크게 나눈다면 어떻게 구분지어 볼 수 있을까요? • 회의가 끝나면 사람들이 무엇을 가지고 가기를 원하십니까? • 회의가 끝난 후에는 어떤 일이 이루어질까요? • 회의가 시작되기 전에는 어떤 상황일지 예상되는 점이 있나요? • 회의에 참석하지 않은 사람들에게는 어떤 일이 일어날까요? • 모두가 참여해야 하는 논의는 무엇인가요?

MEMO

효과적인 아젠다: 절차 설계

회의 목적을 달성하기 위한 활동의 설계

회의 아젠다
설계하기

아젠다 설계에 대한 오해

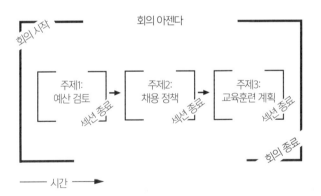

회의에서 어떤 일이 일어날지에 대해 생각할 때면, 사람들이 떠올리는 것은 주로 회의에서 다루게 될 주제들이다. 예를 들면, "먼저 예산을 검토해야 하고, 그 다음엔 채용 정책에 대하여 논의해야 하고, 그리고 나면 내년도 교육훈련 계획에 대해서도 논의해야 한다."와 같다.

또한 회의 참석자들의 마음에 깔려있는 것은 '절차에 대한 혼란'이다. 사람들이 회의 절차라고 말하면, 보통은 회의의 주제가 다루어지는 '순서'를 말한다. "우리는 주제 1에서 시작하여 마무리 지을 때까지 다루고, 주제 2로 옮겨가서 또 마무리하고, 그 다음에 주제 3으로 이동할 예정입니다."

효과적인 아젠다 설계 모델

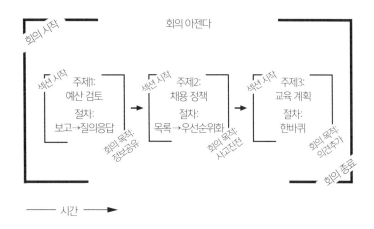

위 다이어그램에서 보는 것처럼, 각 아젠다들은 섹션마다 별도의 논리 모델을 가지고 있다.

• 주제

• 주제에 따른 회의 목적

• 목적을 달성하기 위한 절차

이 그림과 같은 구조를 회의 설계자가 알고 있다면, 참여자들이 그 요구되고 있는 것들을 잘 이해할 수 있도록 더 적합한 구상을 담아내는 절차를 설계할 수 있을 것이다. 그렇게 하면 회의 목적은 더 쉽게 달성될 것이며, 이는 회의의 목적이 모호하고 복잡할수록 더욱 효과적이다.

아젠다 설계에 대한 또 다른 오해

회의에서 주제가 소개되면, 대부분의 그룹들은 자유토론으로 흘러들어간다. 그리고 주제에 대하여 마무리해야 한다는 느낌이 들 무렵이면, 다른 주제로 옮겨가서 다른 논의를 해야 하는 시점에 이르게 된다.

사람들은 보통 자유토론이 자발성과 상호교류를 높이는 방법이라고 생각한다. 재빠른 사고력과 유창한 언변이 있는 사람에게는 그럴 수도 있지만, 그렇지 않은 사람들에게 자유토론은 썩 내키지 않는 일이다.

하지만 많은 리더들은 참여자들의 의견을 이끌어낼 때 여전히 자유토론에 의존한다. 왜 그럴까? 그룹이 성과를 내도록 일부러 압력을 가하는 것일까? 아마도 그렇지는 않을 것이다. 단지 다른 방법이 있다는 사실을 모르고 있기 때문일 것이다.

절차 설계의
옵션

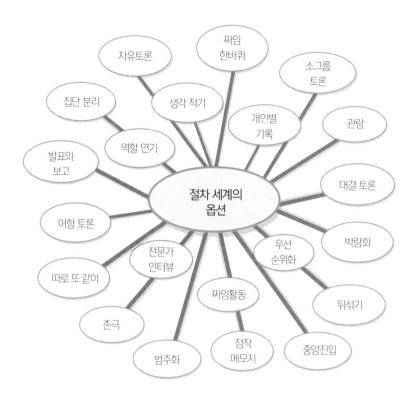

이 표는 아젠다를 설계하는 사람에게 간단한 참고자료가 될 것이다. 주어진 회의의 세션마다 최선의 참여를 이끌어내려면, 6장과 9장에서 논의한 바와 같은 간단한 기법들을 매우 풍부하게 보유하고 있어야 한다. 또는 특정한 목적을 달성하는 데 필요한 구조화된 활동을 직접 고안할 수도 있다. 이에 대해서는 16장과 20장에서 자세히 다룰 것이다.

참여의형
엮기

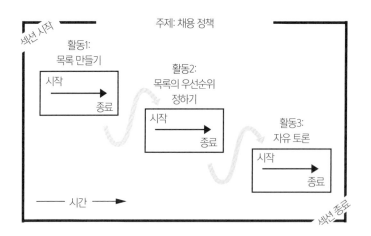

많은 사람들은 한 주제를 여러 개의 다른 활동 형식으로 나눌 수 있다는 것을 인식하지 못한다. 이 그림에서 보여주는 것처럼, 자유토론은 그룹에서 참여를 이끄는 구조 중 하나일 뿐이다. 다른 활동들도 많이 있다. 목록을 만들거나 이에 우선순위를 부여하는 것도 자유토론과 마찬가지로 참여 의형이다.

넓은 주제(여기서는 '채용 정책')는 다른 활동으로 이어질 때에도 계속 유지된다. 하지만 참여의형은 활동이 넘어갈 때마다 바뀔 수 있다.

이와 같이 여러 활동을 묶어가는 방법을 '의형 엮기string'라 부른다.

의형 엮기의
효과

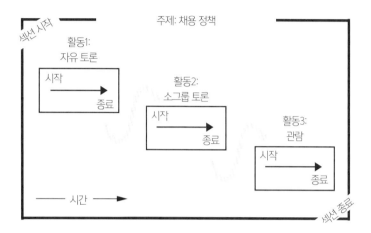

앞에서는 자유토론을 다른 두 개의 의형에 이어 세 번째 의형으로 연결시켰다. 하지만 자유 토론을 맨 앞에 두고 설계하는 것도 손쉬운 방법이다. 위 그림에서처럼 자유토론을 시작으로 하여 소그룹(또는 짝꿍) 토론 및 다른 의형으로 이어지게 할 수도 있다.

이와 같이 자유토론을 다른 의형으로 연결시킬 수 있는 의형 엮기 방법은 많다. 짜임 한바 퀴에 이어 자유토론을 가질 수도 있고, 3자 토론이나 개인별 기록으로 이어지게 할 수도 있으며, 좀 더 세련되게 촌극, 대결 토론, 어항 토론 등과 결합시킬 수도 있다.

생동감 있는
회의 분위기 유지

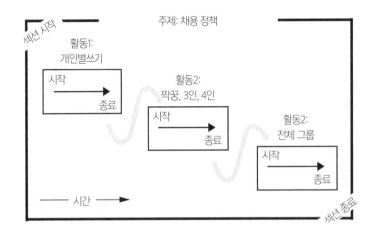

회의에서 참여의 기운을 북돋아주는 가장 단순한 방법은 개인, 2인, 3인, 4인 작업을 할 수 있는 기회를 자주 제공하는 것이다. 이와 같이 다루기 쉽고도 격의가 없는 소규모 그룹 의 형들은 모든 사람들의 에너지를 충전하는 데 결정적인 도움을 준다.

소그룹과 대그룹을 오가는 의형 엮기는 퍼실리테이터에게 매우 중요한 기술이다. 진지하게 받아들이기에는 좀 쉬운 기술로 보이지만, 참여자들에게 주는 느낌이나 회의의 질과 생산 성에 있어서는 한 차원 높일 수 있는 방법임을 잊어서는 안 된다.

절차 설계의
통찰력

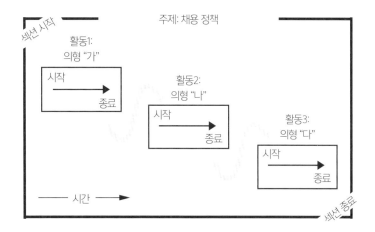

회의에서 참여 의형을 다양하게 배치하는 것은 구성원들의 참여를 여러 모로 강화시켜 준다. 치밀하게 짜인 의형 활동들은 회의의 단기 목적에 대하여 관심을 집중시키고 명확성을 유지하도록 도와준다. 또한 다양한 활동들은 사람들의 에너지를 유지해주는 동력이 되기도 한다.

나아가, 무언가가 시작되고 종료되고 또 시작되고 종료되는 지속적인 경험을 갖게 된다. 이러한 시작과 종료의 연속은 한 걸음씩 진전을 이루고 있다는 경험을 축적하면서, 동시에 일이 이루어지고 있다는 것을 느끼게 해준다.

이것이 회의의 흐름에 활력을 불어넣는 방법이다.

활동별
소요 시간 배분

절차	일반적인 시간	시간 평가 요령
소그룹 토론	6~15분	개인별 발언시간을 얼마나 줄지 정한다. 그룹의 인원수를 곱한다. 토론을 안내하고 그룹을 나누는 데 드는 시간을 3~4분 정도 고려한다.
짜임 한바퀴	8인 그룹에서 5~20분 (주제에 따라 다름)	간단한 질문 하나에 1인당 30초를 배정한다. 좀 더 예민한 주제라면 1인당 2분 정도의 시간을 배정한다.
목록 적기	7~10분	목록 적기의 제한시간은 자유롭게 정해도 된다. 하지만 10분 이상을 토론 없이 진행하면 대부분 지겨워할 것이다.
개인 기록	5~10분	분위기를 형성하는 정도라면 5분, 좀 더 구체적인 내용까지 다룬다면 10분을 할애한다.
자유토론	15~30분	깊이 몰두하는 것까지 기대한다면, 몰입하는 시간까지 5~10분 정도가 필요할 것이다. 하지만 자유토론이 20~30분을 넘어간다면 주의를 기울여야 한다.
소그룹 대화	30~90분	그룹이 사용할 시간을 정하고, 거기에 그룹을 나누고 움직이는 시간 10분을 더한다.

7가지 회의 목적별
의형 엮기

회의 목적 1. 정보 공유

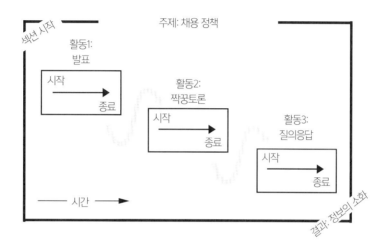

회의 목적이 '정보 공유'일 때, 그룹은 자연스럽게 '청취 모드'로 들어간다. 기본적으로 대부분의 사람들은 뒤에 앉아 듣고 있고, 두어 명 정도만 질문을 던진다.

이와 같은 의형 엮기는 참여의 에너지를 바꿀 수 있다. 옆에 있는 사람과 이야기를 나누게 함으로써 들은 것에 대하여 반응을 보이게 하고, 중요한 발표 내용에 몰두하도록 안내한다. 전체 그룹으로 다시 돌아오면, 예외 없이 질문이 많아지고 질문의 내용도 보다 흥미로워진다.

만약 회의 설계자가 더 높은 참여를 기대한다면 3번째 의형에 '짜임 한바퀴'를 배치할 수도 있다. 혹은 익명으로 질문을 써서 모자에 담아 뽑을 수 있도록 '개인 기록'을 넣을 수도 있다.

회의 목적 2. 의견 추가

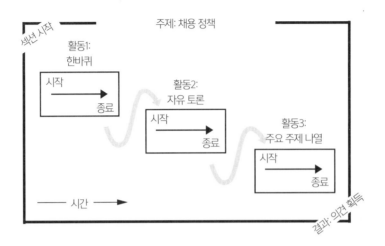

회의 목적이 '의견 추가'라면, 가장 간단한 방법은 단순하게 '한바퀴'를 시행하는 것이다. 이는 모든 사람에게 발언 기회를 주어, 의사결정자에게 영향을 미칠 수 있게 해준다. 만약 구성원들이 타인의 의견에 반응할 수 있게 하고자 한다면, 위와 같은 의형 엮기가 도움을 줄 것이다. 아니면 '목록 적기' 활동으로 시작해도 된다. 이 경우에는 의견에 대하여 찬반 논의를 요청할 수 있다.

보다 강도 높은 의견 추가를 얻고자 한다면 토론의 의형을 추가할 수도 있으며, '집단 분리'를 사용하여 서로 다른 관점으로 충분히 토론하게 할 수도 있다.

회의 목적 3. 사고 심화

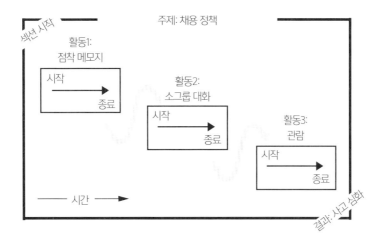

회의 목적이 '사고 심화'일 때, 참여자들은 대체로 목적에 대하여 열정적으로 관여한다. (많은 사람들은 의사결정을 위한 논의가 아닌 상황에서도 서로 생각을 넓혀가는 것을 즐거워한다.) 위와 같은 의형 엮기는 정의, 분석, 재조명, 세분화, 해결, 평가 등 어떤 이슈에서도 유용하게 사용할 수 있는 조합이다.

18~20장에서 제시하는 다양한 활동들도 이 회의 목적과 잘 어울린다. '역장 분석'과 같이 이 책에 소개하지 않은 문제해결 도구들도 있다. 사고 심화를 위한 활동이라면 어떤 의형이라도 쉽게 결합하여 사용할 수 있다. 일반적으로는, (가) 다양한 관점을 자극하는 의형을 고르고, (나) 그 관점이 요구되는 사고의 유형을 수행할 수 있도록 활용하면 된다.

회의 목적 4. 의사 결정

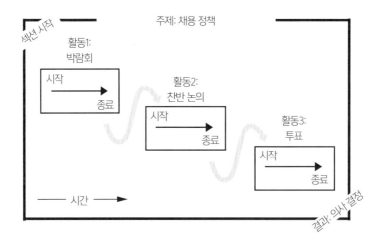

회의 목적이 '의사결정'일 때, 그룹의 참여 수준은 매우 다양하다. 이해관계가 낮은 수준의 결정에서 회의 설계자는 그룹이 이슈를 빠르고 고통 없이 다루기를 기대할 것이다. 반면 이해관계의 수준이 높은 경우나 대립되는 문제를 결정해야 하는 경우에는 으르렁 지대에서 시간을 많이 쓰게 된다.

위와 같은 의형 엮기는 전체 그룹이 동의하는 결정을 만들어 내도록 설계한 것이다. 먼저, 박람회 의형에서 3개의 안건이 제시되었다. 그리고는 각 제안에 대하여 찬반 의견을 표명하는 활동을 한다. 그 다음에는 '동의단계자'를 사용하여 투표를 진행한다(23장 참조). 앞의 두 의형에선 상호 이해를 높이고, 세 번째 의형에선 그룹의 수렴도를 검증하게 된다.

회의 목적 5. 팀 소통 증진

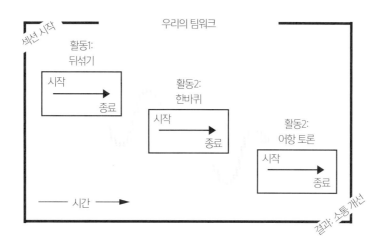

구성원들이 서로 간에 필요한 개인적 상호교류에 대해 경계심을 갖거나 수줍게 회피하는 행동을 보인다면, 그때 회의의 목적은 '팀 소통 증진'일 수가 있다.

이 의형 엮기는 안전함을 극대화하기 위하여 설계한 것이다. 뒤섞기는 3명이 함께하면서 사적인 관계를 맺을 수 있도록 구성되어 있다. 이는 개인적 나눔을 장려하는 이상적인 방법이다. 한바퀴는 자기 노출의 사이클을 만들어 주어, 서로 간에 피드백을 주고받을 수 있도록 다음 단계를 준비시켜 준다. 이때 개인 간 교류를 이끌어내는 활동을 매우 다양하게 할 수 있다. 어항 토론에서는 '내가 당신이라면', '짝꿍 상담' 등과 같은 몇 가지 추가 활동을 할 수 있다(19장 참조). 한 번 신뢰의 수준이 높아지고 나면, 이때다 싶을 때 짝꿍으로 옮겨 가면서 진행하는 자유토론을 선택하는 것도 간단한 방법이다.

회의 목적 6. 팀 역량 구축

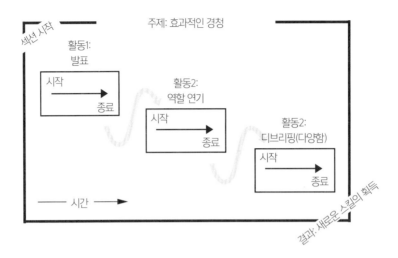

회의 목적이 '팀 역량 구축'일 때, 대부분의 그룹 구성원들은 학교 교실 수업의 장단점을 자연스럽게 닮는 경향이 있다. 사람들은 관심 있고 새로운 것에는 매료되는 성향을 보이지만, 유인물을 나누어주거나 긴 슬라이드를 봐야 하는 경우에는 매우 쉽게 지루함을 느낀다.

위와 같은 의형 엮기는 정기적인 직원 또는 관리자 회의와 같은 제한된 상황에서도 교육훈련의 한 방법으로 사용할 수 있다. 간단한 발표는 주제를 잡아주는 데 도움을 준다. 그런 다음 10분간 역할 연기를 시도한다. 이를 통해 참여자들은 경험 기반 학습의 상황으로 들어간다. 이것은 사례연구나 촌극처럼 몰두의 정도가 높은 의형으로 대체할 수 있다. 디브리핑은 소그룹, 한바퀴, 자유토론, 목록 작성 등으로 시행할 수 있다.

회의 목적 7. 공동체 구축

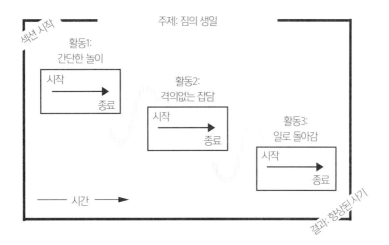

회의 목적이 '공동체 구축'이라면, 동료애를 높이고, 유대감을 강화하며, 사기를 북돋아주는 것이 된다. 그룹은 이런 즐거운 시간을 갖는 것을 좋아하는 사람과 진지한 업무가 아닌 일에 시간을 허비하는 것을 싫어하는 사람이 7:3 정도로 갈린다. 하지만 부정적인 인식을 갖고 있는 사람도 5~10분 정도 즐거운 시간을 보내는 것에는 인내심을 갖는 편이다. 예를 들면, 행복한 생일 축하를 마다하는 사람은 거의 없다. 이런 흥미로운 행사에서 '한바퀴'를 하면서 그에 대한 반응까지 들어보는 사람은 없을 것이다.

위와 같은 의형 엮기는 하나의 유용한 원칙을 설명해주고 있다. 그것은 몇 분간의 격의 없는 잡담이야말로 상투적인 업무에서 벗어나 공동체의 유대감을 만드는 좋은 방법이 된다는 것이다. 그러므로 가능한 한 쉬는 시간 직전에 시간을 잡아서 공동체 구축 활동을 벌이는 것이 요령이다.

효과적인 아젠다를 위한 절차 설계

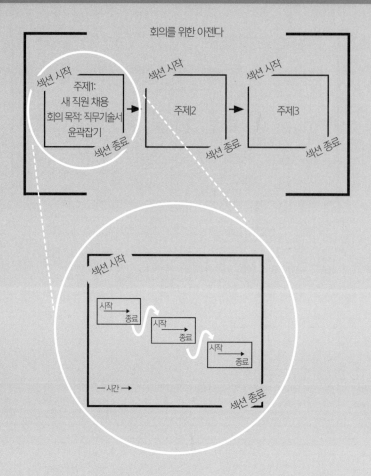

회의 목적이 높은 수준의 몰두를 기대하는 것인 경우, 기대하는 결과를 얻기 위하여 설계자는 서너 개의 활동을 묶어내는 의형 엮기를 만들 수 있다.

예를 들어, 회의 목적이 직무 기술서에 대한 '사고 심화'에 있다면, 그룹은 직무의 특성을 나열하고 이를 주제별로 분류하여, 각 소그룹에게 주제별 특성을 정리하여 적어내라고 할 수 있다. 이와 같이 활동들을 순차적으로 배치하는 것이 '의형 엮기' 방법이다.

점검! 효과적인 아젠다의 구성요소

- 회의에서 다루게 될 모든 주제는 명료하게 확인된다.

- 각 주제별 전체 목적과 회의 목적이 정의되었다. 이는 아젠다에 기록될 수도, 그렇지 않을 수 도 있다. 그러나 필요한 경우에는 명시적으로 기술되거나 기술될 수 있어야 한다.

- 각 회의 목적은 참여 수준의 깊이를 고려하여 그 의도에 맞게 설계한 절차로 시행되어야 한 다. 절차는 하나 또는 그 이상의 활동으로 구성된다. 하나의 단독 활동으로 회의 목적을 달 성하는 경우는 없다. 그러므로 몇 가지의 활동을 묶어내는 의형 엮기를 행한다.

- 각 활동에는 현실적인 소요 시간이 주어진다. 예상 시간은 게시될 수도 있고 안 될 수도 있 다. 그러나 절차를 설명할 때는 선언되어야 한다.

- 아젠다는 두 가지의 기본 항목으로 시작한다. 하나는 회의의 틀, 즉 앞으로 회의가 어떻게 진 행될지를 보여주는 개요이고, 또 하나는 체크인과 같은 간단한 환영 활동이다.

- 아젠다는 참여자가 완료했다는 느낌을 받으면서 마무리된다. 성취한 것을 요약하고 다음 단계를 소개하며, 회의에 대한 평가를 하거나 모든 사람이 마무리 멘트를 한다.

- 회의가 2시간 이상 진행되면 10분 정도 휴식시간을 갖는다.

- 아젠다는 작성되고 접근할 수 있어야 한다. 모든 사람에게 유인물로 배부되거나 벽에 차트 로 써서 게시되어야 한다.

힘겨운 역동 다루기

누구도 틀리거나 패배하지 않게 하는 지지적 개입

힘겨운 역동이
어려운 사람을 만든다

회의 목적이 간단하다면 사람들은 커다란 어려움 없이 서로의 차이를 받아들일 수 있다. 예를 들어, 누가 좀 밀어붙이더라도 그룹은 쉽게 받아 넘긴다. 그러나 회의 목적이 힘겨운 사고를 요하는 것이라면 사람들은 소통하는 데 훨씬 더 어려움을 겪는다. 오해와 혼란이 깊어지면 사람들은 더 좌절하고 더 성급해진다.

그러한 상황에서 중심을 똑바로 유지하는 것은 쉽지 않다. 감정이 고조되면 냉철한 사고를 하기 어렵게 된다. 어떤 사람은 분노하고 흥분해서 주의집중을 하지 못한다. 어떤 사람은 회의를 효과적으로 이끄는 방식을 알든 모르든 자신이 주도권을 잡고 싶어 한다. 또 어떤 사람은 자리를 걷어차고 그냥 일어나버리고 싶어 한다. 그런가 하면 한판 싸움을 벌여야 하는 상황이지만, 스스로 흥분 상태를 조절하면서 평정심을 찾아보려는 사람도 있다.

긴장감이 오르는 상황에서도 많은 사람들은 자리를 지키면서 주어진 문제를 다루려 한다. 계속 노력은 하지만 압박감을 느끼면서 시도하는 상황이다. 이는 그들의 정서, 소통 방식, 사고 능력에 영향을 미치지 않을 수 없다. 타인에 대한 그들의 행동은 평소보다 거칠어지게 되어, 퉁명스럽게 말하거나 사려 깊지 못한 방식으로 의견을 말하게 된다. 혹은 청자를 고려하여 효과적으로 발언해야 한다는 것을 잊은 채, 중요한 지점에서 했던 말을 하고 또 하기를 반복한다. 이런 것들은 스트레스 상황에서 자신의 생각을 최선으로 피력하는, 셀 수 없는 증상들 중에서 극히 일부일 뿐이다.

이러한 증상들이 나타나면 많은 사람들은 불편함을 느낀다. 퍼실리테이터가 있다면 "어떻게 좀 해주세요."라는 심정으로 바라볼 것이다. 예를 들어, 누군가 말을 길게 하거나 혹은 말을 하지 않고 있다면 퍼실리테이터가 이에 개입해 주기를 기대한다. 이때 어떤 퍼실리테이터는 이런 종류의 '어려운 사람difficult person'에게는 쉬는 시간을 이용하여 자제해 줄 것을 요청하는 것이 좋다고 생각한다. 하지만 이러한 해결책은 잘못된 분석에 기초한 것이다. 증상을 없애는 것이 어려움의 원인을 없애는 것이 아니기 때문이다.

이 장에서는 독자에게 다른 관점을 제공한다. 어려운 역동은 교정해야 하는 개인적 인격 문제가 아니라, 지원함으로써 해결할 수 있는 그룹의 상황이라는 것이다.

사람을 불편하게 만드는
커뮤니케이션 방식

많은 그룹에는 다음과 같은 사람이 있다.

- 누군가 이미 말한 의견을 반복한다.
- 사소한 일을 찾아 트집을 잡는다.
- 고조된 감정을 직접적으로 표현한다.
- 추상적 수준으로 논의를 이끈다.
- 알아듣기 어려운 전문용어를 사용한다.
- 논의되고 있는 주제와 상관없는 일상의 문제를 제기한다.
- 건설적인 대안을 제시하지 않고 비판만 한다.
- 그룹이 진전을 이루지 못하는 것에 불평한다.
- 자신의 관점을 반복해서 제시한다.
- 의견을 명료하게 하는 방식으로 주장한다.
- 불명확한 문제를 들고 나와 시간을 낭비하는 방향으로 논의를 이끈다.
- 끝나지 않을 듯 길게 발언한다.
- 거짓된 사탕발림으로 반대 의사를 포장한다.
- 모든 사람들이 들을 수 없다는 듯이 큰 소리로 말한다.
- 자신의 발언에 대해 모두 사과한다.
- 상대방의 입장에 대하여 인정하지 않고 책망한다.
- 상황을 이해시키기 위해 유추해석을 할 때마다 사소한 트집을 잡는다.
- 그냥 앉아만 있고 거의 관여하지 않는다.
- 모든 것을 알고 있다는 듯 확신에 찬 모습으로 거만하게 행동한다.
- 다른 사람이 발언하는 도중에 옆 사람과 귓속말을 한다.

이 중 어떤 방식이 당신을 불편하게 하는가?

다양한 커뮤니케이션
방식의 존중

 진행방법

1. '사람을 불편하게 만드는 커뮤니케이션 방식'이라는 제목이 달린 유인물을 읽고, 자신을 가장 성가시게 하는 항목이 무엇인지 확인한다.

2. 작은 그룹으로 배치한다. 자신을 성가시게 하는 커뮤니케이션 유형에 대해 파트너와 함께 논의한다.

3. 아래에 마련한 메모란에, 타인을 거슬리게 할 수 있는 자신의 커뮤니케이션 유형을 적는다.

4. 성찰한 바를 자유로운 마음으로 파트너와 공유한다.

5. 토론: 다양한 커뮤니케이션 방식 때문에 생겨난 불만이나 불쾌함을 담은 메세지를 그룹 구성원들끼리 교환한다면, 무슨 일이 생길까?

6. 전체 그룹으로 돌아와서 토론: 개인이 받아들이기 어려운 커뮤니케이션 방식으로 억압을 받을 때 전체 그룹에 미치는 영향은 무엇일까? 어떻게 그룹 구성원들이 다양한 커뮤니케이션 방식에 더 관대할 수 있을까?

나의 커뮤니케이션 방식 중 상대를 괴롭게 하는 것:

–

–

–

어려운 커뮤니케이션을
해결하는 방법

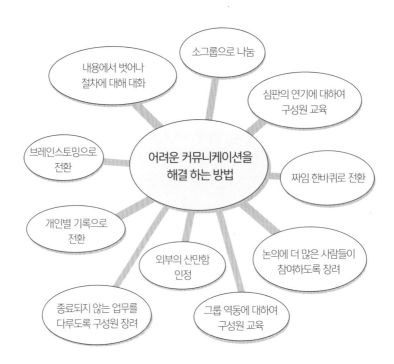

이러한 개입방법을 사용하는 퍼실리테이터는 모든 구성원들이 존중받고 지지받도록 하는 책임을 저버리지 않으면서도 많은 불편함과 어려움을 처리해 나갈 수 있다.

회의 현장에서의
일반적 표현들

회의에서 생각을 가로막는 발언들

"불가능해."

"잘 이해가 안 되는데요?"

"말해봤자 소용이 없어요."

"시간이 다 되어가니 서두릅시다."

"당신의 말은 모호해요."

"생각하기 너무 어렵네요."

"장황하게 늘어놓지 마세요."

"농담 그만하고 본론으로 돌아갑시다."

"그것은 이미 말하지 않았나요?"

"당신은 했던 말을 또 하고 있어요."

"이제 그만 정리합시다. 너무 말이 길어요."

"단순하게 생각합시다."

"빙빙 돌려 말하지 마세요."

"그 사실의 본질을 흐리지 마세요."

"제 얘기를 잘 들었다면 그런 질문은 안 돼죠."

"설교 좀 하지 마세요."

"요점만 말해요."

"바보 같아."

"엉뚱한 데로 새고 있어요."

"미쳤어."

"혼란스럽게 하네요."

"그건 어디서 나온 거죠?"

"잘 좀 합시다. 우리 다 배운 사람 아닌가요?"

"시간 낭비하지 맙시다."

참여자를 존중하고 지지해주는 표현들

"무슨 말씀을 하는지 정확히 알겠습니다."

"잠깐만요. 여기에 핵심이 있는 것 같아요."

"주제를 바꾸기 전에, 모두가 할 말을 하신 건지 확인해 보겠습니다."

"선생님 의견은 무엇인가요?"

"천천히 하셔도 됩니다."

"누군가 더 보탤 말씀이 있나요?"

"말로 표현하기 어려워하시는 것 같습니다. 조금만 더 노력해 보시죠."

"그때 기분이 좋지 않으셨겠네요."

"이 이슈에 서로 동의하지는 않았지만, 서로의 관점을 계속 말씀해 주서서 감사합니다."

"그 말씀 이해했습니다."

"이것이 말씀하려는 것인가요?"

"해봅시다."

"그것에 관하여 예를 들어주시겠어요?"

"흥미롭군요."

"계속해 주세요. 잘 들어보겠습니다."

"그 문제가 선생님께 어려운 일이라는 것을 압니다."

"제가 잘 알아들었는지 모르겠네요. 한 번 더 말씀해 주시겠어요?"

"그것에 대해 좀 더 말씀해 주시겠어요?"

존중하는 그룹 문화
조성

많은 그룹들은 서로 존중하고 지지해주는 방식의 규범을 마련해 놓고 있지 않다. 그런 그룹의 구성원들은 앞서 말한, 서로를 존중하고 지지하는 격려의 방식으로 대화하기 어렵다.

그곳에서는 자발성을 가로막고, 다듬어지지 않은 사고를 발전시키지 못하게 하는 규범이 만들어진다. 그래서 그 구성원들은 231쪽에 있는 것처럼 "회의에서 생각을 가로막는 발언들"과 같은 말들을 한다.

그런 그룹은 어려운 역동을 극복하는 능력이 부족하다. 대신에 좌절, 갈등, 포기와 같은 패턴에 반복적으로 빠지게 된다. 이러한 반복을 피하기 위해서는 서로 간에 지지하는 규범과 문화를 발전시켜 나가는 것이 필요하다. 이를 위해 다음과 같은 방법으로 연습하고 노력해 보자.

진행방법

1. '회의에서 생각을 가로막는 발언들(231쪽)'을 읽은 후, 개인적으로 거부감이 드는 발언들을 찾아본다.
2. 소그룹을 3명 정도로 편성한다.
3. 그러한 발언을 들었을 때 드는 느낌을 서로 나눈다.
4. 이번에는 '지지해주는 표현들(232쪽)'을 모두가 읽는다.
5. 이런 말을 들었을 때와 했을 때 어떤 느낌이 드는지 서로 말한다.
6. 나의 커뮤니케이션 방식을 어떻게 바꿀 것인지, 그룹의 분위기를 지지하는 방식으로 바꾸기 위해 어떤 노력을 할 것인지 각자가 종이에 적어본다.
7. 전체 그룹으로 모여 각자 성찰한 바를 공유한다.

맥락을 벗어난
대화 다루기

때때로 어떤 사건이 발생하면 그룹은 집중력을 잃는다. 예를 들어, 태풍이 지나가면 사람들은 물에 잠긴 지하실과 빗물이 새는 지붕에 대해 말한다. 선거를 치르고 나면 앞으로 어떤 변화가 오게 될지 알고 싶어 한다. 마찬가지로 조직에서도 대규모 구조조정과 같이 큰 변화가 있게 되면, 사람들의 정서적 압력을 완화해주고 불안을 감소시켜줄 필요가 있다.

진행방법

1. 눈앞에 있는 주제에 집중하지 못할 만큼 산만한 상황이 생긴 게 분명하다면, 그 산만함의 원인이 무엇이든 그것에 대해 이야기를 나누게 한다. "제가 보니, 이 주제에 집중하는 데 뭔가 어려움이 있는 것 같습니다. 아마도 (최근의 사건)으로 인해 계속 신경이 쓰이는 것 같은데요, 한 걸음 물러서서 (그 사건)에 관하여 몇 분간 이야기를 나눠보는 게 어떨까요?"

2. 그렇게 하는 것이 좋은지 사람들에게 동의를 구한다.

3. 다음과 같은 개방형 질문을 던진다. "(그 사건)에 대하여 어떤 느낌이 드나요?" 그리고 모든 사람에게 대답을 요청한다.

4. 모두가 대답을 하면, 이제 본 안건으로 되돌아가는 절차를 제안한다. "이에 대해 좀 더 할 말이 있으면 잠깐 휴식시간을 갖겠습니다. 휴식시간 후에는 본안으로 돌아가겠습니다."

회의를 부드럽게 시작하는 '체크인(check-in)'

회의를 시작할 때 사람들은 일종의 '한바퀴' 같은 활동으로 회의에 들어가는 절차를 갖게 된다. 이것을 '체크인check-in'●라고 하는데, 말하자면 회의에 참가하게 된 간단한 동기 혹은 현재의 기분 같은 것을 공유하는 절차이다. 각 참가자는 돌아가면서 "오늘 제 소감과 기분은 이런 것이에요."라고 말한다.

사람들은 이따금 비업무적인 문제를 겪게 된다. 예를 들면, "머리 손질이 잘 안됐어." 같은 사소한 문제부터 "어머니께서 돌아가셨어요." 같은 심각한 문제까지 그 폭이 넓다. '체크인'은 각자가 처해있는 이러한 사정들을 두드러지지 않은 자연스런 방식으로 서로 나눌 수 있도록 도와준다. 회의 시간의 대부분을 업무 관련된 내용으로만 쓰고 싶은 사람에게도 이런 절차는 다면적인 존재로서의 인간을 조금 더 깊이 이해할 수 있도록 도와준다.

게다가 '한바퀴'를 통해 체크인을 하면 회의를 시작할 때부터 모든 사람에게 발언 기회를 제공해 줌으로써, 모두가 참여한다는 규범을 형성시켜준다. 한 번 발언을 하면, 그 다음엔 발언하기가 훨씬 수월해지기 마련이다.

🤝 진행방법

1. 회의를 시작하면서 "지금 기분이 어때요?" 또는 "어떤 마음이 들어요? 어떤 기분이 드는지 조금 나눠주실래요?" 같은 질문을 함으로써, 모두에게 간단하게 공유하고 싶은 것을 소개하게 한다. 업무와 관련된 것이 아니라도 좋다. 누군가 이렇게 하는 이유를 묻는다면, 개인의 사정이나 기분을 조금씩 나누게 되면 회의장 바깥에서 안으로 마음을 옮겨 오는데 조금 도움이 된다는 점을 설명한다.

2. 첫 발언자를 자발적으로 요청한다. 모든 사람이 말을 하게 될 것이므로, 발언을 끝내면 "여기까지 입니다." 또는 '통과'라고 말하게 한다.

● 역자주: 체크인은 한 사람씩 순차적으로 발언토록 하여 회의의 일원이 되었음을 알게 하는 심리적 등록의 목적이 강한 반면, 아이스브레이킹(ice-breaking, 얼음깨기)은 심리적 이완을 돕는 활동으로서 집단으로 실시하는 것이 일반적이다. '얼음'이 주는 부정적 느낌 때문에 워밍업이라는 표현을 선호하는 사람도 있다.

3. 누군가 다른 사람이 이야기할 때 끼어들게 되면, 다음과 같이 말하면서 정중하게 제지한다. "아, 미안합니다. 지금은 각자 하실 말씀을 마치시도록 여유를 드리면 좋겠습니다."

4. 모든 사람이 한바퀴를 통해 이야기를 마치면, 이 과정에서 나온 이야기 중 하나를 언급한다. 예를 들면, "이번 주에 많은 분들이 좀 압박을 느끼신 것 같습니다. 아마도 오늘 회의가 그 문제를 좀 완화할 수 있지 않을까 생각합니다." 그리고 본격적인 아젠다 주제로 옮겨 간다.

체크인을 하는 이유

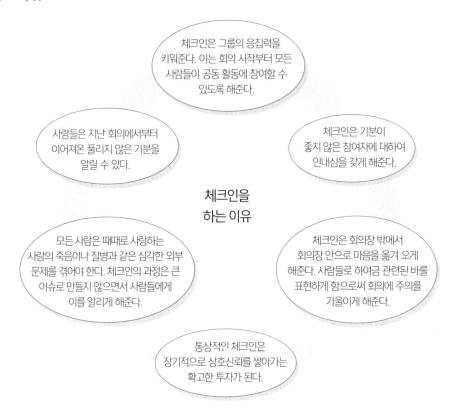

체크인은 회의를 시작할 때 진행하는 간단한 '한바퀴'로서, 회의에 참가하게 된 간단한 동기와 현재의 기분을 공유하는 절차이다. 각 참가자는 돌아가면서 "오늘 제 소감과 기분은 이런 것이에요."라고 말한다.

담당자에 대한
의존도 낮추기

담당자에 대한 의존도를 낮추는 방법

- 논의의 일부를 소그룹으로 나누어 배정한다.

- 담당자의 의견을 평가하는 시간을 갖는다.

- 담당자는 나중에 말한다.

- 담당자는 논의에서 한 발짝 떨어져 있는다.

- 담당자에게 이 페이지를 제공한다.

- 익명으로 의견을 제출한다.

- 담당자에게 명확한 입장을 취하게 하고, 타인의 의견으로부터 생긴 의문점들에 대해 질문하게 한다.

- 그룹의 논의 내용을 자주 차트에 적는다.

- 동의를 위하여 만장일치 방법을 사용한다.

- 주제에 대하여 개인적인 생각을 먼저 적게 한 다음, 그것을 소리 내어 읽어 공유하게 한다.

많은 사람들은 자신의 견해를 담당자에게 미루는 경향이 있다. 퍼실리테이터가 행할 수 있는 최선의 개입은 회의를 가장 단순하게 진행하거나 참여자들의 의견을 덜 방해하는 것이다. 하지만 회의의 목적이 참여 문화를 조성하는 것이라면, 회의의 경향을 감지하고 그룹을 가르쳐야 할 수도 있다. 위계질서상에 있더라도 진실을 말하는 용기를 가져야 한다는 것을 알려주어야 한다. 담당자가 회의실에 없었다면 달리 말했을 만한 것이 있는지를 소그룹에서 논의하게 한 후 전체 그룹에서 발표하게 하는 것도 좋은 방법이다.

참여자간
관계 강화

개인적 유대 형성

피드백 주고 받기

상호 존중

상호 지지

상호 이해

서로 알고 있는 사람들은 모르고 있는 사람에 비하여 서로의 차이를 극복하고 공통 규범을 찾아가는 것이 용이하다.

리더들이 자신의 동료들과 우호 관계를 형성하고 친밀감을 만들고자 할 때, 이 원칙은 업무에서든 정치에서든 쉽게 발견된다. 이는 풀뿌리 운동에서 사실로 나타난다. 진보진영에서나 보수진영에서나 활동가들은 공동체 구축과 사교적 행위의 결합을 도모하는 행사를 의도적으로 설계한다. 하지만 의사결정 영역에서는 이 원칙이 소홀히 다루어진다. 예를 들어, 회의에 가족사진을 들고 온다든지, 자신들이 자라온 환경이나 이웃에 관해 이야기하는 것은 그룹 의사결정 상황에서 상상하기 어렵다.

퍼실리테이터의 직무는 다루기 힘든 과제에 서로 협력할 수 있는 평형추를 제공하여 관계를 강화하는 기회를 찾는 것이다. 참여자들은 비록 일시적일지라도 지루하고 절망스런 회의로부터 벗어나기를 바란다. 그래서 업무관계의 보다 중요하고 폭넓은 맥락을 적이나 동맹이 아닌 진정한 사람을 통하여 볼 수 있게 해주어야 한다. 관계를 구축하는 것은 상호 이해의 기초를 다지는 것이다.

친밀감
형성

일화와 소지품

1. 회의에 서로 나눌 수 있는 개인적인 물건을 들고 오게 한다. – 기념품, 사진, 일화 등.

2. 추억속의 이야기를 그룹과 공유할 수 있도록, 자원자를 미리 받아둔다.

3. 시작하기 전에 발표 순서를 미리 정해둔다. 또한 시간을 다 쓰면 어떻게 할지를 정한다. "오늘은 시간이 30분 정도 있네요. 이 시간에 다 마치지 못하면, 나머지 분들의 이야기는 다음 회의 때 듣겠습니다."

4. 발표자들에게 5분 정도씩 시간을 준다. 두세 개씩 질문을 허락한다. 다음 사람으로 이어간다.

두개의 진실과 하나의 거짓(진진가)●

1. 모든 사람들이 자신에 대해서 세 가지 사항을 이야기한다. 이 중 두 가지는 진실이고 한 가지는 거짓이다. 거짓은 반쯤 거짓이면 안 되고, 확실한 거짓이어야 한다. 예를 들어, 누군가가 형이 한 명 있다면, "형이 두 명이다."라고 말하지 않고 "형이 열두 명이다."라고 말한다.

2. 이야기를 다 마치면, 모든 사람에게 거짓으로 보이는 '사실'에 손을 들게 한다. 몇 명이나 그 거짓말이 그럴싸하게 들렸는지 물어본다.

3. 본인에게 어느 것이 거짓이었는지 말하게 한다. 다음 사람에게 순서를 옮겨 반복한다.

4. 모두 마친 후, 그룹을 가장 잘 속인 사람에게 박수를 보내준다.

● 이 활동은 빌 슈미트(Bill Schmidt, 캘리포니아 버클리에 있는 라이트연구소의 조직심리학 강사)가 제시한 "Two Truths and a Lie"의 변형이다.(1993)

지지 의자

1. 반원으로 의자를 배치한 다음, 의자 하나는 마주 보이도록 앞에 놓는다.

2. 한 사람이 20분 동안 지지의자에 앉아 있고, 나머지 동료들은 업무 이외의 삶에 대해 묻는다. 구성원들은 무엇이든 물을 수 있다. 가운데 앉아있는 사람은 언제든지 "그 질문에는 답하지 않겠습니다."라고 말할 수 있다.

3. 가운데 의자에 앉을 자원자를 받는다.

4. 질문자들은 이어지는 질문을 두 개까지 할 수 있다. 이렇게 모든 사람이 마칠 때까지 순서를 이어간다.

참고: 이 활동은 인원이 많을 경우 시간이 길어지므로, 여러 회의에서 이어 진행할 수 있다.

피드백
주고받기

관찰과 해석

1. 모든 사람은 파트너를 찾는다.

2. 각 사람은 상대방에게 5분 정도씩 다음과 같이 피드백을 해 준다. "제가 관찰한 것은 …입니다." "그로부터 제가 마음먹은 것은 …입니다."

3. 5분이 지나면 역할을 바꾼다. 발언자는 경청자가 된다.

4. 선택사항: 시간이 다 되면, 다른 파트너와 계속할지를 묻는다. 새로운 파트너와 두세 차례 반복한다.

5. 전체 그룹으로 돌아와서 소감을 공유한다.

감사편지●

1. 그룹의 인원수에서 하나를 뺀다. 빈 종이를 그 숫자만큼 모든 사람에게 나누어 준다. 예를 들면, 7명의 그룹이라면 각자에게 6장의 종이를 준다.

2. 한 사람에게 하나씩 감사한 점을 쓴다. 간단한 것이어도 좋다. 개인적이거나 속 깊은 이야기를 적어도 좋다.

3. 각자에게 메시지 하나씩을 적었으면, 그것을 접어서 해당 사람의 의자에 갖다 놓는다.

4. 모든 메시지가 전달되면, 자신의 의자로 돌아가서 읽어본다.

5. 15분 정도의 디브리핑 시간을 갖는다.

나에게 말해주세요

1. 활동을 설명한다: 한 사람이 그룹에게 다음과 같이 요청한다. "우리 회의에서 나는 어떤 사람으로 보였나요? 나의 강점과 약점은 무엇인가요?" 사람들은 다음과 같은 말로 대응할 수 있다. "당신은 유일하게 모든 사람의 말을 잘 들어주는 사람입니다." 또는 "짐이 마감기한을 놓칠 때마다 그를 방어해 주는 것을 보았습니다."

2. 자원자를 받는다. 시간을 정확하게 정하고, 그가 어떤 사람으로 보였는지 듣도록 한다. 적어도 15분 정도는 허용한다.

3. 사람들이 느낀 바를 언급하는 동안 지원자는 발언하지 않고 듣기만 한다. 시간이 다 되면 경청자에게 5분 정도 답변할 시간을 준다.

4. 다른 자원자에게 넘어간다. 만약 첫 번째 자원자에게 할 이야기가 더 있는 것 같으면, 추가 시간을 설정한다.

● 낸시 파인스테인(Nancy Feinstein), 조직개발전문가로서 1995년 5월에 샘 케이너에게 이야기한 내용이다.

내용에서 벗어나 절차를 말하기

회의는 때때로 석연치 않은 이유로 늪에 빠져들기도 한다. 예를 들면, 이미 보류해 놓은 주제를 자꾸 다시 꺼내 놓는 사람이 있다. 그럴 때 퍼실리테이터는 다음과 같이 묻고 싶어질 것이다. "무슨 일이죠? 회의에 진전이 없는 것 같습니다. 혹시 왜 그러는지 아는 분이 계신가요?"

그런 코멘트를 통해 참석자들은 회의 진행에 대한 성찰을 할 수도 있을 것이다. 하지만 그런 일은 거의 일어나지 않는다. 회의가 내용에서 벗어나 갑작스럽게 단계를 이동하면 보통 혼란만 가중된다. 몇몇 사람이 그러한 질문에 반응할 수도 있겠으나, 대부분은 원래의 주제에 대해 계속 논의할 것이다. 즉, 구성원들은 논의에서 벗어나 절차에 대해 이야기를 해야 한다는 사실을 알아채지 못하는 것이다.

진행방법

1. 관찰한 바를 설명한다. "오늘 아침 우리들은 발언 도중에 끼어들지 않기로 모두 동의했습니다. 하지만 오후에는 많은 사람들이 서로의 말에 끼어들고 있는 상황입니다. 어떤 이들은 이로 인하여(관찰한 바를 예로 든다.) 스트레스를 받고 있는 것도 보입니다."

2. 확인을 요청한다. "혹시 다른 사람도 이를 알아챈 바가 있나요?" 또는 "비슷한 상황을 보신 다른 분이 계신가요?" 회의에서 힘겨운 시간을 겪은 사람이라면, 이 단순한 질문에 대한 대답이 "내용에서 벗어나게" 하는 좋은 예가 될 것이다.

3. 성찰을 장려한다. "이 상황에서 사람들은 어떤 반응을 했나요?" 또는 "당신에게 어떤 생각과 감정이 생겨났습니까?" 또는 "혹시 지금 상황에서 무언가 감지하신 분이 계신가요?"

4. 다른 관점을 장려하고 의견을 도출한다. 하지만 문제를 직접 해결하려 하거나 사람들을 억지로 동의하게 하지 않는다. 감지를 향상시키는 것은 항상 탐색하는 것이다.

5. 사람들이 본론으로 돌아올 준비가 되었을 때, "본론으로 돌아가기 전에 지금까지 말한 바에 대하여 마지막으로 언급하실 분이 있나요?"라고 묻는다.

6. 선택사항: 설계자가 아젠다를 다시 생각해 볼 수 있도록 짧은 휴식 시간을 갖는다.

회의
개선하기

강점과 개선점

1. 두 장의 종이를 매단다. 한 장에는 '강점', 다른 한 장에는 '개선점'이라고 기재한다.●*

2. 구성원에게 강점을 말하도록 요청한다. 그리고 개선점을 말하도록 요청한다. 두 개의 목록을 동시에 작성한다.

3. 건설적인 학습의 관점에서 솔직하게 말하도록 주문한다.

4. 목록이 만들어지는 동안 '심판의 연기'라는 회의 규칙이 적용된다. 방어, 설명, 사과는 하지 않는다.

지난 주 경험에서의 학습

1. 참여자에게 지난 번 회의를 돌아보고, 불편을 주었던 일을 회상하도록 요청한다.

2. 목록을 브레인스토밍한다. "앞으로 보다 잘하기 위한 방법은 무엇일까요?"

3. 목록에 있는 것 중에서 하나 또는 그 이상의 항목을 준수하기로 모두 동의한다면, 그것처럼 좋은 것은 없다. 그러나 풀리지 않은 감정으로 인하여 구성원들은 쉽게 동의에 이르지 못할 것이다. 숙성되지 않은 상태로 동의를 강요하기 보다는, 1, 2단계를 자각을 높이는 활동 정도로 간주하는 것이 좋다. 때로는 문제라는 이름을 붙여두는 것만으로도 변화라는 먼 길을 향해 첫걸음을 떼는 것이기 때문이다.

● 많은 퍼실리테이터들이 강점과 개선점 대신 부호로 대체하여 사용한다. '+' 표시와 그리스 문자인 'Δ'가 일반적이다.
 * 역자주: 한국에서는 '+', '-' 또는 '↑', '↓' 등의 부호나 '☺', '☹'과 같은 이모티콘을 사용하는 경우가 많다.

퍼실리테이터의 난제 다루기

많은 회의에서 대두되는 어려운 역동의 처리

퍼실리테이터가 경험하는 난제와 효과적인 대응

난제	흔한 실수	효과적인 대응
1. 말 많은 사람이 회의를 독점할 때	경험이 부족한 퍼실리테이터는 이 사람을 통제하려고 시도한다. "실례합니다. 제이, 다른 사람에게 발언권을 넘겨도 될까요?" 더 심하게 하기도 한다. "실례합니다, 제이, 제이가 회의 시간을 너무 많이 잡아먹고 있습니다."	한두 사람이 과도하게 참여한다는 것은 다른 사람들이 덜 참여한다는 뜻이다. 그러므로 수동적인 다수에게 관심을 가지면서 그들의 참여를 끌어올리는 것이 좋다. 독점하는 사람을 통제하려다 보면 오히려 그 사람에게 더 집중하는 결과를 가져온다.
2. 논의가 중간에 겉돌고 있을 때	힘을 좀 더 쓰도록 사람들을 조직화하려고 노력한다. 목소리를 키우기도 하고 우두머리를 내세우기도 한다. "여러분, 회의에 집중합시다."	이때는 휴식시간을 갖는 것이 최선이다. 사람들은 업무가 과중하거나 피로해지면 풀어지게 된다. 한번 호흡을 조절하고 나면 훨씬 잘 집중할 수 있다. 혹은 "좀 달리 해야 할 만한 것이 있을까요?"라고 물어본다.
3. 전체적으로 참여가 저조할 때	침묵을 동의하는 것으로 간주하고, 주요 이슈들을 구성원들이 이해했는지 묻지 않는다. (그것은 시간을 낭비하는 불필요한 일이다.) "지금까지 잘 해주셨습니다. 많은 일을 하셨네요." 이루어진 것이 실질적이고 참여적이었는지, 아니면 단지 잘 꾸며놓기만 한 것인지 묻지 않는다.	저조한 참여는 늘 의심의 눈으로 봐야한다. 표현되지 못한 분노나 공포가 그들의 자유로운 표현을 방해하는 것이다. 아직 감정을 표현할 준비가 안 된 것으로 보이면, 자유토론보다 덜 신경 쓰이는 방법으로 전환한다. 목록 적기를 하거나 소그룹으로 나누어본다. 또는 어항토론이나 뒤섞기와 같이 새로운 활동을 하거나, 아니면 휴식시간을 갖는 것도 좋다.

난제	흔한 실수	효과적인 대응
4. 동시에 여러 개의 주제가 논의될 때	"짐, 그것은 다른 주제 같은 데요?" "한 번에 하나씩만 다뤄 주시겠어요?" 한참 논의하고 있는 와중에 하나의 주제를 선택하여, "잠깐만요, 여러분! OOO에 집중해 봅시다."라고 확신에 차서 말한다.	추적하기를 사용한다. 논의되고 있는 다양한 주제를 분류한다. "지금 논의되고 있는 주제들에 대하여 제가 요약해 볼까요?" 연결하기를 사용한다. "지금 말씀하시는 것이 우리의 중심 주제와 어떻게 연결되는지 설명해주시겠어요?" 나중에 돌아와서 다룰 수 있는 이슈들을 모아두는 '주차장parking lot'을 마련한다.
5. 많은 사람들이 발언시간을 서로 차지하려고 다툴 때	그들을 통제한다. 어차피 서로 존중하는 회의를 만들려는 것이니 대화에 개입하는 것에 대하여 부끄러워할 필요가 없다. 발언자를 선택하되, 이어받을 사람은 지정하지 않는다. 그것은 오히려 자발성을 떨어뜨리는 일이다.	바람직한 회의 모드로 되돌리고 싶다면 다음과 같이 말한다. "팻, 잠깐만요, 지금 조슈아의 요지가 잘 이해되고 있나요?" 그 다음 팻의 요지를 재진술한다. 그리고는 회의 규칙을 제시하면서 논의를 조절한다. 잡아두기, 추적하기, 순서 정하기 등을 사용한다.
6. 상호 무시하는 모습이 나타날 때	불난 데 기름 부을 일이 아니니 그냥 둔다. 회의 규칙으로 붙여 놓은 "상호존중"이라는 문구가 존중하는 행동을 만들어 갈 것이다.	바꿔 말하기의 빈도를 높인다. 압박 상황에 있는 사람들은 지원받기를 원한다. 이 역동을 관리하기 위하여 회의 규칙을 제안한다면, 사람들 각자가 자신의 행동을 봄으로써 스스로 바꿔야 할 것이 무엇인지 말해 보게 한다.
7. 점심 도시락이 일찍 도착하여 맛있는 냄새를 풍길 때	아젠다에 집중한다. 점심은 잘 보관될 것이다. 즉시 소그룹 활동을 시작한다. 따뜻한 음식이 조금은 남아있을 테니 걱정 말라. 결국 점심시간 내내 일을 하게 된다.	상황을 직면한다. 점심 식사, 생일 케이크, 소방 훈련 등 본능을 자극하는 사건이 발생하면 하던 일을 제쳐둘 기회라고 생각한다. 오전의 분위기로 되돌릴 수 있는 기회라고 여기며 점심시간을 활용한다.
8. 발언 내용을 기록한 차트를 내걸 벽 공간이 부족할 때	이젤을 사용하여 차트를 겹쳐 걸어 놓는다. 한 장을 다 채우면 페이지를 넘겨서 다음 장에 적는다. 벽이 차트를 걸기에 적당하지 않으면 아예 차트를 사용하지 않는다. 대신 미리 작성한 슬라이드를 사용한다. 슬라이드는 참여자가 의견을 추가하는 번거로움 없이 명료하게 메시지를 전달할 수 있다. 그러면 굳이 차트를 사용하지 않아도 된다. 불만을 제기한다. "주최측에서 더 좋은 회의실을 마련해 주었다면 회의가 훨씬 좋아졌을 것입니다. 모두 미안합니다. 하지만 분명 제 잘못은 아닙니다."	회의실에 긴 직사각형 테이블이 있다면, 그 테이블을 옆으로 붙여 세워 놓을 수도 있다. 작성된 차트는 책꽂이에 붙일 수도 있으며, 액자 위에 붙이거나 의자 뒤에도 붙일 수 있다. 사실상 어디에도 붙일 수 있다. 온라인 회의를 하는 중이라면, Google Docs™이나 다른 소프트웨어를 사용하여, 노트북 스크린에서 서로 기록한 것을 볼 수 있게 한다. 가장 좋은 방법은 미리 회의실을 확인하는 것이다. 미리 회의 설계자와 협업하여, 그룹이 기대하는 바를 성취할 수 있는 최선의 환경을 만드는 것이 좋다.

난제	흔한 실수	효과적인 대응
9. 주제에 관심 없는 구성원들이 모여 참여가 저조할 때	침묵을 지금까지 이야기한 것들에 대한 동의로 간주한다. 무시하고, 문제를 일으키지 않은 것에 감사한다.	논의를 제안한다: "이 주제가 나와 어떤 관계가 있나요?" 짝꿍대화로 분위기를 만든다. 그렇게 하면 주저하던 사람들도 솔직하게 대화한다. 나중에 회의 계획자에게 사람들의 참여가 왜 저조했는지를 묻는다. 그에 따라 다음 회의를 계획한다.
10. 과제에 대한 후속 마무리가 빈약할 때	비효과적인 덕담이나 훈화를 한다. 그대로 둔다. 이해해 준다. "아, 우리가 그 정보까지 필요한 것은 아닌 것 같습니다."	팀에게 과제를 부여한다. 과제 마감일 이전에 중간보고 절차를 정한다. 과제에 어려움이 있다면 이때 도움을 청할 수 있다.
11. 시작이나 종료를 정시에 맞추지 못할 때	"5분 후에 시작하겠습니다." 5분이 지나면 또다시 5분 후에 시작한다고 안내한다. 꼭 '5분'이 아니라 해도 반복해서 시간을 늦춘다. '중요한 사람'이 도착하기를 기다린다. 그러나 직급이 낮은 사람이 오는 것에는 신경 쓰지 않는다. 종료 시간이 되어도 묻지 않고 시간을 초과한다. 누군가 자리를 뜨면, 다른 사람이 방해받지 않도록 발끝으로 조용히 나가달라고 한다.	방법 1: 시작하기로 한 시간에 시작한다. (원칙: 약속을 지킨다.) 방법 2: 모든 사람이 도착할 때까지 기다린다. 누군가의 지각이 다른 사람의 시간을 낭비한다는 것을 배운다. (원칙: 참석하는 모든 이들이 가치롭다. 그룹의 존엄을 보호한다.) 참고: 이 정책을 만들고 시행하는 일은 회의 담당자의 몫이지, 퍼실리테이터의 몫이 아니라는 점을 명확히 한다. 만약 회의가 상시적으로 늦는다면, 아젠다를 개선한다.
12. 두 사람이 겨룰 때	마치 이 이슈에 다른 사람들은 의견이 없는 것처럼, 논쟁을 벌이고 있는 두 사람의 대화에만 집중적인 관심을 보인다. 또는 아이처럼 취급한다. "이봐요, 두 분. 서로 잘 좀 할 수 없어요?"	다른 사람에게 다가간다. "이 이슈에 다른 의견 갖고 계신 분 있나요?" 또는 "이 이슈에 집중하기 전에 우리가 다뤄야 할 어떤 다른 이슈가 있을까요?" 주의: 대다수가 수동적일 때, 소수의 활발한 사람보다는 대다수의 수동적인 사람들에게 관심을 집중한다.
13. 다른 사람들은 활발하고 한두 명만 조용할 때	조용한 사람을 지적한다. "제트, 오늘 별로 말이 없으시네요. 혹시 보태고 싶은 말씀이 있으신가요?" 침묵은 의견이 없다는 뜻으로 해석한다. 회의를 지속한다. 필요하면 말할 것이다.	"한참 동안 발언하지 않은 사람부터 의견을 내도록 하겠습니다." 소그룹으로 나누어 작업하면 더 효과적이다. 이는 나서기를 주저하는 사람에게 발언시간 경쟁에 대한 압박 없이 발언할 수 있는 기회가 될 것이다.

난제	흔한 실수	효과적인 대응
14. 속삭임이나 잡담으로 주위가 산만해질 때	저절로 사라질 때까지 산만한 행동을 무시한다. 속삭이는 사람을 질책한다. 무안하게 하더라도 바로잡는 것이 좋다.	편안하고 친절하게, 속삭임과 주제의 연결점을 찾아 다시 주제에 집중하도록 시도한다. 속삭임의 내용을 전체에 공유할 수 있는지 물어본다. 문제가 지속되면 이유가 있다고 가정한다. 사람들이 지루해하거나 휴식이 필요한지 살핀다.
15. 퍼실리테이터가 실수하여 당황했을 때	단호하게 입을 다문다. 약점을 보이면 체면이 손상된다. 그룹에서 벗어나 마음을 가다듬는다. 기분전환을 위해 음료를 들이킨다. 고심한다고 달라질 것이 없다.	우리는 누구나 실수한다. 그룹에 진정성을 보이되, 지나치게 하지는 않는다. 실수를 인정하고 하던 일을 지속한다. 마음이 맞는 사람 또는 코치와 실수에 대하여 상담하고 그로부터 배운다.
16. 퍼실리테이터가 불편, 불신, 공포를 느끼고, 특정 구성원과 경쟁하는 상황이 생길 때	자신의 느낌으로 다른 사람에게 뭔가 잘못이 있다고 판단한다. 그리고 감정을 자제한 후 그들이 변화되도록 도와준다. 그들이 잘못한 것을 이해할 수 있도록 피드백을 해준다. 감정이 드러나지 않도록 냉정을 유지한다. 중립을 잃은 것처럼 보일 수는 없다. 그 사람 때문에 불편함을 겪은 다른 사람들에게 동정을 표한다. 감정을 무시하고 자연스럽게 사라지길 기대한다.	사람 사이의 성가심이나 공포, 경쟁은 자연스런 인간의 반응이다. 이런 계기가 퍼실리테이터에게는 중요한 역할을 할 수 있는 기점이 된다. 다음은 이러한 상황에서 즉각적으로 취할 수 있는 방법이다. ■ 휴식시간을 갖고 감정을 추스를 시간을 갖는다. ■ 그 사람에게 나중에 다가가 그 사람에 대하여 더 알아본다. 이 두 가지 반응은 압박받는 상황에서 도움이 될 것이다. 그러나 진정으로 타인을 받아들이는 사람이 되려면 성장과 자기 인식에 대한 몰입이 있어야 한다. 글쓰기, 명상, 치료와 같은 지속적인 실습이 도움이 될 것이다.
17. 명확한 목적과 구조 없이 논의가 겉돌 때	개입하지 않는다. 때로는 분위기가 저절로 수그러들 때까지 기다리는 것이 필요하다. 휴식시간에 리더를 만나, 리더십과 카리스마를 좀 더 보여주지 못함을 나무란다.	논의의 목적이 무엇이었는지를 명확히 하는 질문을 한다. 잡아두기 및 여러 경청 기술들을 발휘하여 대화를 부드럽게 이끈다.
18. 구성원들의 침묵이 불편해질 때	퍼실리테이터의 의견으로 시간을 채운다. 그러면 참여자들에게서 어떤 반응을 이끌어낼 수도 있다. 재미있는 이야기를 들려준다. 농담만큼 침묵하는 분위기를 전환하는 좋은 방법이 없다. "아, 선생님들. 어떤 의견이라도 있으면 내 보세요."라고 말한다.	때때로 침묵은 생각 중이라는 것을 의미한다. 어떤 행동을 취하기 전에, 적어도 15초 정도를 기다린다. 그래도 발언이 없다면. 다음 수단을 써본다. ■ "새로운 생각이 있을까요?" ■ "누가 이 논의의 목적을 다시 한 번 말씀해 주시겠습니까?"

난제	흔한 실수	효과적인 대응
19 한 논의에 여러 갈래가 생겨 참여자들이 압도당했을 때	"한 번에 하나의 주제만 다룹시다. 어떤 주제를 먼저 다룰까요?"라고 말한다. 그리고 먼저 말하는 사람의 선택에 따른다. 논의를 중지시킨다. "너무 혼란스럽습니다." 주제를 분류하고 우선순위를 정한 다음 쉬는 시간을 갖는다.	사람들에게 지금 논의되고 있는 주제를 말하게 한다. 이는 사람들로 하여금 논의에서 한 발 물러서서 숲을 볼 수 있게 해주고, 아울러 자신이 선호하는 나무를 볼 수 있게 해준다. 추적하기나 요약하기 등 경청 기술을 사용하여 목적을 달성한다.
20. 일찌감치 화나는 일이 터지고, 회의에 빨간불이 켜질 때	아무 일도 없다는 듯이 계속 진행한다. 문제를 삼으면 문제가 더 커진다. 문제를 야기한 사람을 지명하여 사과를 요청한 후, 그룹이 이를 용서하고 앞으로 나가게 한다.	그룹에게 회의에서 한 발 물러서 무슨 일이 일어났는지 말해보게 한다. 다음과 같은 시점이 적합하다. ■ 사건 발생 직후 ■ 휴식시간 이후 ■ 회의 종료 시 ■ 다음 회의 시작 시
21. 그룹이 퍼실리테이터의 도움 없이 진행하려 할 때	퍼실리테이터를 활용하면 더 좋은 결과를 얻을 것이라고 주장한다. 이 일은 퍼실리테이터가 할 일이라고 주장하고, 시간이 많지 않음을 상기시킨다.	회의 계획자에게 퍼실리테이터를 요청할지 결정하는 것은 계획자의 몫임을 알려 준다. 회의를 마치고 평가활동을 하도록 한다. 또는, 계획자의 사정에 따라 나중에 디브리핑 시간을 갖고 상의하자고 제안한다.
22. 상사가 발언 시간을 독점할 때	쉬는 시간에 상사를 만나, 발언을 자제하고 경청을 많이 해 달라고 요청한다. 그룹 구성원들이 이 일을 지적하게 유도한다. 사람들이 알아챘으니 변화가 일어날 것으로 기대한다.	주요 질문에 집중한다. 소그룹으로 나누거나 한 바퀴를 시행하여 보다 폭넓은 관점을 얻어낸다. 어떤 그룹에서는 상사가 직원들에게 권한을 위임하길 원한다. 이 경우, 그룹으로 하여금 물러서서 그들의 권위 역동을 살피게 한다.
23. 주요 인물이 늦게 도착했다가 일찍 자리를 떠나버렸을 때	그대로 일을 한다. 주요 인물이 자리에 없어도 어쩔 수 없다. 안 하는 것이 손해다. 그룹으로 하여금 무시당한 것에 대해 불만을 말하게 한다. ㄱ 사람이 자리에 있을 때는 말하기 어려우니 없을 때 불만을 해소해 준다.	자리에 없는 사람과 의견이 다를 수 있으므로 중요한 내용에 대해서는 심각하게 다루지 않는다. 시간 활용을 최적화하기 위하여, 그 사람이 없어도 논의할 수 있는 사안이 무엇인지 찾아본다. 만약 그럴만한 사안이 없다면 기꺼이 회의를 파한다.

난제	흔한 실수	효과적인 대응
24. 공격적이라고 느낄만한 논평이 서로 간에 나왔을 때	이는 퍼실리테이터에게 심각한 위기이다. 어떤 식으로 대응을 하더라도 한 쪽에는 큰 실수가 될 수 있다. ■ 만약 공격적인 언급에 직접적으로 대응하지 않는다면, 사람들은 퍼실리테이터가 너무 수동적이라고 생각할 것이다. ■ 직접 대응하면, 한쪽 편을 든다거나 퍼실리테이터의 의견을 내세우는 것으로 볼 수 있다.	그룹의 문화와 가치에 따라, 다음의 방법을 사용할 수 있다. ■ "방금 스티브의 발언에 누구 하실 말씀이 있나요?" ■ "스티브, 지금 발언에 대하여 피드백을 받을 용의가 있나요?"(이는 피드백을 주고받는 그룹에만 적용됨) ■ 스티브의 논평에 대한 영향을 관찰한다. 반응이 있으면 지적하고, 그에 관하여 논의를 이어간다. 이 이슈를 다루는 것은 반가운 일이 아니다. 그러나 무시하면 더 나쁜 결과가 일어난다.
25. 퍼실리테이터 에게는 말하면서 회의실 안에서는 의견을 내지 않을 때	"회의실 밖에서 대화를 나누었는데요, 여러분들이 할 말을 다하고 있지 못한 것 같습니다. 솔직해집시다. 알았죠?"	밀어붙이지 않는다. 신뢰는 시간을 두고 쌓이는 법이다. 위험성이 있는 관점은 안전한 것을 먼저 다룬 다음에 드러내야 한다. 첫 시도로서, 가벼운 관점이 표출되기 쉽도록 격의없는 소그룹 활동을 제안한다.
26. 피할 수 없는 산만한 상황이 회의장 밖에서 발생할 때	목소리를 높이고, 다른 사람에게도 크게 말하라고 요청한다. 창가로 가서, "여기 회의 중인데, 조용히 좀 해주세요."라고 외친다.	산만함을 감지한다. 짤막한 산만함은 휴식시간으로 해결한다. 긴 상황이면 회의실을 변경하거나 다시 일정을 잡는다.
27. 사람들이 스마트폰을 계속 체크할 때	그런 행동을 하는 사람을 불러 무례하다고 호되게 꾸짖는다. 그냥 둔다. 그러나 화가 난 눈으로 쳐다본다든지 한숨을 크게 쉰다. 시대에 맞게, 이메일이나 메세지를 보내 해결한다.	회의를 시작할 때 전자기기 허용방침에 대해 동의를 구한다. 쉬는 시간과 점심시간을 좀 더 길게 주고 자주 갖는다. 사용을 자제하기로 결정했는데도 누군가가 이메일을 길게 체크한다면, "아, 전자기기를 써야할 상황이 발생한 것 같습니다. 가능한 한 빨리 쉬는 시간을 가집시다."라고 말한다. 필요하다면, "잠깐 닫아주시겠어요?"라고 덧붙일 수도 있다.

난제	흔한 실수	효과적인 대응
28. 사소한 절차에 트집을 잡을 때	시간을 낭비하고 있다는 점을 알려주고, "계속 진행합시다."라고 말한다. 딴청하거나 낙서를 한다. 혹은 "구성원들은 지금 무언가 하고자 하는 의욕이 없는 거야, 아무튼."과 같이 생각한다.	해결할 만한 가치가 있는 과제로 재구성한다. ■ "샬롯이 왜 ○○절차의 방식으로 진행하는지 물어오셨는데, 누구라도 혹시 다른 방법을 생각하고 계신가요?" ■ 제안한 방식의 목록을 만든 다음, 간단한 논의를 퍼실리테이션한다.
29. 집요하게 반복하는 참여자가 있을 때	점심시간에 당사자 몰래 회의 담당자에게 통제해달라는 요청을 한다. 쉬는 시간이 끝나고 회의가 재개된 후에는, 나쁜 행동을 보일 때마다 눈썹을 치켜세우고 머리를 흔들며 나무란다.	사람들은 자신의 말이 전달되지 않았다고 생각하여 계속 말하는 것이다. 그의 말이 모두에게 이해되었다고 느낄 때까지 그의 관점을 요약하여 적는다. 참여자들에게 그룹과 다른 관점이 있는 경우 편히 말하도록 장려한다.
30. 이전에 아무도 알아채지 못한 완전히 새로운 이슈를 누군가 발견했을 때	논란이 가득한 새로운 이슈를 드러내는 것은 사람들을 좌절시킬 뿐이라는 점을 알려준다. 그 사람의 코멘트를 듣지 못한 척한다.	외면하고 싶을 것이다. 그러나 이것이 우리가 찾던 바로 그것일 수 있다. 모든 상황을 새로운 시각에서 다시 볼 수 있는 기회가 찾아온 것일 수도 있다.

MEMO

03

지속가능한
동의

지속가능한 동의를 형성하는 원칙

모든 사람의 관점을 담아내는 의사결정

무엇이 지속가능한 동의를 이끌어내는가?

이상적인 절차

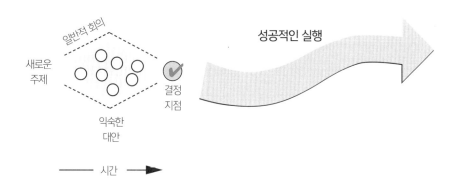

위 다이어그램은 결정이 이루어지는 것과 그 결정에 따른 실행이 이상적인 순서로 이어지는 모습을 보여주고 있다. 논의는 빠르고 직접적이며 실행도 간명하다.

많은 사람들은 - 아마도 대부분의 사람들은 - 실제로 이 모델을 믿고 있다. 다툼도, 으르렁 지대도 없다. 단지 아이디어를 내서 실행을 마칠 때까지 깔끔하게 한 방향으로, 예상한 대로 움직이는 것을 생각한다.

이 모델이 광범위하게 타당하다고 받아들여지는 이유는 단순하다. 대부분의 상황에서 잘 작동하기 때문이다. 달리 말하면, 대부분의 결정은 정형화되어 있다. 익숙한 이슈에 해법은 명백하고, 최소한의 계획과 조정만으로도 실행은 잘 이루어진다.

하지만 모든 문제가 정형화되어 있는 것은 아니다. 그리고 대부분의 사람들은 이 모델이 어려운 문제에서는 제대로 작동하지 않는다는 점을 인식하지 못하고 있다.

까다로운 문제는 쉽게 풀리지 않는다.

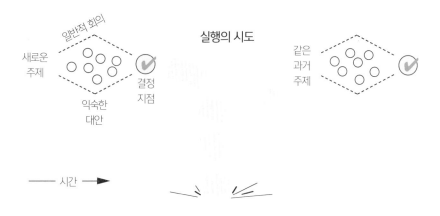

비록 정형화된 문제라 할지라도 그것이 어려운 문제라면, 의사결정은 단순하게 이루어지지 않을 가능성이 매우 높다. 실행은 좌절되고, 그룹은 조만간 원점으로 돌아오게 될 것이다.

까다로운 문제를 정형화된 문제를 풀듯이 풀게 되면 대체로 '유사 해법pseudo solution'을 만들어내고 만다. 당시에는 그럴듯해 보이지만, 나중에 되돌아보면 우스꽝스런 아이디어임을 알게 된다. 이와 같은 유사 해법으로는 다음과 같은 것들이 있다.

- 상위 20개의 우선 대안에 동의한다.
- 이미 일이 넘치고 있는 누군가에게 이 일을 위임한다.

- 그 일에 책임을 부여하지 않은 정책을 수립한다.
- 같은 일을 끊임없이 반복하는 위원회를 만든다.
- 프로그램은 만들고 재원은 투입하지 않는다.
- 거절할 수 있는 사람이 자리에 없을 때 사안에 동의한다.
- 지금부터 '열심히 하자'는 것에 동의한다.

이러한 유사 해법으로는 어떤 문제도 해결하지 못한다. 그것은 참여자들에게 무엇인가 마무리했다는 환상을 심어줄 뿐이다. 그리하여 으르렁 지대에 가보지도 않았으면서 무엇인가 성취했다는 믿음을 갖게 된다.

지속가능한 동의 형성의 실패 사례

일상적인 방식의 논의로 어려운 문제를 해결하려고 하는 것은 잘못된 일이다. 다음은 이와 같은 점을 잘 보여주는 사례이다.

사례연구

도시에 있는 한 백화점 소유주에게 문제가 하나 생겼다. 영업직원들이 계속 지각을 하는 것이다. 그동안 벌금도 걷어 보았고, 협박이나 사정 등 해볼 만한 것은 다 시도해 보았지만, 어느 것도 효과를 보지 못했다. 그래서 그는 이 문제를 해결하기 위해 백화점 전체 회의를 개최했다.

회의의 시작은 아주 좋았다. '진짜 문제'가 무엇인지에 대하여 많은 참여자들이 의견을 냈고, 사람들은 자신의 관점을 피력하는 데 열정을 보였다.

그 중 두 개의 구도로 나타났다. 한 그룹은 대부분 층별 매니저와 감독관들인데, 그들은 소유주가 시간제 학생을 너무 많이 고용하고 있다고 믿고 있었다. 학생들은 스쳐가는 사람이어서 장기적인 사업의 건강성에는 관심이 없다고 말했다. 만약 정규직을 더 많이 고용한다면 충성심도 불러일으키고, 높은 사기와 근무태도도 유지할 수 있다고 그들은 주장했다.

하지만 주로 영업직원이 들어있는 다른 그룹은 급여를 받는 방식이 문제라고 주장했다. 그들은 말하기를, 오전 시간의 중반까지는 고객들이 거의 나타나지 않는다고 했다. 그러므로 하루 중 첫 시간에는 거의 돈을 벌 수 없다는 것이다. 그들은 문을 여는 사람에게는 약간의 추가 급여를 주어야 한다고 건의했다.

백화점 소유주는 양쪽의 이야기를 다 들었다. 잠시 후 사람들의 인내심은 고갈되기 시작했다. 누구도 마음을 바꾸려하지 않았고, 그룹은 새로운 아이디어를 만들어 내지도 못했다. 그들은 논의를 더 지속할 근거를 찾지 못했다. 이때 누군가가 말했다. "누구라도 자신이 원하는 것을 다 얻을 수는 없으며, 때로는 승자와 패자가 있는 법입니다. 이제 결론을 내려야할 것 같습니다." 그러자 백화점 소유주가 입을 열었다. "제가 제안합니다. 다음 4개월 동안 1층에 근무하는 모든 사람에게는 정시에 출근하는 경우 추가 급여를 드리겠습니다. 만약 잘 작동하면, 이를 백화점 전체에 적용하겠습니다. 하지만 잘 되지 않으면 정규직 채용을 늘리는 것으로 정책을 바꾸겠습니다. 어떠세요?" 몇몇 사람이 "좋아요." 또는 "해봅시다."라고 말했다. 소유주는 반대의견이 있는지 물었고, 반대하는 사람이 없자, "좋아요. 동의한 겁니다." 하고 마무리했다.

회의를 마친 후 대부분의 사람들은 영업직원들이 이기고, 관리자들이 졌다는 생각을 했다. 영업직원들은 추가 급여가 생겨난 것에 즐거워했고, 그들의 의견이 받아들여진 것에 기뻐했다. 하지만 감독관들은 화가 났다. 그들은 백화점 소유주가 자신들의 판단을 존중하지 않았다고 느꼈으며, 그래서 권위에 손상을 입게 되었다고 느꼈다.

다음 몇 달 동안, 시간제 학생들은 매우 나쁘게 취급받았다. 누군가가 목요일과 금요일에 일할 수 있게 요청하면, 월요일과 화요일에 근무하도록 배치되었다. 저녁을 요청하면 아침에 배정되기도 했다. 학생들은 예상한 대로 반응했다. 즉, 오래 나오지 않거나, 개인적인 전화로 시간을 보내거나, 긴박하게 아프다고 하거나, 단 이틀을 남겨둔 채 그만두기도 했다. 정규직 영업직원들은 무슨 일이 일어나고 있는지 알고 있었고, 그 어느 때보다 많은 불만을 터뜨렸다. 1층의 사기는 사상 최저로 떨어졌다.

4개월 후, 백화점 소유주는 시험기간을 끝내고 매니저들에게 정규직원을 더 뽑자고 말했다. 그들은 안도했다. 이제 더 좋은 인력으로 사기와 충성심도 높이고, 근무 원칙도 잘 지켜갈 수 있을 것이라고 기대했다. 그러나 영업직원들은 화를 냈다. 그들은 합의안 이행을 게을리한 관리들로 인하여 추가 수입을 강탈당했다고 느꼈다. 그들은 새로 고용된 직원들에게 "상사를 믿지 마라, 그들은 얼간이다."라고 말해주었다. 이러한 긴장은 수년간 이어졌다. 지각과 같은 원래의 문제는 더 안 좋아졌으며, 결코 해결되지 않았다.

지속가능한 동의 형성의 성공 사례

민주적 의사결정의 절차는 과도하게 어려운 문제에 대해서도 의미 있고 통합적이며 널리 지지받는 해법을 찾아낸다. 여기서 열쇠는 자원을 적절히 공급하고 절차에 집중하는 것이다.

사례연구●

캘리포니아 주, 멘도치노 카운티에 있는 지방자치단체들은 개인 소유 삼나무 수목원의 운명을 놓고 오랫동안 지속된 다툼을 해결하기 위하여 벌목인, 환경운동가, 공무원들을 한 자리에 모았다.

1975년까지 개인 소유 수목에 대한 재산세는 서있는 나무의 숫자를 기반으로 부과되었다. 소유지에 나무가 많으면 많을수록 세금을 많이 냈다. 목재 회사에 대한 재식재의 유인책으로 40년 이하의 삼나무에 대한 세금은 면제되었다. 그러나 이 정책은 예기치 않은 결과를 낳았다. 즉, 수요가 있든 없는 이는 오래된 삼나무들을 모두 잘라 없애는 유인책이 되어 버린 것이다.

환경운동가는 나이에 관계없이 모든 삼나무에 세금을 부과하자고 주장했다. 목재 회사는 이에 반대했다. 그들은 그렇게 하면 새로운 식재를 방해할 것이라고 주장하면서, 나무가 덜 심어져 있으면 세금을 덜 낼 것이니 그러면 지금보다 나무를 더 많이 베어버리게 될 것이라고 말했다. 멘도치노 카운티의 많은 주민들은 오래된 삼나무의 보호를 지지하고, 카운티 정치인들은 실행가능한 해법을 찾아야 하는 압박을 느끼고 있다.

따라서 지방자치단체는 모든 분야의 대표들을 모아 테스크포스를 만들었다. 이 테스크포스에는 세제개정안을 제안하는 임무가 부여되었다. 그리고 이 제안은 캘리포니아 주의회에서 승인을 받도록 상정될 예정이다.

첫 번째 테스크포스 회의에서는 양극화가 일어났다. 목재 회사는 환경운동가의 제안은 목재 산업에 대한 의존성이 큰 지역경제의 황폐화를 가져올 것이라고 주장했다. 환경운동가들은 목재 회사가 지나치게 상업주의적이며 근시안적이라고 되받으면서 지역 생태계를 교란하게 될 것이라고 주장했다.

많은 사람들은 힘겨운 입법절차를 통과할 만한 제안이 나올 수 있을지 의심했다. (열 개의 위원회를 통과해야 하고, 특별 관심사에 대한 로비스트들이 자신의 이해에 맞는 제안을 내놓을 여지도 충분하다.) 그러나 테스크포스의 의장단은 이런 모든 어려움을 극복할 의지를 갖고 있었다. 그들은 직원들을 격려하고 지원해주면서, 모든 당사자가 동의하는 해법을 내놓을 수 있도록 계속 업무를 추진했다. 그들은 분쟁이 지속되면 막대한 소송비용의 감당, 공동체의 파괴, 지역경제의 몰락 등을 가져오게 될 것이라는 사실을 잘 알고 있었다.

다음 두 달 동안 테스크포스는 정기적으로 만났다. 그들은 꾸준히 자신의 의견을 내는 일에 편안함을 느꼈으며, 공통분모를 찾아가려는 의지가 생겨나게 되었다. 서로가 타인의 관점에 익숙해지면서, 그들의 토론은 보다 흥미롭고 깊이를 더해가고 있었다.

몇 개월의 시간이 걸렸지만, 결국 그들은 창의적 인식틀을 찾아냈다. 만약 입목의 수를 세지 않고, 벌목한 수를 세는 것으로 과세의 기준을 변경한다면 어떻게 될까? 그러면 목재 소유자는 당장의 수요에 필요한 것 외에는 벌목을 자제할 것이다. 또한 입목에 대한 과세를 걷어냄으로써 토지 소유자도 오래된 삼나무를 보호하기 위한 고통을 받을 필요가 없어진다.

그들은 공식적인 제안을 만들어 의회에 송부했다. 이는 모든 당사자로부터 이미 동의를 얻은 것이었기에 반대 없이 10개의 상임위원회를 통과했다. 법안은 빠르게 완결되었다. 그리고 전체 공동체가 혜택을 입게 되었다.

● 이 사례는 여기서 언급한 테스크포스의 일원이었던 목재 산업 로비스트가 샘 케이너에게 말해준 것이다.

일반적 회의와
참여적 의사결정 회의의 비교

일반적 회의 사례: 백화점 직원회의

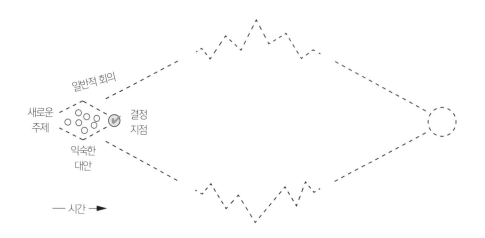

백화점 직원회의에서 잘못된 것은 무엇일까? 그들은 지각이라는 원래의 문제를 풀지도 못했을 뿐더러, 일하는 과정에서 지속적인 적대감과 냉소주의를 만들어냈다. 위 그림은 회의에서 형편없는 결과를 만들어낸 이유를 잘 설명해준다.

그룹은 지속가능한 동의를 찾는 데 얼마나 많은 노력을 기울여야 하는지 인식하지 못한 채, 일상적인 의사결정 절차에 들어갔다. 그들은 단지 익숙한 대안만을 고려했고, 창의적인 것은 찾지 않았다. 예를 들면, 누구도 백화점 문을 늦게 연다거나, 이른 시간에 찾아오는 고객에게는 카푸치노를 대접하자는 등의 가능성 있는 제안을 하지 않았다. 그들은 대안을 찾아가기보다는 두 개의 대립되는 접근방식에만 매달렸다. 자신의 의견이 얼마나 많은 영향을 끼칠지에 대해서는 고려하지 않은 채 자신의 관점으로만 말했고, 이를 반복했다. 누구도 다른 사람의 생각을 살피려는 노력을 기울이지 않았다. 백화점 소유주는 회의를 마무리하면서 자신의 대안을 내세웠고, 표면적으로 이의가 없는지를 체크했다. 그리하여 그룹은 빠른 결론에 도달했다. 빨랐지만, 궁극적으로 비효과적인 것이었다.

참여적 의사결정 회의: 재산세 테스크포스 회의

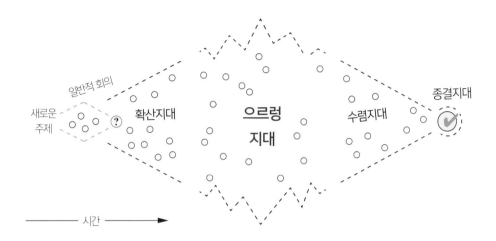

두 번째 사례의 두드러진 특징은 무엇인가? 문제 자체는 더 어려웠다. 이해관계도 크고, 경쟁하는 이해관계자들의 힘도 더 강력했으며, 마무리에 도달하는 전반적인 구조도 비교할 수 없을 정도로 복잡했다. 하지만 당사자들은 모든 이해관계자들이 진정으로 받아들일 수 있는 창의적인 해결책을 찾아낼 수 있었다. 위의 다이어그램은 이 그룹이 참여한 의사결정 절차의 유형을 개략적인 윤곽으로 도식화한 것이다.

이 그룹은 한두 번의 회의로 문제를 해결한 것이 아니었다. 그들은 좋은 해법을 찾을 때까지 그룹을 지속적으로 지지할 수 있는 구조를 만들어냈다. 의사결정 권한에 대해서는, 최종 대안에 모든 당사자가 동의해야 한다고 분명하게 합의했다. 그렇지 않으면 입법이 어렵게 된다. 매우 힘들어 보이는 조건이지만, 바로 이 조건이 이해집단 간의 적대감을 극복할 수 있게 해주었다. 때로는 회의 내내 타인의 관점을 이해하기 위해 다투어야 했다. 그러나 점차 그들은 서로 간의 이해를 높여갔다. 이로써 그들은 모든 사람들의 관점을 포괄하는 콘셉트와 해법을 찾아낼 수 있게 되었다.

문제해결을 위한
두 가지 마음가짐

재산세 테스크포스 회의에 비교하여, 왜 백화점 직원회의는 빈약한 결과를 만들어냈을까? 그 이유 중 하나는 명백하다. 그들은 서로 다르게 회의를 조직한 것이다. 백화점의 회의는 단 한 번으로 그쳤다. 그것도 일상 업무 방식으로 시도했다. 그들은 말할 기회를 얻었으나 익숙한 의견뿐이었고, 그래서 논의는 서둘러 종료되어 버렸다. 반면 재산세 테스크포스 회의에서는 단계마다 문제해결 절차를 풀어놓을 수 있는 참여적 과정을 설계했다. 그들도 익숙한 의견에서 출발하였지만, 시작 단계의 입장을 뛰어넘을 수 있도록 사람들을 지지하는 구조를 만들어내고, 공유된 이해의 틀을 만들어갔다.

그러나 이것은 그들이 '무엇'을 했는지를 말하는 것일 뿐이다. '왜' 그렇게 했는지는 또 별도의 문제이다. 두 그룹은 왜 이처럼 다르게 회의를 조직했을까? 그것은 문제해결에 대한 마음가짐이 서로 달랐기 때문이다. 한 그룹은 '둘중하나Either/Or' 마음가짐이었고, 다른 하나는 '양쪽모두Both/And' 마음가짐이었다.

'둘중하나' 마음가짐에서는 경쟁하는 대안 중에서 하나를 선택해야 문제가 해결된다. 대안 A를 선택하거나 대안 B를 선택해야 하는 것이다. 즉, 누군가는 이기고 누군가는 지는 방식이다. 그러나 '양쪽모두' 마음가짐에서는 모두의 관점을 담아내는 참여적 해법을 찾아가는 것이 문제를 해결하는 방식이다. 대안 A와 B 중에서 하나를 선택하는 것이 아니라, 둘 모두를 위한 새로운 아이디어를 찾아가는 것이다.

'둘중하나' 마음가짐이 작동하는 그룹은 마음이 급하다. 그들은 빨리 결정을 내리기 원한다. 논의의 관점은 같은 영역에서 맴돌고, 명확한 대안이 제시되면 더 이상의 논의는 가치가 없게 된다. 그러나 양쪽모두 마음가짐이 작동하는 그룹에서는 편의성보다 효과성에 높은 가치를 둔다.

물론 초기에 제시된 대안이 효과적으로 작동하는 해법이라면 그보다 좋은 건 없을 것이다. 빠르게 결정할 수 있는 일이라면 빨리 결정하는 것이 좋다. 그러나 초기 의견들이 실제로 작동하기 어려운 것들이라면 더 많은 노력을 기울여야 한다. 그런 그룹의 목적은 단지 결정을 하는 것이 아니라 지속가능한 결정에 도달하는 것이다. 즉, 주요 이해관계자들은 효과적으로 실행하고 지지할 수 있는 해법을 고안해야 한다.

이 두 가지 마음가짐에 대한 특징을 비교하면 다음과 같다.

	둘중하나 마음가짐	양쪽모두 마음가짐
가치체계	경쟁	협력
기대 결과	승/패	승/승
승리에 대한 태도	이겨서 쟁취해야 한다.	당신의 성공이 곧 나의 성공이다.
패배에 대한 태도	누군가 패배해야 한다.	누군가 패배하면 모두 패배하는 것이다.
소수의견에 대한 태도	규칙에 따른다.	누구에게도 일말의 진리는 있기 마련이다.
대립하는 입장 차이를 탐색하는 이유	흥정의 소재를 찾기 위하여, 타협을 준비하기 위하여	공유된 이해의 틀을 만들기 위하여, 상호 창의적인 사고를 준비하기 위하여
본질적 정신 활동	분석, 즉 전체를 부분으로 나눈다.	종합, 즉 부분을 전체로 통합한다.
소요 시간	일반적으로 단기적 상황에서 빠르다.	일반적으로 장기적 상황에서 빠르다.
사용 시기	지속성보다는 편의성이 중요할 때 만족스런 결과를 낸다.	모든 당사자가 결정을 막아낼 힘을 가지거나, 이슈 자체가 높은 이해관계를 표방하는 상황에서 유일한 해결책이 된다.
바탕 철학	적자생존	상호의존

'양쪽모두' 마음가짐의
실현방법

• 불가능해 보이는 것도 무엇이든 질문한다.

• 문제를 독립된 부분으로 나누어 각각 해결한다.

• 특이한 정보원으로부터 자원을 찾아본다.

• 비슷한 문제를 해결한 다른 사람의 사례를 찾아본다.

• 고정관념에 도전한다. 단지 어떤 방식으로 해왔다는 것이 그 방식을 고수해야 하는 이유
  가 될 수는 없다.

• 자기선택: 모든 사람이 스스로 원하는 것을 한다.

• 좀 더 시간을 들여 협상한다.

• 해법에 우선하여 필요를 찾아본다. 그 후에 모든 사람의 필요에 맞는 해법을 찾는다.

• 바탕에 있는 공동의 목적을 탐색한다.

• 대안 간 상호의존성을 더 많이 만든다. (예, 당신이 자르고 내가 선택한다.)

• 새로운 파트너와 협력 사업을 시도한다.

이 문제해결 원칙은 대립하는 대안을 통합적인 해법으로 만드는 데 도움을 줄 것이다. 구성
원들의 차이점을 대립적 방법으로만 해결하려고 한다면 이 원칙들은 소용없을 것이다. 이
모든 원칙들은 모든 이들에게 동일하게 작동하는 해결책이 될 것이다.

MEMO

현장에서의 포괄적 해법

창의적이고 비대립적인 문제해결로 이끄는 사례연구

> 현장에서의 포괄적 해법:
> 창의적 통찰로 이끄는 사례연구

포괄적 해법의 원칙

참여적, 비대립적 문제해결의 원칙은 지속가능한 동의의 중심에 있다.

멘도치노 카운티 목재세 위원회의 사례를 생각해 보자. 목재세에 대하여 수년간의 의견 대립이 있었지만, 그들은 세금 부과 방식을 바꾸는 것으로 모두가 혜택을 볼 수 있다는 것을 알게 되었다. 그래서 40년간 시행해 오던 '입목'에 대한 부과에서 '벌목'에 대한 부과로 과세 방식을 변경했다. 이 변화의 바탕에는 다음과 같은 창의적 문제해결의 원칙이 깔려 있다.

"고정관념에 도전하라. 단지 어떤 방식으로 해왔다는 것이 그 방식을
고수해야 하는 이유가 될 수는 없다."

참여적 원칙을 시도하면 창의적 사고가 자라난다. 예를 들어, 멘도치노 사례를 그룹에 적용하는 것이다. 논의를 하고 나서, 다음과 같이 질문해 보라. "우리 그룹의 고정관념은 무엇일까요? 우리가 도전해 볼 만한 것은 무엇일까요?" 멘도치노에서 발생했던 그 사례는 그룹 구성원들에게 참여적인 해결을 향해 나아가도록 자극을 줄 것이다. 이어지는 내용은 이에 대한 10개의 훌륭한 사례들이다.

사례연구 1. 부분의 합을 능가하는 전체

문제

오클랜드 통합 교육구 시정부는 높은 청년실업률, 조기자퇴, 10대 임신 등에 관한 교육적 성과를 높이기 위하여 오랫동안 노력을 기울어 왔다. 하지만 모범학교, 가족자원센터, 공정예산 같은 그 동안의 정책들은 노력에 비해 큰 효과를 보지 못했다. 이러한 정책들은 매번 성과 없이 질질 끌어 다니기만 했다. 마침내 2003년, 교육구는 재정 관리에 들어갔고, 교육구 관리의 무능과 부패로 인해 주정부의 감독을 받게 되었다.

해결

전체 지역사회는 퍼실리테이터의 도움을 받아, 교육과 지역사회의 지원을 한데 묶어내는 모델을 개발하였다. 이 모델은 '통합 서비스 지역사회 교육구'라 이름 붙여졌다. 이 계획은 학교가 위치한 지역에 살고 있는 주민들에게 교육, 보건 및 기타 서비스를 함께 제공하는 것이다. 서비스는 해당 동네의 주민들과 공무원들을 통해 제공되었다. 3년이 지나자 졸업률이 현저하게 높아지고 정학률이 눈에 띄게 낮아지는 결과가 나타났다. 또한 학교 기반의 보건센터는 모든 중등학교까지 확대되었다.

원칙

전체는 부분의 합을 능가한다. 교육청 공무원, 지역 주민, 보건 요원, 경찰, 교원 노조 선생님, 시청 공무원, 교회 지도자, 그 외 다른 견해와 이해관계를 가진 지역사회의 서로 다른 사람들, 이들은 각각 '부분'일 뿐이지만, 이 '부분'이 모이면 다양한 욕구를 충족시킬 수 있는 압력이 만들어진다. 그리고 그것은 큰 그림을 보는 기회를 만들어내고, 나아가 시스템 전체에 대한 새로운 해결책을 찾아낸다.

자료: Junious Williams, Chief Executive Officer, Urban Strategies Council, Oakland CA. 그는 2년 동안 이 모델을 만드는 과정에서 수석 퍼실리테이터의 역할을 담당했다.

사례연구 2. 막다른 길 벗어나기

문제

캐나다의 대규모 산림회사인 맥밀란 블레델은 수십 년간 캐나다 브리티쉬 콜럼비아에서 행해지고 있는 오래된 숲의 벌목에 대해서 환경운동가와 공공의 전쟁을 치르고 있었다. 정부 테스크포스는 수용 가능한 토지사용계획을 수립하려 했지만 실패했다. 이해관계자들이 너무나 강력하고도 과도했던 것이다. 목재회사는 자유로운 벌목권을 갖지 못하는 것에 반대했고, 노조는 일자리를 잃는 것을 깊이 우려했다. 환경운동가들은 제안된 보호 토지 면적에 만족하지 않았다. 게다가 캐나다 원주민 공동체는 자신들의 고향에 대한 결정에 어떠한 영향력도 행사하지 못하고 배제되어 있다는 것에 당혹스러워했다. 심한 반대와 보이코트가 계속되었다. 의견교환은 대립적이었고, 각자는 언론 매체를 통해 가능한 강력한 방법으로 자신의 입장을 피력할 뿐이었다.

해결

분쟁은 법정에서 그리고 공적인 저항으로 격렬해졌다. 하지만 자신의 입장에 몰두하여 힘겨운 싸움을 벌인 이 사람들은 분쟁의 와중에서 자연스럽게 서로의 이름을 부르는 친숙한 사이가 되었다. 이처럼 단순한 인간적 친밀감은 결과적으로 비공식적인 대화를 이끌어냈고, 마침내 공격을 배제하고 단순히 필요와 이익에 대해서만 말하는 '갈등 자유 영역'을 형성하게 되었다. 원주민 지도자들은 협정 절차를 도입하여, 대립적인 대화에서 존중하는 대화로의 전환을 이끌었다. 마침내, 수년간 궁지에 몰려있던 각 당사자들은 '원주민 사회와 브리티쉬 콜럼비아 주 간의 새로운 협약'이라는, 중앙해안 토지 사용에 관한 역사적인 합의에 도달했다.

원칙

궁지에 몰렸다는 것은 풀리지 않는 영속적인 갈등에 빠졌다는 것을 의미한다. 여기에서 벗어난다는 것은 곧 진다는 것을 뜻하므로, 사람들은 지지 않기 위하여 자신의 입장만을 고수한 채 주변을 맴돌게 된다. 그러나 '영속적인 갈등'이라는 것은 또한 '영속적인 관계'라는 의미도 담고 있다. 시간이 지나면서 당사자들은, 비록 오랫동안 반대를 해왔을지언정 상대방이 사람이라는 것을 알게 되었다. 분쟁은 변하지 않아도 사람은 변한다. 이것이 바로 대립의 마음가짐에서 협력의 마음가짐으로 이동하는 데 깔려있는 핵심 원칙이다.

자료: Ann Svendsen and Myriam Laberge, May 2003,
Co-creative power: Engaging Stakeholder Networks for Learning and Innovation,
www.collectivewisdominitiative.org/papers/laberge_wholesystems.pdf

사례연구 3. 우수사례 공동학습

문제

캘리포니아 주 엘도라도 카운티에서 가장 큰 의료기관인 마샬 의료센터는 전자의무기록EMR을 위한 컴퓨터망을 업그레이드해야 했다. 의사들은 그들이 원하는 제품을 선택하기 위하여 테스크포스를 만들었다. 원무과 직원들도 마찬가지였다. 환자 진료의 품질을 신경 쓰는 의사들은 '유연성'을 갖춘 EMR 시스템을 회망했는데, 이는 환자들마다 다르게 나타나는 독특한 반응을 코멘트할 수 있기 위한 것이었다. 반면 병원측은 최선의 환자 서비스를 제공하고 싶어했는데, 이는 대부분 보험회사에 대한 청구와 관련된 것이다. 신속하고 충분한 치료비를 받기 위해서는 EMR 데이타의 '표준화'가 중요했다. 원무과 직원들에게 유연성을 지닌 데이터란 일종의 악몽과도 같다.

해결

EMR 시스템이 어떻게 작동하는지를 알아보기 위하여 원무과 직원과 의사들은 "현장견학" 팀을 이루어 타 병원으로 견학을 갔다. 어떤 EMR 제품은 진료실에서 실험실, 병원 전체에 이르기까지 환자의 모든 경로를 따라갈 수 있도록 설계되었다는 것을 알게 되었다. 이러한 구조에서 데이터는 그 입력에 있어서 '유연성'을 지닐 수밖에 없다. 하지만 EMR 제품은 또한 이를 번역하여 '표준화'된 범주로 데이타를 분류할 수 있도록 되어 있었다. 그리하여 마샬팀은 EMR 시스템이 자신들의 요구사항에 모두 부합되며, 전체 의료 시스템 업무에도 잘 연결될 수 있다는 것을 확인했다.

원칙

사람들은 곤경에 처할 때면 익숙한 해법 안에서 이리저리 궁리하는 경향을 보인다. 그럴 땐 그들에게 견학의 기회를 제공하여, 비슷한 상황에서 사람들이 자신의 니즈needs를 어떻게 해결하고 있는지를 보게 하라. 우수사례를 보게 되면 그것을 자신의 상황에 맞게 해석할 수 있게 된다. 이 접근은 '둘중하나'의 해법에서 무엇이, 왜, 어떻게 작동하는지를 질문으로 전환하게 해준다. 그리고 사람들의 고민이 니즈와 요구사항의 논쟁에서 대화로 바뀌도록 만들어준다.

자료: Leah Hall, VP, Performance Excellence, Marshall Medical Center, Placerville CA. 2007

사례연구 4. 고정관념 뒤집기

문제

산호세 국립은행에는 여성 직원이 많다. 그러다 보니 어떤 해는 직원의 10%가 임신을 하게 되었다. 문제는 출산휴가가 많아져서 생산성이 크게 떨어질까 하는 것이다. 경영진은 대안을 찾아야 했다. 출산휴가를 제한해야 할 것인가? 일부 직원을 해고해야 할까? 출산을 앞둔 여성들은 은행이 걱정되기도 했지만, 아이와 첫 몇 개월을 함께 보내는 것도 매우 중요하다고 생각했다. 각 그룹은 서로의 사정을 이해했지만, 누구도 입장을 바꾸기는 어려웠다.

해결

엄마들은 아기를 회사에 데려와 책상 옆에 두는 것이 허용되었다. 그들은 하루 종일 아기와 함께 있으면서 아기가 원할 때마다 필요한 것을 돌봐주었다. 그들의 급여는 일하는 시간이 줄어든 만큼 약간 하향 조정되었다. 아기가 조금 자란 후에는 은행이 지원하는 근처 어린이집에 맡길 수 있게 되었다.

원칙

이 문제를 해결한 것은 '일과 육아는 선택적'이라는 전통적인 사고를 깨뜨린 것이다. 여기서는 은행의 니즈(업무)와 엄마의 니즈(육아)가 동시에 충족되었다. 당신은 '둘중하나'의 입장에서 선택해야 하는 상황에 있는가? 그렇다면 새로운 대안을 찾아보라. 분명 새로운 길이 열릴 것이다.

자료: *San Jose Mercury News*, March 6, 1994.

사례연구 5. 자르고 고르고

문제

많은 국가의 대표들이 해양자원 채굴에 관한 국제 정책을 개발하기 위하여 모였다. 풀어야 할 한 가지 과제는 해저 광물의 채굴 지구를 적절하게 분할하는 것이다. 후진국을 대변하는 UN 기구인 엔터프라이즈(Enterprise)는 부유한 국가들이 불공정하게 유리한 조건을 가지고 있다고 주장했다. 그들은 선진국의 기업들이 자기들의 월등한 레이더와 탐지 기술, 우수한 전문가들을 활용하여 유리한 지대를 점유할 수 있다는 점을 우려했다. 이러한 지식으로 부유한 국가들은 광물자원의 할당을 불공정하게 제안할 것이고, 가난한 국가들은 이러한 할당이 불리한지조차 모르고 받게 될 것이다.

해결

대표들은 민간 기업에게 그들의 정교하고 우수한 장비와 전문가를 활용하여, 동등한 가치를 지닌 두 개의 지구를 확인하게 했다. 엔터프라이즈는 가난한 국가를 위하여 이 둘 중에서 하나를 먼저 선택하고, 민간 기업은 다른 하나를 차지했다. 이렇게 함으로써 민간 회사는 동등한 가치를 지닌 두 개의 지구를 확인하는 유리함을 얻었고, 가난한 나라는 전문가의 도움을 얻는 혜택을 받게 되었다.

원칙

이것은 고품질 광물의 채굴 지구라는 고정된 자원을 놓고 서로 경쟁하는 상황이다. 여기에 적용된 참여 원칙은 강력한 당사자과 유약한 당사자의 이해를 묶는 것이다. 당신이 처한 상황에서 강력한 당사자를 참여시킬 만한 유인책은 무엇인가?

자료: R. Fisher and W. Ury, *Getting to Yes* (New York: Penguin Books, 1983), p.58.

사례연구 6. 공통기반의 발견

문제

어느 대도시의 외곽 지역은 다양한 인종들이 모여지면서 점점 더 다문화 사회가 되어갔다. 주민들은 이들 다문화 사회와 통합을 이룸과 동시에 마을의 특성을 보존하기 위해 지역협의회를 결성했다. 협의회는 이러한 인구변화로 인하여 투자 기관들이 마을에 대한 투자를 줄일 것이라는 의심을 가지고 있었다. 실제로 지역 투자 기관을 조사한 결과, 몇몇 투자 기관에서 투자 축소 전략을 시행하고 있는 것을 확인됐다. 협의회는 더 많은 투자를 원하고 있었고, 만약 투자를 줄이면 보이코트를 하겠다며 투자 기관을 위협하기까지 했다. 투자 기관은 이러한 의심을 부정하면서, 추가적인 감시에는 협력하지 않기로 했다.

해결

처음에는 투자가 줄어든 것에 대하여 서로 책임을 물으면서 교착 상태에 빠지기도 했다. 하지만 그들이 공통으로 바라는 것이 있다는 점을 깨닫자 돌파구가 마련되었다. 그것은 마을을 보존하자는 것이다. 그들은 상업적 부흥을 꾀하여 지역 개발 회사를 설립하고, 각 투자 회사가 자금을 투자할 수 있는 담보 계획을 만들었다.

원칙

환경이 변하면 많은 문제들이 생겨난다. 이때 서로 책망하고, 반대편과 갈라서고, 힘 있는 사람에게 도움을 청하는 일이 생겨나는데, 그런 것들은 문제를 해결하기 위해 사용하는 흔한 전략들이다. 하지만 이 사례에서 참여자들은 다른 원칙을 따랐다. 그들은 공통적인 관심사에 집중했고, 공유된 비전을 찾아내려고 노력했다. 이로써 그들은 효과적으로 협력하게 되었고, 건설적이면서도 자기 주도적인 행동을 할 수 있게 되었다.

자료: B. Gray, *Collaborating* (San Francisco: Jossey-Bass, 1989), p. 95.

사례연구 7. 말썽꾼의 욕구 반영

문제

어느 지역사회에서 고등학생들의 도덕적 행동이 특히 야간에 더 나빠지고 있는 것을 보게 되었다. 이에 시 행정부는 경찰의 순찰을 늘리고, 귀가 시간 단속을 강화하기로 결정했다. 하지만 지역사회는 이러한 방침에 반대했다. 강제 귀가는 모든 사람의 자유를 제한하는 것이 될 것이며, 경찰력이 많아지면 오히려 마을의 폭력이 더 늘어날 것이라고 느꼈다.

해결

마을의 주민들은 학생과 성인이 모두 만나 이 문제를 해결하기 위해 논의했다. 그들은 몰려다니고 문제를 일으키는 것에 대한 대안으로 야간 농구 프로그램을 제안했다. 지역사회는 이것이 외부의 개입 없이 안전한 동네를 만드는 데 도움이 되는 방법이라고 생각했다. 시 행정부도 이 프로그램이 야간에 학생들을 거리로부터 벗어나게 할 수 있다는 것을 알고 기뻐했다.

원칙

일반적으로 우리는 문제를 일으키는 사람들을 고치려고만 한다. 그들을 압박하거나 병원에 보내거나 내쫓거나 그들과 싸우거나 또는 그들의 행동을 통제하려고 한다. 반면, '말썽꾼'을 이해관계자로 보고 문제해결 과정에 참여시키면 유리한 점이 생긴다. 그들의 욕구를 이해하고 나면, 그들은 문제를 전환하는 동지가 될 수 있다.

자료: Marshall Rosenberg's workshop on Compassionate Communication, February 1995, as related by Liz Dittrich to Sam Kaner's Group Facilitation Skills class, June 1995.

사례연구 8. 경쟁자와 협력하기

문제

작은 서부 도시에 한 차례의 예산 잉여가 생겼다. 그러자 즉시 두 그룹에서 이 자금을 유용하기 위해 경쟁이 붙었다. 한 쪽은 여성연합 그룹으로서, 현재의 규모로는 부적절한 시립 돌봄센터를 확장하기 원했다. 다른 쪽은 주택소유자와 시 소방관들인데, 이들은 집을 지키고 보험료를 낮추기 위하여 낡은 소방 장비를 업그레이드하기 원했다.

해결

자금의 일부가 시의 낡은 소방서를 개조하여 돌봄센터로 전환하는 데 사용되었으며, 부족한 새 센터 초기 비용은 주의 매칭 펀드를 받아 충당했다. 그리고 남은 예산의 대부분은 세 개의 새로운 소방서를 짓는 데 사용했다. 새로운 소방서들은 시의 소방 등급을 AA에서 AAA로 높여주었고, 그 결과 보험률은 낮아지고 주택가격은 상승하는 효과를 보게 되었다. 이로써 새로운 장비를 구입하는 것도 가능하게 되었다.

원칙

재원이 부족하면 그것을 놓고 경쟁하는 것이 일반적이다. 그러나 이 사례에서 두 그룹은 서로 협력자가 되어, 외부의 재원까지 유입시켜 추가적인 자원을 확보했다.

당신은 파트너와 경쟁하고 있는가? 그렇다면 동맹할 만한 여지는 없는지 살펴보라.

자료: M. Doyle and D. Straus, *How to Make Meetings Work* (New York: Jove Press, 1982), p.56.

사례연구 9. 장기적 안목 갖추기

문제

뉴기니의 열대우림에서 한 대규모 목재회사가 토착민에게 접근했다. 그 회사는 숲을 깨끗하게 밀고 그 중에서 단단한 목재만 가져가는 조건으로 일괄 지불할 것을 제안했다. 빈곤한 토착 부족에게는 환상적인 제안이었다. 그들은 자기들에게 있는 유일한 상품을 팔아 자기들에게 없는 상품들을 사기 원했다. 그러나 지역 환경운동가들이 이를 알아차리고 반대했다. 그들은 숲을 완전히 복구 불가능한 상태로 파괴할 수는 없다며 가로막았다.

해결

환경운동가들은 토착민들이 소규모 목재회사를 설립하도록 도왔다. 그들은 이동식 전기톱으로 한 번에 하나씩 목재를 처리할 수 있게 되었다. 자른 목재는 대규모 회사가 이전에 제안한 것에 비하여 훨씬 가치가 컸다. 이제 그들은 숲의 건강을 해칠 만큼 나무를 벨 필요를 느끼지 못했다. 처음에 제안했던 목재회사도 그 나무를 사서 다시 수출 함으로써 이윤을 창출할 수 있게 되었다.

원칙

많은 그룹들은 즉시적인 필요만을 근시안적으로 바라보면서 단순하고 직접적인 해법만을 찾는다. 그러나 보다 긴 안목으로 해결책을 찾아야 보다 의미 있는 결과를 얻게 된다. 위 사례에서 그룹들은 지속가능성에 대해 심사숙고함으로써 창의적 전략을 만들어냈다. 그것은 단기처방을 내렸다면 결코 만들어낼 수 없는 것이었다.

자료: 환경운동가이며 저자인 존 시드(John Seed)가 사라 피스크(Sarah Fisk)에게 말한 내용이다.

사례연구 10. 순차에서 동시로

문제

카이저 퍼머넌트의 한 부서인 어빈의료센터의 원무과 직원들은 가장 시간이 많이 걸리는 전체 골반 및 무릎 관절 교체술 같은 수술의 비용을 절감하기 원했다. 하지만 서로 간에 연락이 쉽지 않기 때문에, 담당 부서들과 협력하여 수술 계획을 잡는 것은 여간 어려운 일이 아니었다. 전문가들은 자원 확보를 위해 서로 경쟁했고, 표준화된 직무기술서를 준수해야 하는 비 의사 직원들은 창의적인 사고를 회피하기만 했다. 그러는 사이 보험을 적용받는 환자들은 청구 가능한 모델만 사용하느라 수용 가능한 치료가 제한되었다.

해결

TF팀에서 수술 절차를 검토했다. 동시수행이 가능한 부분을 확인하자, 효율성 있는 처리가 가능해졌다. 의료진들은 일을 마치고 연락을 주는 대신, 언제 시작하면 좋을지 담당자에게 미리 알려주었다. 서로의 역할이 맞추어지고, 필요할 때 어떤 것이라도 도울 수 있는 '유랑 간호사'라는 유연한 직위가 추가되었다. 수술은 하루 2회에서 4회로 늘어났다. 평균시간도 45분에서 20분으로 줄었고, 연간으로는 188시간의 수술 시간을 절약했다. 한 병동에서는 직원의 직무 만족도가 85%까지 올라갔다. 이제 카이저 퍼머넌트는 이 전략을 더 널리 시행하게 되었다.

원칙

여러 영역의 전문가들이 참여해야 하는 복잡한 절차는 보통 순차적으로 수행된다. 즉, 앞 팀에서 일을 끝내야 다음 팀에서 시작하는 방식이다. 이처럼 잦은 지연이 발생하고 비용도 높은 절차를 개선하기 위해서는 팀 간의 동시적 행위를 늘리고, 팀 간 상호소통을 증진시키며, 역할에 있어서 유연성을 높여야 한다. 이러한 동시성, 정보에의 접근 가능성, 그리고 유연성이라는 특징은 참여적인 "양쪽모두" 해법의 고전적인 특징이다.

자료: Building a Collaborative Enterprise, by Paul Adler, Charles Heckscher and Laurence Prusak. In *Harvard Business Review's 10 Must-Reads on Collaboration*. Harvard Business School Publishing Co., 2013

사례에서
배우기

중요성

이 장에서 우리는 실생활에서 발생하는 어려운 문제에 대한 참여적 해법들을 살펴보았다. 제시된 각 사례들은 참여적 원칙에 대한 다양한 용례를 보여주고 있다. 이러한 원칙들을 통해 우리는 모든 대상들의 관심사항을 만족시킬 만한 창의적 해결책을 마련할 수 있다.

대부분의 그룹은 '둘중하나'의 마음가짐에서 벗어나기 어려워한다. 그런 그룹에게 동기를 부여하기 위하여 어떤 퍼실리테이터는 약간의 흥미로운 제안을 한다. "만약 당신이 이러이러하다면 어떨까요?" 또는 "이것이 …를 바라보는 방식입니다." 그러나 많은 사람들은 그러한 노력을 '그룹에 동참하라'는 의미 정도로 받아들일 것이다. 그들은 자신들에게 이득이 없는 그런 제안을 쉽게 거절한다.

그보다 강력한 방법은 '양쪽모두' 사고를 반영한 실생활의 본보기를 제공하는 것이다. 구체적인 사례를 논의하는 것이 때로는 강의보다 효력이 있다. 그리고 이 방식은 퍼실리테이터의 중립성을 유지해주기도 한다. 게다가 그룹 구성원들이 지속가능한 동의를 향하여 나아가도록 장려해준다.

다음은 앞서 제시한 사례들을 활용하여 논의를 촉진시키는 방법이다.

방법

1. 위 사례연구를 일부 또는 전부 복사하여 나누어준다.

2. 모든 사람에게 한두 개의 사례를 읽게 한다.

3. 두 사람씩 짝을 지어 상대방과 해당 사례에 대해 논의한다. "지금 읽은 사례에 대하여 어떤 생각이 드나요?"라고 묻는다.

4. 5분 후에 전체 그룹으로 다시 모여 논의한다. "우리가 처한 상황에 새로운 시각을 주는 원칙을 발견하신 분 계신가요?" 논의할 수 있는 시간은 충분히 준다.

MEMO

문제의 창의적 재구성

고정관념을 깨뜨리는 원칙과 도구

같은 문제를 바라보는 두 가지 시각

일반적 시각	시각의 전환 – 창의적 재구성
그들의 문제다.	우리 모두의 문제다.
그것은 문제다.	그것은 기회다.
우리는 목적을 달성할 수 없다.	우리는 문제를 현실적 단계로 나누지 못한 것이다.
상품이 팔리지 않는다.	상품을 적절하지 않은 고객에게 팔고 있다.
자원이 충분하지 않다.	우리는 가진 자원을 낭비하고 있다.
투자를 늘려야 한다.	이미 투자하고 있는 것에 보다 주의를 기울여야 한다.
우리 직원은 경쟁력이 없다.	직원이 일을 제대로 할 시간이 부족하다.
우리는 충분한 자금이 없다.	새로운 자금원을 찾아낼 방법을 모르고 있다.
우리는 서로 잘 어울리지 못한다.	우리는 서로의 감정을 고려하며 일하고 있지 않았다.
이 체제에서는 아무런 힘도 낼 수 없다.	우리는 이 체제에서 아직 전환점을 찾지 못했다.
이 일을 다 하기엔 시간이 부족하다.	우리는 일의 우선순위를 정하지 못했다.

창의적 재구성의 개념 소개하기

사람들은 한 번 어떤 방식으로 문제를 지각하고 나면, 다른 방식으로는 잘 보게 되지 못하는 경향이 있다. 마음의 사고의 일관성에 갇히기 때문이다. 예를 들면, 수많은 기업의 채용 담당자들은 지원자를 외모로 판단하여 재능 있는 사람들을 놓치곤 한다. 외모와는 전혀 상관없는 기술직 인력을 뽑을 때조차도 이런 상황을 겪는다.

어려운 문제들을 대할 때 대부분의 사람들은 쉽게 결론을 내린다. 그들은 모든 대안을 다 고려해 보았다고 생각하면서, 더 이상의 시간을 쓰는 것은 무의미한 낭비라고 믿는다. 문제의 본질을 파악하여 새로운 아이디어로써 문제를 재구성한다는 것은, 대부분의 사람들에게 패러다임 자체를 전환하는 것처럼 엄청난 일이다.

그러므로 퍼실리테이터가 그룹의 구성원들에게 동기를 부여하여 창의적 재구성을 이루게 하는 것은 매우 어려운 작업이다. 바로 이러한 상황에서 다음과 같은 도구는 그들이 장벽을 넘어서는 데 효과적으로 도와줄 것이다.

🤝 진행방법

1. 262쪽, '문제해결을 위한 두 가지 마음가짐'을 복사하여 나눠준다.

2. 사람들에게 지각한 문제와 재구성한 문제의 차이를 논의하게 한다. 이 개념은 많은 사람들에게 새로울 것이다. 새로운 아이디어를 소화해야 한다는 점에서 고리타분하고 순진하게 보일 수도 있다. "이런 아이디어들은 좀 황당해 보이네요."라는 말을 들을 수도 있다. 하지만 모든 관점은 존중받아야 하고 지속적으로 지지받아야 한다는 점을 상기하자.

3. 잠시 후에, "이제 이 이론을 우리의 상황에 대입해 봅시다. 우리가 지각하고 있는 문제가 무엇인지 누가 좀 말씀해 주시겠습니까?"라고 물어본다. 차트에 그들이 지각한 문제를 받아 적는다. 그리고 그 문제를 재구성하는 브레인스토밍을 한다. 모든 대답을 차트에 적는다.

4. 브레인스토밍 후에는 새로운 아이디어가 주는 시사점에 대하여 논의한다. "이 목록을 보면서 어떤 생각이 드십니까?"와 같은 질문이 좋다.

욕구에 집중하기

쟁점이 맴돌고 있을 때는, 이미 제안된 해법에 대한 논쟁은 그만두고 개인적인 욕구에 대하여 말하게 하는 것이 커다란 도움이 된다.

예를 들면, 중요한 회의를 보스턴, 디트로이트, 뉴욕 중 어디에서 개최할지에 대해 세 명의 부서장들이 벌이게 되는 논의를 생각해 보자. 이 문제(개회 장소)에는 세 가지의 해법(세 도시)이 있다. 그러나 드러난 세 개의 해법 아래에는 세 가지의 개인적 욕구가 있다. 한 사람은 비서가 휴가를 갔기 때문에 사무실에서 가까운 뉴욕에 머물고 싶어 한다. 한 사람은 이미 두 개의 회의가 보스턴에서 잡혀 있다. 또 한 사람은 디트로이트에서 근무하고 있는데, 지역 리더가 한번쯤 방문해 주기를 기대하고 있던 차, 이왕이면 이번 기회에 방문했으면 하고 생각한다. 서로의 니즈needs를 이해하고 나서, 그들은 토요일이나 일요일에 회의를 하면 어디서 만나든 아무런 문제가 없다는 것을 알게 되었다.

이 예가 보여주는 것처럼, 모두가 이해할 수 있도록 서로의 니즈를 명시적으로 표현하고 나면, 보다 넓은 니즈의 범위 속에서 보다 쉽게 제안을 만들어낼 수 있다.

진행방법

1. 모든 사람이 제안된 해법과 그들의 실제 니즈 사이의 차이를 이해하는지 확인한다. 예를 들면, 뉴욕 회의는 제안된 해법이고, 휴가 간 비서를 대체하는 것은 니즈가 된다. 그룹 구성원에게 이 차이를 알려준다.

2. 모든 사람에게 질문을 던진다. "이 상황에서 나의 니즈는 무엇인가요?" 그리고 "타인의 니즈는 무엇이라고 생각하나요?"

3. 모든 사람이 자신의 니즈를 명확하게 설명했다고 느낄 때까지 계속한다. 그리고는 사람들의 니즈를 광범위하게 아우르는 새로운 제안을 찾아보게 한다.

불변사항 확인하기

사고의 습관은 다른 습관에 비하여 가장 바꾸기 어렵다. 예를 들어, 자신의 상사와 대면하는 것이 어렵다고 생각하면, 설사 그 상사가 변한다 해도 그 사람은 여전히 상사를 대하기 어려워할 것이다.

수많은 그룹들 역시 이와 비슷한 사고의 습관에 빠져 있다. 예를 들어, 어떤 경영진은 2년도 안 된 사이에 한 자리에 직원을 다섯 번이나 새로 앉혀야 했다. 자리가 빌 때마다, 그 경영진은 단순히 새 사람을 뽑아 놓고 깍지만 끼고 앉아있었다. 다섯 번째 사람이 떠나고 나서야 부서를 조정하여 그 자리를 없앨 생각을 해냈다.

"이 문제에서 바꿀 수 없는 것은 무엇인가요?"라는 질문은 자신이 정의내린 문제 속에 숨어 있는 가정과 편견을 탐색할 수 있게 도와준다. 만약 어떤 그룹이 자기제약적 가정을 하고 있다는 사실을 깨닫게 되면, 그들은 창의적이고 혁신적인 해법을 만들어낼 수 있는 새로운 사고의 길로 나아가게 될 것이다.

👏 진행방법 ───────────────

1. 차트 윗부분에 "이 문제에서 바꿀 수 없는 것은 무엇인가요?"라고 기재한다.
2. 모든 사람의 대답을 적는다.
3. 목록을 보면서, 숨어있는 가정이나 편견을 찾아본다. 자유토론을 진행한다.
4. 이러한 성찰에 기초하여, 이 문제에서 바꿀 수 있는 부분이 무엇인지 적어본다.

창의적 시각 재구성을 위한 활동

가정 뒤집기

1. 차트에다가 "이 문제에 대한 가정"이라는 제목을 붙인다.

2. 그룹에게 다음 가정들을 말하게 한다.

   • 문제의 원인
   • 문제 안에 있는 여러 측면들의 연결성

3. 목록으로부터 한 항목을 고르게 한다. 그리고 뒤집는다. 예를 들어, "우리는 최고의 직원을 잃고 있다."를 "우리는 최고의 직원을 지키고 있다."로 뒤집는다.

4. "어떻게 하면 이와 같은 반대 상태로 만들어낼 수 있을까요?"라고 묻는다.

5. 다른 가정을 선택하고, 3, 4단계를 반복한다. 마지막으로 최선의 아이디어에 대하여 논의한다.

 자료: M. Michalko, *Thinker Toys* (Berkeley, CA: Ten Speed Press, 1992), p. 45.

제약사항 제거하기

1. 그룹에게 제약사항에 대해 묻는다. "이 문제에 대한 해결을 가로막고 있는 것은 무엇인가요?"

2. 목록을 완성한 다음, "만약 '이것이' 문제되지 않는다면 어떤가요?"라고 말하며 한 항목씩 따져본다. 예를 들면, "만약 우리에게 자금이 충분하다면 어떤가요? 그런 경우라면 어떻게 문제를 풀 수 있을까요?"라고 묻는다.

3. 지금까지 논의한 것들을 보존한다. 최선의 대안을 찾기 위해 계속 살펴봐야 한다.

4. 하나의 논의가 끝나면, 가능성 높은 다른 아이디어를 골라 추가 논의를 진행한다.

원인에 재집중하기

1. 한 문제를 주요 구성요소로 나누게 한다. 예를 들어, '공공도서관 개방 문제'에 대해 논하고 있다면, 자금, 용도, 직원, 시 정책 등으로 나눌 수 있다.

2. 이 요소들 중 하나를 선택하게 한다.

3. 선택한 요소를 문제의 중심에 둔다. 그리고 "이것이 우리가 문제를 바라보는 관점에 어떤 영향을 줄까요?"라고 묻는다. 예를 들어, '직원'을 문제의 중심 원인으로 설정해보자. 그러면 누군가가 '직원'이라는 문제에 대해 새로운 해법을 제시할 것이다. "직원이 바쁠 때는 자원봉사자들의 도움을 받으면 됩니다." 이것은 적은 예산으로 더 오래 개방할 수 있는 하나의 방안이 될 것이다.

극단적 상상하기(무슨 일을 하든 우리는 망한다.)

1. 구성원 스스로의 관점에서 문제를 생각해보게 한다. 그리고 모든 것이 잘못되는 경우를 상상한다.

2. 한 사람씩 차례대로 가장 비극적인 시나리오를 발표한다.

3. 최악에 다다를 때까지 한 사람씩 상황을 보탠다. 불평과 불만을 표시하는 것이 이 활동의 핵심이다.

4. 이 우스꽝스런 시도가 마무리되면, 좀 더 논의해 볼만한 장애요인이 있는지 찾아본다.

5. 장애물 목록을 하나씩 살펴 내려간다. 그리고 "'이것'이 최악의 요인인가요?"라고 묻는다. 만약 그렇다고 하면, "'이것'의 잠재적인 영향을 줄이는 방법은 무엇일까요?"라고 다시 묻는다.

고정관념을 깨뜨리는 창의적 시각 전환

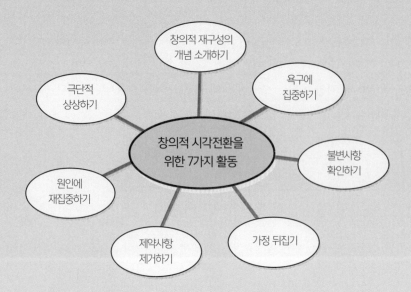

우리는 '창의적 재구성'을 통해 일반적인 분석 방법에서 벗어나, 우리의 신념과 가정을 새롭게 재검토할 수 있다. 이 사고방식은 우리로 하여금 의도적인 정신적 이동을 가능하게 만들어, 문제를 완전히 다른 각도에서 바라볼 수 있게 해준다. 그러한 이동은 방금 전까지 맹목적으로 사고했던 그룹에게 대안을 찾도록 도와줄 것이다.

이는 직관에 거슬리고 부자연스런 것이기 때문에 그룹 내에서 자동으로 발생하는 경우는 거의 없다. 그래서 퍼실리테이터는 두 가지 방법으로 그룹을 이끌 수 있다. 하나는 '구조화된 사고 활동structured thinking activities'이고 다른 하나는 '비격식적 기술informal technique'이다. 후자는 다음과 같은 질문으로 시행할 수 있다. "그것이 이것을 하는 유일한 방법인가요?" 또는 "이 일이 일어나지 않았다면, 그것이 계획을 바꿀 수 있었을까요?" 이러한 간단한 질문은 연관된 생각을 계속 불러일으켜줄 것이다. 아니면 앞에서 언급한 활동들(7가지 구조화된 활동)을 활용해도 좋다.

MEMO

PART 04

지속가능한 동의를
만드는 퍼실리테이션

무엇이 동의를 지속가능하게 하는가?
- 공유된 이해

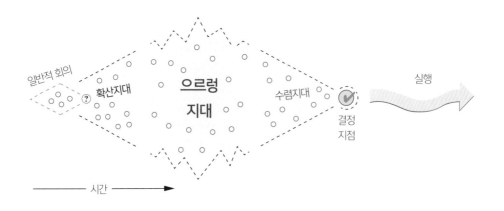

이 다이어그램은 지속가능한 동의가 만들어지는 절차를 보여주고 있다. 결정지점까지는 구성원들이 공유된 이해의 틀을 형성하기 위하여 다투게 되기 때문에, 절차는 느리게 흘러간다. 반면, 실행은 고통이 아니라 쾌통이 된다. 지속가능한 동의를 실행하는 것은 조류를 거스르는 것이 아니라, 물살을 타고 수영하는 것과 같다. 사람들은 자신들의 노력이 결과를 향해 가고 있다는 자신감을 느낀다.

무엇이 동의를 지속가능하게 하는가? 그것은 모든 사람의 관점을 아우르는 해법에 기초하여 동의를 만들었기 때문이다. 참여자들은 "와, 이게 되네요. 제 관점에서 나온 제안이 실제로 문제를 풀었어요."라고 말할 것이다.

그들은 어떻게 이것을 이루는가? 그것은 인내심과 지속적인 노력밖에 없다. 사람들은 타인의 목적과 니즈, 그리고 공포와 열망을 이해하기 위하여 서로 간에 노력을 계속한다. 그들은 함께 갈등에 직면하고, 함께 그것을 극복한다. 각자가 다른 사람의 신발을 신어보면서 가능성을 탐색한다. 그리고 근저가정underlying assumptions에 도전한다. 그들은 상상력을 담아 해법을 찾아가고, 모든 사람에게 작동하는 결과에 도달하는 데 공동의 책임을 지게 된다.

지속가능한 동의를
만들기 위하여

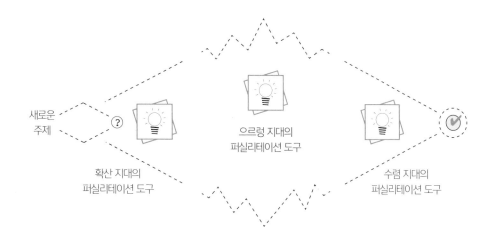

새로운
주제

확산 지대의
퍼실리테이션 도구

으르렁 지대의
퍼실리테이션 도구

수렴 지대의
퍼실리테이션 도구

지속가능한 동의를 만들려면 절차상의 서로 다른 지점에서 서로 다른 지원 방식이 있어야
한다.

예를 들어, 아직 공유된 이해의 틀이 없는 상태에서는 그룹에게 수렴적 사고를 촉진하는 것
이 바람직하지 않다. 어떤 참여자들은 경쟁하는 관심사에 대한 해결책을 신뢰하지 않을 수
도 있다. 특히 서로 오해하는 것으로 보이는 두 진영이라면 더욱 그렇다. 이런 경우 퍼실리
테이터의 주된 목적은 동의하도록 압박하는 것이 아니라, 서로 간의 소통을 강화시켜주는
것, 즉 상대방의 관점에서 사고할 수 있을 때까지 서로 경청하도록 돕는 것이다. 그러면 수
렴적 사고를 장려할 수 있게 된다.

이 원칙을 알고 있는 퍼실리테이터는 회의를 진행하는 국면마다 그룹의 니즈에 충족하는
접근방법을 달리할 것이다. 이 점에서 참여적 의사결정의 다이아몬드는 시사하는 바가 크
다. 다이아몬드의 각 지대마다 퍼실리테이터는 어떤 기법을 사용해야 할지 알게 된다. 이어
지는 네 장은 바로 이 다이아몬드를 사용하는 방법을 다루고 있다.

확산 지대에서의 퍼실리테이션

온전한 참여를 장려하는 원칙, 기술, 도구

확산 지대에 대한 이해

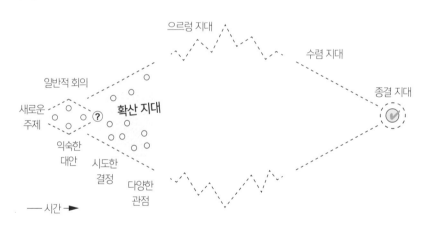

다양성을 지닌 그룹이 복잡한 문제를 풀려고 할 때, 사람들의 관점은 통일되지 않는다. 사람들은 저마다 목적, 전략, 문제의 정의, 핵심성공요인, 실천 대안, 필요한 자원, 참여자 범위 등 여러 가지 변수에 대하여 다양한 의견을 가지고 있다.

이것을 해결하기 위한 첫 번째 단계는 그 차이들을 가시화하는 것이다. 이는 주로 목록 작성, 분류, 개념 정의 등으로 이루어지는데, 이를 종합하여 '확산적 사고'라 말할 수 있다. 그룹에는 확산 지대에 소질을 가진 사람들이 있는데, 그들은 심판의 연기나 다양한 관점을 잘 수용하는 사람들이다. 반면 대부분의 사람들은 확산적 사고에 익숙하지 않다. 그들은 주의 깊고, 주저하며, 다수의 관점과 다른 사고에 불편을 느낀다.

확산 지대에서의 퍼실리테이션

퍼실리테이터의 목표

확산 지대에서 퍼실리테이터가 하는 역할은 크게 두 가지인데, 하나는 다루는 이슈의 '내용'에 관한 것이고, 다른 하나는 커뮤니케이션의 '절차'에 관한 것이다.

내용과 관련해서, '관점과 가능성의 범위'를 확장시켜주는 것은 '확산적 사고'이다. 퍼실리테이터는 위에 보여준 간단한 형식이나 스킬을 활용하여 그룹을 도울 수 있다. 아마도 이때 내용 관리 측면에서 가장 중요한 것은 '차트 쓰기'일 것이다. 좋은 기록은 효과적인 확산적 사고의 필수 불가결한 요소이다.

절차와 관련해서, 퍼실리테이터는 모든 다양함을 지지하고 존중하는 분위기로 받아들이는 경청의 기술을 가진 중립적인 제3자이다. 사람들의 기운을 북돋아주고, 이끌어내고, 따라 말하고, 유효화하는 것과 같은 기초 기술을 사용하여, 사람들이 편안한 가운데 실제로 자신의 생각을 말할 수 있도록 돕는다. 또한 소그룹, 한바퀴, 박람회, 잘 운영하는 자유토론 등의 단순한 의형 역시 참여자를 돕는 방법이다.

확산 지대에서의 어려운 상황

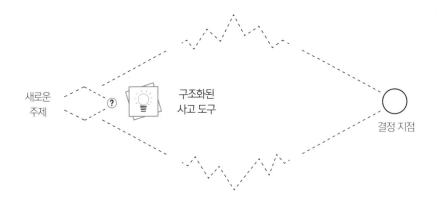

앞에서 나열한 확산 지대 퍼실리테이션의 일반적인 기술은 대부분의 상황에서 적절히 사용할 수 있다. 구성원들이 안전함을 느끼면서 참여할 수 있도록 지지해 주면 사람들은 입을 열기 시작한다. 특히 차트에 기록된 타인의 의견이 자신의 의견과 참으로 다르다고 생각하면 목소리를 낸다.

그러나 간혹 일반적인 퍼실리테이션 기술이 충분히 영향력을 발휘하지 못하는 상황이 있다. 예를 들면, 교육 수준이 크게 차이 나는 경우, 주제 관련 전문성, 또는 사용 언어의 유창함의 차이와 같이 이런 저런 불균형이 있을 때, 상대적으로 부족하다고 느끼는 쪽에서는 발언을 주저하게 된다. 난해하고 논란이 되는 주제일 때도 마찬가지다. 어떤 입장에 서는 것이 타인을 공격하는 것이 된다면 발언이 어려워질 수 있다.

경험이 풍부한 퍼실리테이터는 이러한 도전들에 능숙히 대처한다. 자신이 갖고 있는 다양하고 깊이 있는 기술들과 여러 상황에 맞게 설계된 구조화된 활동들을 활용하여 확산적 사고를 이끌어낸다. 이어지는 내용에서 이러한 도구들에 대해 자세히 설명할 것이다.

확산 지대에서의
활용 기법

관점 발언대

이것은 다루고 있는 주제에 대하여 참여자들이 스스로 자신의 관점을 피력하는 기본적이고 간명한 활동이다.

이 활동의 목적은 구성원들에게 그룹의 사고의 폭이 어느 정도인지를 빨리 파악할 수 있게 해주는 것이다. 모든 부분을 보게 됨으로써 그룹은 전체가 어떤 모습인지를 감지하게 된다.

이 활동의 또 다른 목적은 모든 관점에 대한 정당성과 유효성을 인정하는 것이다. 다른 사람이 기여한 것에 귀를 기울임으로써, "모든 사람으로부터 얻을 것이 있다."는 메시지를 얻게 된다.

진행방법

1. 다음과 같은 개방형 질문을 던진다.
   - 무슨 일이 일어나는지 설명해 주시겠어요?
   - 이 문제는 당신에게 어떤 영향을 주나요?
   - 이 일에 대한 당신의 입장은 무엇인가요?
   - 당신 생각으로는 왜 이 일이 일어났다고 보시나요?
2. 모든 사람에게 질문을 던지나, 그들의 의견은 비판하지 않는다.
3. 추가 질문:

   모든 사람들이 각자의 관점을 표현하고 나면, "혹시 오늘 참석하지 않은 분 중에서 이 사안에 대해 심각하게 반대할 만한 분이 계실까요? 그분이라면 뭐라고 말했을까요?"라고 묻는다.
4. 참여자에게 반응, 성찰, 학습한 것에 대해 물어보는 디브리핑 시간을 갖는다.

4W1H (누가, 무엇을, 언제, 어디서, 어떻게)•

문제 해결을 위해서 모일 때, 사람들은 저마다 자기 관점에서 자기들의 의문만을 품고 참여한다. 그들은 자기 질문에 대한 답만 얻고 싶어 할 뿐, 다른 사람들의 의문과 답에는 관심이 없다. 발산적 사고의 바로 이러한 요소가 집단의사결정에서 가장 어려운 측면이다.

최근에 있었던 한 회의를 예로 들어 보자. 어떤 사람이 예산 과정에서 혼란에 빠져 명확한 설명을 반복적으로 요청했다. 또 어떤 사람은 왜 회의에 누구는 오고 누구는 오지 않는지 여러 차례 질문을 던졌다. 세 번째 사람은 사소한 한 가지만 빼고는 다 이해하고 있는 것 같았는데, 바로 그 사소한 한 가지에 대해서만 계속 물어보았다. 각 사람들은 자신의 관심사를 알아내기에만 급급했고, 다른 사람들이 다른 질문으로 씨름하고 있는 바에 대해서는 제대로 바라보지 못했다.

이 활동은 사람들이 특정 질문에 대해서만 지나치게 씨름하기 전에 우선 질문의 전체 범위를 확인할 수 있게 도와주는 활동이다.

👐 진행방법 ─────────────────────

1. 다음 제목이 달린 다섯 장의 종이를 내건다. - 누가? 무엇을? 언제? 어디서? 어떻게?

2. 우선 전체 주제에 대한 이름을 붙인다. (예: 연례 직원 워크숍 계획의 시작)

3. "누가" 종이에는 "누가?"로 시작하는 질문 목록을 만든다. 예를 들면, "누가 아젠다를 잡나요?" "누가 워크숍 장소를 빌릴 수 있나요?" "누가 초대되나요?" "누가 이 행사에서 50만 원 이상을 쓸 수 없다고 말했나요?"

4. 3단계를 각 종이마다 계속한다.

5. 다섯 장의 목록이 완성되면, 우선 쉬운 것들을 찾아 대답한다. 그리고는 나머지 질문에 대한 대답을 계획한다.

─────────────

• 이 도구는 밴건디 주니어(A. B. VanGundy, Jr.)의 '5W1H'라 불리는 실습에서 착안한 것이다. *Techniques of Structured Problem Solving*, 2nd ed. (New York: Van Nostrand Reinhold, 1988), p.46.

요구 특정법

지속가능한 동의를 이루려면, 난해한 문제에 대한 모든 이해관계자의 다양한 요구사항을 전부 반영해야 한다. 에너지 효율이 높은 새 전구를 개발하기 위한 논의를 예로 들어보자. 구매부서에서는 이미 구매선이 닿아 있는 부품과 재료를 사용하여 전구를 만들고 싶어 했다. 마케팅 부서에서는 전구의 모양이 표준 포장에 맞기를 원했다. 제조 부서에서는 직원 충원 등에 대해 효과적으로 대응하기 위해서 정확한 개발 기간을 알고 싶어 했다. 무엇보다 사장은 이 새로운 상품이 잘 팔리기를 원했다.

이와 같은 상황이라면 상세한 사항의 늪에 빠져들기 전에 미리 요구사항 전체를 파악하는 일이 쉽지 않을 것이다. 이 활동은 그룹이 성공의 전제조건들을 사전에 이해할 수 있게 도와준다.

진행방법

1. 두 장의 종이를 걸고, 하나는 '요구사항과 필요조건', 다른 하나는 '추가 논의사항'이라고 쓴다.

2. 두 명씩 짝을 지어, 성공에 필요한 요구사항과 그 필요조건을 서로 말하게 한다.

3. 전체가 다시 모인다. 한 사람씩 자신의 조건을 3분간 발표하고, 5분간 질문을 받는다. 각 요구사항을 기록한다. 추가 논의가 필요한 질문사항도 기록한다.

4. 모든 사람이 3단계를 마치면 목록을 평가하고, 후속 논의를 어떻게 진행할지 결정한다.

마인드맵*

아래 진행방법 1단계에 간단한 마인드맵 하나를 예시해 놓았다.

마인드맵은 생산적, 논리적, 연상적, 분리적이라는 네 가지의 사고 유형을 지원한다. 생산적 사고는 심판이 연기되고 있을 때 새로운 의견들을 불러내는 행위이고, 논리적 사고는 인과 관계를 찾아가는 기술이다. 연상적 사고는 비록 논리적으로 연결되어 있지 않더라도 하나의 생각이 다른 사고를 불러오게 하는 생산적 사고의 특수한 형태이며, 분리적 사고는 항목을 범주와 하위범주로 적절하게 배치하는 것이다. 마인드맵은 이 같은 일을 한꺼번에 할 수 있도록 도와준다.

 진행방법 ─────────────────────────────

1. 먼저 그룹이 일하는 모습을 보여주는 간단한 마인드맵을 그린다.

   • 모든 사람에게 관련이 되는 주제를 선택한다. 예를 들어, 커다란 전지 한 가운데에 "우리의 일터 개선"이라는 주제어를 적는다.

   • 주제어와 연결되는 하위 주제를 묻는다.

   • 사람들이 하위 주제를 말하면, 중앙으로부터 가지를 긋고 각 가지에 이름을 붙인다. (예: 즐길거리)

   • 몇 가지를 더 시도한다. 하위 주제에 대해 또 하위 주제가 나오면 그것도 가지에 보탠다. (예: 휴게실 잡담)

   • 누군가 연상을 말하면, 그것은 다른 가지에 단다. (예: "프린터가 필요해.") 이렇게 각각의 새로운 연상마다 새로운 가지를 단다.

2. 방법에 대하여 질문하도록 요청한다.

3. 그룹의 실제 주제를 다룬다. 15~25분 정도 시간을 준다.

4. 활동을 마치면, 주요 성찰 포인트에 대하여 논의한다.

───────────────

● 마인드맵은 1960년, 영국 심리학자 토니 부잔(Tony Buzan)에 의하여 처음으로 개발되었다.
  The Mind Map Book: How to Use Radiant Thinking to Maximize Your Brain's Untapped Potential, Plume, 1996.

입장 한바퀴

이 활동은 대립적인 관점들이 갈등으로 번지고 있는 상황, 즉 대립적인 이슈를 다룰 때 사용할 수 있는 가장 완벽한 활동이다.

사람들은 분쟁을 해결하기 위하여 모일 때 강한 의견과 준비된 논리로 무장하고 온다. 그들은 자신의 의견을 온전하게 말하고 싶어 하고, 그리하여 다른 사람들이 자신의 입장을 알아주기를 기대한다.

만약 입장을 말하는 동안 방해받거나 무시당하면, 그들은 기회가 있을 때마다 자신의 입장을 논의 속에 집어넣고 싶어 할 것이다. 반대로, 자신의 말을 온전히 말할 수 있게 된다면 그들도 다른 사람의 말에 귀 기울이게 될 것이다. 이는 대체로 상호 이해를 높이는 일이 되고, 그리하여 어려운 문제에 대한 창의적인 해결책을 찾을 수 있는 전제조건이 된다.

 진행방법

1. "아마도 몇 가지 서로 다른 관점이 우리 안에 존재할 것입니다."라는 말로 활동을 시작한다. 모든 사람이 차례로 자신의 관점을 표현할 수 있도록 시간을 주고, 다른 사람들에게는 주의를 기울여달라고 요청한다.

2. '한바퀴' 의형을 사용한다. 각 발언자는 자신의 개인적인 관점에 대하여 후속 질문을 받고 거기에 대답한다.

   • 무엇이 문제인가요? 어떤 해결책을 제시할 수 있나요?

   • 특별히 이 입장을 취하는 이유는 무엇인가요?

3. 모든 사람이 순번을 마친 후엔, 서로 알게 된 것에 대한 성찰을 큰 소리로 말한다.

속마음 한바퀴

이 활동은 사람들이 자신의 공포, 혼란, 상처, 분노에 대하여 공개적으로 말할 수 있는 활동이다. 이는 자신의 감정을 더 잘 인식하게 함으로써 결과적으로는 더 깊은 논의를 할 수 있도록 도와줄 것이다.

또한 이 활동은 사람들로 하여금 개인의 관점에서 한 발짝 물어나 더 큰 그림을 볼 수 있게 해준다. 다른 사람의 감정을 듣는 과정에서, 사람들은 매우 놀랍고 새로운 것을 알게 되었다고 종종 말하게 된다.

 진행방법

1. 사람들에게 다음 질문으로 생각해 보게 한다.

   - 이 상황을 보고 어떤 느낌이 들었나요?

   - 그것은 나에게 얼마나 영향을 주었나요?

2. 각자가 생각한 것과 느낀 것을 전체 그룹에서 돌아가면서 나눈다. 오락가락하는 논의보다는 '한바퀴' 의형이 더 어울릴 것이다.

3. 모든 사람이 말을 마치면 전체 그룹에 다음과 같이 질문한다. "모두 다른 사람들의 이야기를 들었습니다. 듣고 나니 어떤 소감이 드시나요?"

4. 만약 많은 감정이 쏟아져 나왔다는 것이 이 활동에 대한 소감이라면, 한바퀴 활동을 한 번 더 한다. 다음과 같이 말할 수 있다. "나머지 시간은 마음속에 담아둔 말을 쏟아내는 시간으로 써 보죠."

5. 중심 주제를 요약하는 것으로 마무리 한다. 이 자기 노출의 시간이 비록 남아 있는 문제를 명확하게 푼 것은 아니지만, 그래도 모든 사람이 일시적으로나마 속 시원하게 말할 수 있었는지 확인한다.

불만 세 가지

자신의 처지에서 일반적으로는 받아들일 수 없다고 느끼는 일에 대하여 불만을 제기할 기회를 주는 활동이다. 이것은 드러나지 않을 수도 있는 것들을 표면화하여 유용한 정보를 얻게 해주는 강력한 방법이다.

더욱이 사람들은 부정적인 감정을 끌어안고 있기보다 분출할 수 있는 기회를 얻었을 때 과업을 더 잘 수행할 수 있게 된다.

이런 활동을 거친 후, 사람들은 논의 중에 있는 주제에 대해서도 중요한 진전을 이루게 되는 것이 일반적이다.

🐿 진행방법

1. 그룹에게 진행하게 될 순서를 설명한다. 그리고 논의하고 있는 상황에 대하여 한 장에 한 가지씩 세 개의 불만을 적게 한다.

2. 각자 적은 쪽지를 모자에 모아 넣는다.

3. 하나씩 쪽지를 꺼낸다. 큰 소리로 읽는다. 이에 대한 코멘트가 있는지 묻는다. 그 쪽지를 써낸 사람은 자신이 썼는지 밝힐 수도 있고 아닐 수도 있다.

4. 서너 개의 코멘트를 들은 후, 다른 쪽지를 꺼내며 절차를 반복한다.

5. 10~15분 후, 이 활동을 얼마나 오래 지속할지 물어본다.

6. 시간이 다 되면, 사람들에게 이 경험이 어땠는지를 물어보는 것으로 종료한다.

숨은 관점 찾기

사람들은 자신이 감지하지도 못한 영역에 대해서 단지 추측한 관점을 공유하는 경우가 많다. 하지만 중요한 관점을 놓치게 되면 참여적 절차의 결과를 망가뜨릴 수 있다.

예를 들어, 1980년대에 어느 도시에 기반을 둔 환경 단체가 주 및 연방 기관들과 협업을 하면서, 농촌 보존에 관한 낯설고 얼토당토않은 제안을 많이 내놓은 적이 있다. 이 계획은 생계를 위협받게 될 수 있는 벌목꾼들과 광부들에게 거의 지지를 받지 못했다. 이처럼 많은 경우, 영향을 받을 만한 지역사회 구성원들의 니즈와 목적을 이해하지 못한 채 설계된 계획들은 제대로 작동하지 못하게 된다.

이 활동은 의사결정에서 누구의 관점이 표명되는 것이 바람직한지를 알 수 있게 도와주는 활동이다.

 진행방법

1. 이 문제로 인하여 영향을 받게 될 모든 이해관계자 그룹을 나열한다. 잘 드러나지 않는 이해관계자를 포함시키는 것도 잊어서는 안 된다. 예를 들어, 우리가 논의하는 이슈가 공급자, 지역 주민, 직원의 가족 등 누구에게 영향을 주는지 영향을 받는 모든 이해관계자 그룹이 다루어져야 한다.

2. 한 가지씩 다음과 같은 방법으로 목록상의 그룹을 다룬다. "우리가 다루고 있는 상황이 이해관계자들에게 어떤 영향을 줄까요?" 예를 들면, "우리 프로젝트를 내년까지 연장하는 것이 우리 수강자들에게 어떤 영향을 줄까요?"

3. 목록을 다 다루고 나면, "혹시 우리가 지금까지 확인하지 못한 문제를 지적해 줄 사람 있나요?" 그리고 "오늘 빠진 사람 중에 다음 회의에는 꼭 참석해야 한다고 생각하는 사람이 있다면 말씀해 주세요."라고 요청한다.

SUMMARY

확산 지대에서의 퍼실리테이션

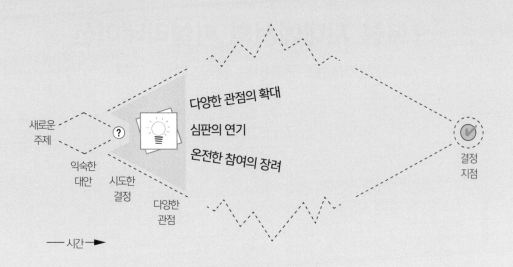

대부분의 그룹은 확산 지대에서 퍼실리테이터가 제안한 대로 거의 따라간다. 이때 사람들은 발언 기회를 얻은 것에 대하여 일반적으로 감사한다. 하지만 한 편으로, 대부분의 사람들은 퍼실리테이터가 도전한 것을 수용하며 마지못해 끌려간다. 이러한 수용은 기만적일 수 있다. 겉보기에는 그럴 듯한 활동으로 모든 사람을 발언하게 할 수 있었으나, 끝난 다음 대부분의 사람들은 '즉석음식'을 먹은 듯한 느낌을 갖게 될 것이다.

구조화된 활동들은 이 장에서 설명한 목적을 이루는 데 강력하고 매우 효과적이다. 그러나 이는 직접적이고 미리 짜여진 것이어서 과도하게 사용해서는 안 된다. 사람들은 그저 대화를 하거나 조용한 차트 기록자를 원할 때가 많다. 차이를 확인하는 것이 항상 생산에 필요한 것은 아니다.

퍼실리테이터는 한바퀴나 짝꿍대화 같은 절제된 의형으로 회의를 단순하게 유지시킬 수 있다. 그리고 바꿔 말하기나 의견 꺼내기, 따라 말하기, 장려하기, 잡아두기, 유효화하기, 공간 주기 같은 경청기술로 간접적인 도움을 줄 수 있다. 이러한 접근방법이 온전한 참여를 장려하는 데 대체로 더 적절하다.

으르렁 지대에서의 퍼실리테이션

상호 이해를 구축하는 원칙, 기술, 도구

으르렁 지대에 대한 이해

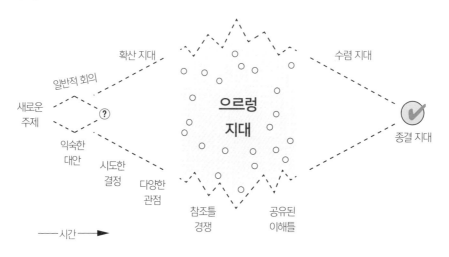

확산적 사고의 시간이 지나면, 대부분의 그룹은 으르렁 지대로 들어간다. 이는 거의 불가피하다. 예를 들어, 그룹이 브레인스토밍을 하여 목록을 만들었다면, 이론적으로는 다음 단계가 간단하다. 아이디어를 거르고, 깊이 논의할 주제만 몇 개 선택하면 된다. 그러나 실무에서는 이 일이 매우 격렬해질 수 있다.

사람들은 저마다 참조틀을 가지고 있다. 나아가 서로 오해하고 있다면, 그들은 더 혼란스럽게 되고, 조급해지고, 자기중심적이 되고, 불쾌해진다. 사람들은 했던 말을 또 하고, 끼어들고, 다른 사람의 아이디어를 거부하고, 서로를 무례하게 무너뜨린다.

이와 같은 행동은 계속 반복되면서 악순환을 만들어낸다. 만약 퍼실리테이터가 없다면, 이 악순환의 고리는 소진의 과 겪으면서 서로 포기할 때까지 지속될 것이다. 그 지경에 이르면 사람들은 그 논의가 설익은 것이든, 비현실적인 것이든, 그저 그런 것이든 어쨌든 사무실로 되돌아 갈 수만 있는 것이라면 무엇이라도 동의하게 된다.

으르렁 지대에서의 퍼실리테이션

퍼실리테이터의 목표

으르렁 지대에서 퍼실리테이터가 존재하는 주된 목적은 공유된 이해틀을 만들도록 그룹을 돕는 것이다. 하지만 이는 결코 쉽지 않다.

퍼실리테이터가 압박받고 있는 사람을 도와주든, 두 사람 사이에 있는 오해를 풀어주든, 그것은 커다란 주의를 기울이고 대응적 경청을 해야만 하는 일이다. 때로는 퍼실리테이터가 회의실에서 경청하는 유일한 사람일 수도 있다. 바로 그때가 바꿔 말하기, 의견 꺼내기 등 전통적인 경청 기술이 꼭 필요한 때이다. 공감하기, 차이를 유효화하기, 타인의 말에 귀 기울이기, 연결하기 같은 기초적인 경청 기술도 그런 상황에서 매우 효과적이다. (4장 참조)

더 나아가, 으르렁 지대에서 퍼실리테이션을 성공하려면 꼭 필요한 성공요인 중 하나가 '에너지를 유지하는 것'이다. 분노한 참여자가 입을 다무는 것을 막으려면, 9장에서 다룬 것과 같은 다양한 참여 의형을 사용해 보는 것이 좋다. 또한 다음에 열거한 모든 의형들도 상호 이해를 증진시키기 위하여 설계된 것들이다.

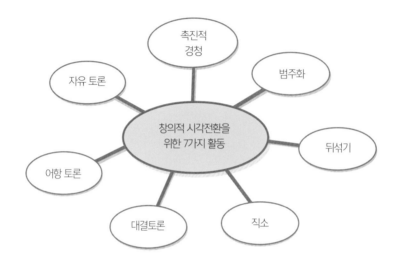

으르렁 지대에서의 어려운 상황

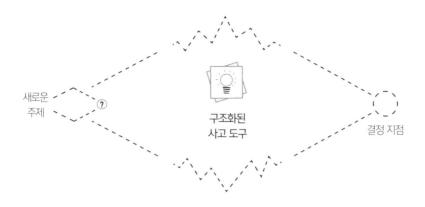

서로의 관점을 깊이 이해할 수 있는 가장 간단한 방법은 서로가 직접 묻고 주의 깊게 대답을 듣는 것이다. 바로 이 상식적인 접근방법이 앞에서 열거한 기본 퍼실리테이션 기술의 하나이자 전부이다.

그러나 어떤 참여자들은 질문을 하는 것을 두려워한다. 마치 맞서는 것 같고 무례한 것 같아 보인다. 특히 발언자의 진술이 이해하기 어려울 때 더 그렇게 된다. 또한 비록 퍼실리테이터가 절차를 관리한다 하더라도, 많은 사람들은 긴 시간 동안 비구조화된 조회나 모호한 대화 속에 앉아 있는 것을 어려워한다. 무엇보다 퍼실리테이터든 참여자든 모든 사람들은, 오해받고 있는 상황에서는 안 좋은 행동들을 하게 되고 감정적으로도 동요되기 마련이다. 이와 같은 여러 조건에서도 구조화된 활동들은 그들을 더 견고하게 만들어주고 안전하게 해 줄 것이다. 이로써 참여자들은 으르렁 지대에서도 흔들림 없이 일할 수 있게 된다. 이 장에는 바로 그러한 활동들이 많이 제시되어 있다.

으르렁 지대에서의 활용 기법

모두 청문회

상호 이해를 증진하기 위한 가장 기초적인 방법은 질문을 하는 것이다. 그러나 질문은 간혹 비판으로 여겨지기 때문에, 사람들은 서로의 관점에 대하여 질문하는 것을 때때로 주저한다. 이때 제공되는 구조적 활동은 질문이 공격을 위한 것이 아니라는 사실을 이해하게 해 줄 것이다. 이 단순한 도구를 사용하여 신뢰와 인내를 구축하고, 상호 이해를 크게 개선할 수 있다.

어떤 퍼실리테이터들은 귀중한 시간을 낭비하는 것이 아닌가 하여 이러한 도구를 사용하기 꺼려한다. 그러나 상호 이해가 없이 진행되어 나온 대안은 더 많은 시간을 낭비하고 더 나쁜 결과로 귀착될 수 있음을 기억해야 한다.

진행방법

1. '중심인물'이 될 자원자를 선정한다. 중심인물은 "내가 말하고 싶은 것은 이것입니다."라며 3분간의 발언시간을 가진다.

2. 발언을 마치면 질문자 하나를 선정하여 중심인물에게 질문하게 한다. "…라는 것은 무슨 의미인가요?" 또는 "…에 대하여 좀 더 말씀해주시겠습니까?"

3. 중심인물은 이 질문에 대답한다.

4. 질문자에게 명확해졌는지를 묻는다. 그렇다고 하면, 5단계로 넘어간다. 하지만 그렇지 않다고 하면, 질문자가 생각하기에 중심인물이 말한 것은 어떤 의미인지 물어본다. 그리고 아직도 명확하지 않은 것은 무엇이냐고 물어본다. 이렇게 물어볼 수도 있다. "제가 듣기로는, 중심인물은 우리 모두가 똑같이 청소를 해야 한다고 말하는 것 같습니다. 하지만 그가 왜 이것을 강조하는지 저는 이해하지 못하겠습니다."

5. 질문자와 중심인물이 모두 이해된 것으로 느껴지면, 다른 질문자에게 차례를 넘긴다.

6. 서너 명의 사람들이 질문한 후에는, 다른 사람이 중심인물이 된다.

   이 활동의 목적은 차이를 해결하는 것이 아니라 이해를 증진시키는 것이다. 이는 사전에 강조되어야 한다. 그리고 필요하다면 활동 중에도 지속적으로 알려주는 것이 좋다.

내가 당신

상호 이해를 증진시키기 위한 또 다른 직접적인 방법은 서로의 눈을 통하여 세상을 바라보게 하는 것이다.

다른 사람의 관점으로 탐색해보는 것은 자기 자신의 관점을 유보할 수 있는 길이다. 이 활동은 전통적인 논의방식을 통해서는 얻을 수 없는 통찰력을 제공해준다.

나아가 사람들에게 "깨달았다"는 느낌을 준다. 필요한 경우에는 잘못 알고 있었던 것을 교정해 주기까지 한다.

 진행방법

1. 구성원들에게 작업할 서술문을 고르게 한다. 서술문은 "만약 내가 당신이라면"이라는 말로 시작한다. 예를 들면 다음과 같다. "만약 내가 당신이라면, 가장 큰 걱정은 …일 것입니다." 또는 "만약 내가 당신이라면, 나의 목표 중 하나는 …입니다."

2. 각 사람의 이름을 두 장씩 쪽지에 적어서 모자에 넣는다.

3. 모든 사람이 두 장씩 쪽지를 뽑는다. 그러면 각자가 두 명의 이름을 갖게 된다. (만약 똑같은 사람을 두 장 뽑거나 자기 자신의 이름을 뽑으면, 다시 모자에 넣거나 다른 사람과 교환한다.)

4. 모든 사람이 차례대로 중심인물이 된다. 그 중심인물의 이름을 가진 두 사람이 "만약 내가 당신이라면…"이라고 중심인물에게 말한다.

5. 중심인물은 그 두 사람으로부터 들은 말에 대응할 수 있다.

6. 모든 사람들이 마치면, 그룹 전체에게 이 활동에 대한 소감과 새롭게 얻은 점을 말하게 한다.

의미있는 주제

각 참여자들은 자신만의 이해와 관심을 가지고 회의에 온다. 그런가 하면 많은 경우에 있어서 사람들은 다른 이들이 그들 자신의 관심사에 대하여 어떤 입장을 견지하고 있는지도 알고 싶어 한다. 예를 들어, 어떤 사람은 다른 구성원들이 그룹에 잔류할지 안 할지 그 의지를 알고 싶어 하고, 어떤 사람들은 다양한 주제에 대한 그룹의 이전 기록에 대해서 논의하고 싶어 한다. 또 어떤 사람들은 컨설턴트를 두는 것에 대한 직원들의 태도에 대하여 알고 싶어 한다.

그러나 이러한 이슈를 언제 어떻게 논의거리로 올려야 할지 그것이 명확하지가 않다. 어떤 이슈들은 소수에게만 의미가 있고, 대다수에게는 중요하지 않을 때가 많기 때문이다. 그래서 딜레마에 빠진다. 사람들이 회의에 건성으로 참여하거나 조바심을 내지 않게 하면서, 주제에서 비뚤어 나가 아젠다를 망가뜨리지도 않고, 모두가 관심사에 집중하는 충분한 시간을 가질 수 있게 하는 방법은 무엇일까? 이 활동은 참여자들의 관심 영역에 대한 태도를 미리 파악하여, 상이한 두 개의 관심 사이에 균형을 잡아주는 활동이다.

진행방법

1. 구성원들이 한두 개의 질문을 적는다. 이때 질문은, 사람들이 그 대답을 들으면 더 효과적으로 참여할만한 그런 질문들이어야 한다. 예를 들면 이런 것이다. "이 프로젝트에 많은 돈을 써야 한다고 생각하시나요?"

2. 각자 질문을 하나씩 골라서 모자에 넣는다.

3. 모자에서 쪽지를 하나씩 꺼낸다. 적혀있는 질문을 읽고, 그 질문을 쓴 사람에게 왜 이 질문에 대한 다른 사람의 입장을 알고 싶어 하는지 2분 이내로 설명하도록 요청한다.

4. 모든 사람의 의견을 간단히 듣는다. "저는 이런 느낌이 듭니다. …" 모든 사람이 발언하면, 다른 의견을 뽑는다. 만약 시간이 모자라면, 남은 질문은 다음 회의 때로 넘긴다.

키워드•

사람들은 누구나 가정을 한다. 자기가 가정하는 것에 대하여 다른 사람도 동일하게 가정하고 있다고 생각한다. 예를 들어, 어떤 단어의 의미, 어떤 사건의 결말, 혹은 어떤 행동에 대한 누군가의 동기, 그 외에 어떤 것을 가정하더라도 그 가정은 다른 사람에게도 동일하게 공유되고 있다고 생각하는 것이다. 하지만 사람들의 가정이 서로 다르다는 점을 인식하지 못하면, 다른 사람의 사고나 행동을 이해하기 어렵게 된다.

사례를 하나 들어보자. 시 사업소의 소장은 논의된 조직개편안을 추진하도록 요청하였다. 몇몇 직원은 이 요청을 진지하게 받아들였으나, 대다수는 가볍게 생각했다. 이 때문에 설명이 있기 전까지 직원회의는 소란스러웠다. 어떤 직원들은 소장이 곧 떠날 것이라는 소문을 들었고, 그래서 조직개편은 일어나지 않을 것이라고 말했다. 반면 조직개편을 열심히 추진한 사람들은 그러한 소문을 듣지 못한 사람들이었다. 조직개편이 일어날지 여부에 대한 각자의 가정에 대해서는 언급되지 않았으나, 이 가정들은 직원들의 업무 수행에 큰 영향을 끼쳤다.

키워드는 사람들이 서로 간에 대화하는 바, 그 진술의 의미를 탐색할 수 있도록 도와준다. 키워드의 의미를 논의함으로써, 오해를 불러일으키는 숨겨진 가정을 찾아내는 것이다.

🖐 진행방법

1. 문제가 되는 진술을 기록한다. 예를 들면, "새 컴퓨터는 너무 비싸서 구입할 수 없다."라고 차트에 쓴다.

2. 구성원들에게 이 진술에서 키워드를 찾아 밑줄을 긋게 한다. 예를 들면, '새 컴퓨터,' '비싸서,' '구입' 중 어떤 단어에도 밑줄을 그을 수 있다. "새 컴퓨터는 너무 비싸서 구입할 수 없다."

3. 먼저 시작할 단어를 고른다. 그리고 "이 단어에 대해 궁금한 점은 어떤 것인가요?"라고 묻는다. 모든 대답을 기록한다. 그리고 다시 질문한다. "좀 더 따져봐야 할 가정이 있는 단어가 있나요? 예를 들면, '구입'이 컴퓨터를 얻는 유일한 방법인가요?"

4. 키워드마다 3단계의 과정을 반복한다. 충분한 논의를 이끈다.

● 이 도구는 '라소(Lasso)'라고 불리우며 도일(M. Doyle)과 스트라우스(D. Straus)의 방법에서 착안한 것이다: *How to Make Meetings Work* (New York: Jove Books, 1982).

사실과 주장

이 활동은 '누가 옳고 무엇이 참이냐'에 대한 논의를 할 때, 늪에 빠져들지 않으면서 풍부하게 정보를 교환할 수 있는 방법이다.

예를 들어 내년 예산에 관하여 논의를 한다고 할 때, '사실과 주장'은 짧은 시간 안에 '통계'(지난해 우리는 법무비용으로 5백만 원을 썼다.)와 '추론'(내년에는 두 건의 소송을 하게 될 것이다.)을 이끌어 낼 것이다.

이 예시에서, 사실과 주장은 예산에 대한 불필요한 논쟁을 그치게 하고, 대신 다양한 주제에 대해 자료를 모으는 데 힘을 쏟게 해 준다. 구성원들이 큰 그림을 보고 나면, 그들은 논의할 주제의 순서를 정할 수 있게 된다.

 진행방법 ——————————————————————

1. 두 장의 전지를 벽에 부착한다. 하나에는 '사실' 다른 하나에는 '주장'이라고 제목을 붙인다. 구성원 모두가 10장 이상씩 쓸 수 있도록 두 가지 색의 점착 메모지를 충분히 준비한다.

2. 구성원에게 질문한다. "이 주제에 대하여 알고 있는 것이 무엇인가요?" 구성원들은 각자의 대답을 점착 메모지에 적는다. '사실'에 한 가지 색, '주장'에 다른 한 가지 색을 사용한다. (만약 무엇이 사실이고 무엇이 주장이냐고 물으면, 본인의 판단에 따르라고 안내한다. 분명하지 않으면 양쪽에 모두 쓰라고 한다.)

3. 점착 메모지에 적은 것을 벽에 붙이게 한다. 메모지는 작성하는 대로 바로 붙이는 것이 좋다. 그래야 원할 때마다 읽을 수 있기 때문이다. 읽다보면 다른 것을 떠올리게 되는 효과가 있다. 시간이 다 될 때까지 계속한다.

4. 데이터를 모두 수집하면, 관찰한 것과 알게 된 것에 대하여 물어본다.

임팩트 스토밍

이따금 참여자들은 어떤 제안에 대하여 확실하게 만족하지도 못하며 무슨 걱정 때문인지 뚜렷하게 말하지도 못하는 경우가 있다. 이는 대부분의 제안이 각자의 역할에 따라 서로 다른 방식으로 영향을 주기 때문이다. 타인의 역할(일반적인 업무 상황)에 대한 의미를 제대로 이해하지 못하면, 타인의 걱정을 올바로 이해할 수가 없다.

이 활동은 어떤 제안이 각 참여자에게 어떤 영향을 주는지에 대하여 온 마음을 쏟아 집중할 수 있게 해준다. 그러면 사람들은 서로의 상황에 대한 미묘한 현실을 성찰할 수 있게 되고, 결과적으로 혼란과 오해도 대부분 해소된다.

 진행방법 ────────────────────────

1. 논의 중에 제안으로부터 영향을 받을 수 있는 구성원을 확인한다. 중심인물이 되어 줄 사람을 자원 받는다.

2. 다음 질문에 대한 대답이 될 수 있는 것에 대하여 3~5분 정도 브레인스토밍을 한다. "우리가 이 제안을 실행하면, 이 사람의 역할에 어떤 변화가 생길까요?" 브레인스토밍 중에는 의견에 비판하지 않는다.

3. 시간이 다 되면 중심인물을 전면으로 나오게 한다. 그리고 모든 사람들이 알아주었으면 하는 중요한 사항을 골라 설명하게 한다. 참여자들에게 질문을 하게 한다.

4. 두 번째 중심인물을 자원 받는다. 단계 2, 3을 반복한다.

샛길 둘러보기

주제가 샛길로 빠지는 것은 으르렁 지대의 좌절과 혼란의 주된 원인이 된다. 누군가 주제와 겉도는 이슈를 제기할 때, 다른 사람들은 당황하게 된다. 그들은 발언자들이 대화의 주제에서 벗어나거나 이탈하는 것을 원하지 않는다. 하지만 풀고자 하는 '주된 문제'와 관련하여 중요한 것이 있다면 '주변 문제' 역시 다루어야 한다는 생각을 가지고 있다.

딜레마는 늘 생기기 마련이다. 누구라도 자신만의 관점을 가지고 있기 때문에, 아무도 인식하지 못하는 특정한 이슈를 끄집어내는 것은 자연스런 일이다. 하지만 구성원들은 발언자가 복잡한 사안에 대하여 다른 사람보다 앞선 생각을 할 때에도, 주제를 이탈하여 시간을 낭비하는 것은 아닌지 염려한다. 이때 그룹은 또다시 으르렁 지대로 빠져든다.

샛길로 빠지는 것을 둘러보는 것은 구성원들로 하여금 각자의 관점을 더 깊이 이해하게 해주고, 결과적으로 오해를 완화시켜 준다.

 진행방법

1. 논의를 시작할 때 또는 첫 번째 이탈 문제가 발생할 때, 차트를 게시하고 "주변 이슈"라고 제목을 붙인다. 이탈 이슈가 생길 때마다 차트를 추가한다.

2. 목록 중에서 하나의 주제를 고르게 하고, 이를 15분 정도 논의한다.

3. 15분이 지난 후 질문한다. "다 되었나요? 아니면 시간을 좀 더 늘릴까요?"

4. 시간이 다 되면 간단한 요약으로 마무리한다. 그리고 "무엇을 알게 되었나요? 우리가 후속으로 할 일이 있나요?"라고 질문한다.

5. 다음 회의에서 2~4단계를 반복한다.

No, 그게 아닙니다!

진지하게 글을 쓰는 사람은 중요한 생각을 명확하게 표현하려면 여러 차례 수정을 거쳐야 한다는 것을 잘 안다. 그룹의 대화 속에서 아이디어가 탄생해 가는 과정도 비슷하다. 그러나 그룹 안에서 아이디어의 초안이 다듬어져갈 때면, 오해와 좌절이 일어날 가능성도 높다는 것을 알아야 한다.

만약 그룹 구성원들이 조바심을 내고 있다면, 어떤 사람의 아이디어가 매우 중요하다 해도 그 사람은 말하는 것을 포기해버리고 만다. 이 활동은 그러한 경향을 되돌려 놓는다. 바보 같아 보일 수 있다는 위험을 감수하는 사람은, 그의 에너지가 특정인을 직접 겨냥한 것이 아니기만 하면, 비언어적 방법으로 자신의 좌절감을 표현하게 된다.

진행방법

1. 누군가 생각을 정리하는 데 어려움을 겪고 있다면, 그룹으로부터 도움을 받는 것이 어떤지 물어본다.

2. 두 개의 역할이 있음을 설명한다.

   • 아이디어 초안자: 자신이 중요하게 생각하는 아이디어가 무엇인지 말로 표현하는 사람

   • 조력자: 정해진 규칙대로 따르는 사람

3. 아이디어 초안자에게 그가 생각하는 것을 말해보게 한다.

4. 조력자에게 초안자가 무슨 말을 하는 것 같은지 말해보게 한다. "그 말이 뜻하는 것은 … 이지요?"

5. 아마도 처음에 조력자는 초안자의 의중과 벗어나는 이야기를 하게 될 것이다. 그러면 초안자는 이렇게 말할 수 있다. "그것이 아닙니다. (또는 도움이 되는 설명을 한다.)" 또한 초안자는 오해받았을 때 느끼는 답답한 감정을 말의 톤이나 몸짓으로 표현할 수 있다. (이 활동이 잘 작용하려면, 초안자가 자신의 답답함을 표현하거나 짜증을 낼 수도 있으며 다른 사람들은 이를 비난하지 않아야 한다는 것을 모두가 인식하고 있어야 한다.)

6. 이렇게 몇 바퀴를 돌고 나면, 아이디어 속에 숨어있던 깊은 통찰이 떠오르게 되는 것을 볼 수 있다.

마주 경청

회의에서 두 사람이 계속해서 티격태격하고 있으면 그룹 전체가 영향을 받게 된다. 두 사람이 이런 상황에 있다면 그 원인은 뿌리 깊은 '주제의 불일치'일 수도 있다. 하지만 이 싸움은 관계의 문제일 수도 있다. 이 활동은 한 발 물러서서 두 당사자 간의 교류하는 방식에 서로 피드백을 주고받을 수 있게 해준다.

이 활동은 회의에서 몇 번 본 사람들끼리가 아닌, 잘 형성된 그룹에서 해야 효과가 높다. 또한 이 활동은 '독립적으로' 행할 수 있음을 주목해야 한다. 즉, 다른 구성원들의 개입 없이 퍼실리테이터가 당사자 두 사람만 놓고 사적으로 시도하는 것이다.

 진행방법

1. 이 활동은 단 두 사람하고만 한다는 점을 설명한다. 다른 구성원들은 대략적으로 소요되는 10~20분 동안 존중의 마음으로 조용히 바라보며 앉아있게 된다. 끝나면 몇 분 동안 디브리핑을 할 수도 있다.

2. 두 참가자는 서로 마주보고 의자에 앉는다. 퍼실리테이터가 아니라 서로에게 말하는 것이다. 한 사람이 경청하는 동안 다른 사람은 피드백을 줄 것이며, 마치면 역할을 바꾼다. 한 사람이 말하고 있을 때 상대방은 끊을 수 없다.

3. 누가 먼저 말하고 누가 들을지를 정한 후, 발언자가 말한다. (혹시 경청자가 말을 끊는 일이 생기면, 퍼실리테이터가 제지해야 할 수도 있다.)

4. 발언을 마쳤을 때, 경청자에게 들은 바에 대하여 바꿔 말하기를 해보도록 요청한다. 발언자에게 경청자가 제대로 이해했는지를 묻는다. 만약 그렇지 않다면, 발언자에게 주요 사항을 다시 설명하게 한다. 그리고 경청자에게 바꿔 말하기를 다시 하게 한다.

5. 발언자가 이해되었다고 느낄 수 있을 만큼 4단계를 반복한다. 이제 역할을 바꾸어 반복한다.

6. 양 당사자가 다 풀렸다고 생각하거나 시간이 다 될 때까지 역할을 바꾸어 지속한다. 전체 그룹에서 디브리핑하는 시간을 가진다.

잔불 대화

사람들은 자신들이 실제로 생각하고 있는 것을 말하기 꺼려한다. 때로는 그것이 매우 위험하기 때문이다. 하지만 어떤 사람은 말할 가치를 잘 느끼지 못하여 자신의 아이디어를 말하지 않는다. 자신의 생각의 핵심을 뚜렷하게 표현할 수 없어서 말하지 못하는 사람도 있다. 달리 말하면, 조금만 지지해주고 허용하고 건드려주면, 사람들은 마음에 있는 것을 꺼내고 말할 수 있게 될 것이다. 그렇지만 그런 지원이 없는 상태에서 사람들은 자주 침묵만을 선택한다.

이 활동은 논의하는 동안 (아직 말하지 않았지만) 자기 머릿속에 갖고 있는 생각을 들여다 볼 수 있게 도와준다. 그 사람은 또한 자신의 관점에 대하여 마음을 열고 나눌 수 있도록 그룹이 도울 수 있음을 깊이 있게 생각하게 될 것이다.

진행방법

1. 사람들의 발언을 돕는 구조화된 활동이 왜 그들에게 유익을 주는지 설명한다. 그룹에게 계속할지 동의를 구한다.

2. 두 명씩 짝을 짓게 한다. 모든 사람이 다음 질문에 대해 짝에게 대답한다. "회의 도중, 갖고 있던 생각을 말하지 않은 적이 있나요? 있다면 어떤 생각인가요?" 말하기 싫은 것이 있다면 말하지 않아도 된다는 점을 명확히 한다.

3. (아직 짝으로 앉아있는 상태에서) 모두에게 다음 질문을 던진다. "파트너의 이야기를 듣는 것이 그룹에 도움이 될 것이라고 생각하나요?"

4. 전체 그룹으로 돌아온다. 상대방에게 들은 말 중에서 다른 사람이 들으면 좋겠다고 생각한 것을 말하도록 요청한다.

으르렁 지대에서의 퍼실리테이션

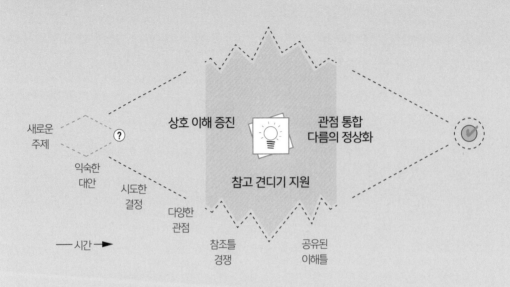

구조화된 활동은 방향성을 띤다. 이는 사람들이 명확한 절차대로 따르도록 설계되어 있다. 이 절차를 따라 나아가면 성실, 정직, 관계성 등을 쌓을 수 있다. 이러한 특징은 소통이 어려운 그룹에게 기반이 되어 줄 것이다.

이런 점은 동요하는 그룹을 안정시키고 논의에 집중하게 하는 장점이 되지만, 이 활동을 시행하자고 동의를 얻는 것은 또 다른 문제이다. 으르렁 지대에서 서로의 신뢰도가 낮고 긴장도가 높으면, 모든 사람들의 아이디어는 쉽게 오해를 사게 된다. 그러면 퍼실리테이터의 개입마저 그렇게 되기 쉽다. 사람들은 퍼실리테이터가 자신들이 꺼리는 감정을 억지로 나누도록 몰고 가는 것이라 여길 수도 있다. 또는 퍼실리테이터의 숨은 편견 속으로 그룹을 조작해 이끌어들이려는 것은 아닌지, 혹은 그저 누군가 그들을 통제하려는 것은 아닌지 의심하기도 한다.

그러므로 으르렁 지대에서 구조화된 활동을 제안할 때 퍼실리테이터는, 자신이 돕는 것이지 옳은 것이 아니라는 점을 항상 명심해야 한다. 인내하고 관대하고 유연하게 행동하면서, 자신이 제안한 것을 고집하지 않아야 한다. 참여자의 거절을 존중하면서 제안을 요청하는 것이 구조화된 활동을 실무에 적용하는 방법이다.

MEMO

수렴 지대에서의 퍼실리테이션
좋은 아이디어를 강화하는 원칙, 기술, 도구

수렴 지대에 대한 이해

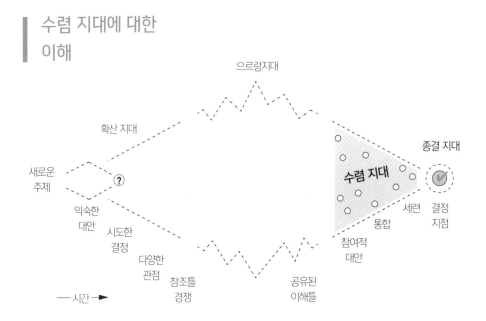

그룹이 공유된 이해틀을 만들고 나면, 모든 것은 빠르고 부드럽고 쉽게 느껴진다. 논의의 진도가 속도를 내게 된다. 사람들은 "마침내 우리가 뭔가를 해내는군요."라고 말하고, 아이디어는 모양을 갖추어 간다. 모호했던 인식들도 활동 가능하게 되고, 목적은 계획으로 변모해 간다.

이 기간에는 확신이 높아진다. 사람들은 제시간에 나타나고, 회의가 끝날 때까지 자리를 지킨다. 세션마다 해야 할 일들이 척척 마무리된다.

이 시기에 사람들은 공유된 이해틀의 공간 안에서 문제를 해결하는 데 몰두한다. 으르렁 지대에 있었던 많은 복잡성들은 사라져버렸다. 사람들은 서로에게 집중하게 되고, 퍼실리테이션의 필요성은 줄어든다. 이제부터는 최소한의 혼란 속에서 서로 대화할 수 있는 시간이다. 사람들은 아이디어를 즐기면서 계획하고 평가한다.

수렴 지대에서의 퍼실리테이션

퍼실리테이터의 목표

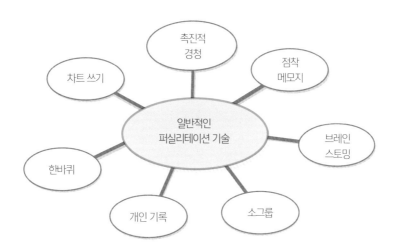

수렴 지대에서 퍼실리테이터의 목적은 첫째, 참여적 대안을 만들도록 돕는 것이고, 둘째, 그 대안들을 모든 사람에게 작동하는 접근방법으로 통합하는 것이고, 셋째, 그 접근방법의 실제적인 논리를 정제하는 것이며, 넷째, 그것을 계획하고 실현되게 하는 것이다.

여전히 문제해결을 위하여 할 일들이 남아있기 때문에, 계획, 설계, 계량화, 평가 등 이성적이고 논리적인 형태의 작업을 해야만 한다. 보고와 발표, 소그룹 활동, 전문가 인터뷰, 박람회 등을 활용하여 힘겨운 일을 처리하기도 한다.

수렴 지대에서는 기록할 차트의 양이 많아진다. 누군가의 생각을 적어두는 것이 그것을 정제하는 데 가장 쉬운 방법이기 때문이다. 여기서 퍼실리테이터의 경청은 개방적이기보다는 집중적이 된다. 논리 찾기 경청과 요약 기술이 적용된다. 비지시적 기술보다는 지시적 질문, 그리고 관점을 지닌 퍼실리테이션이 일반적 활동이 될 것이다.

수렴 지대에서의 어려운 상황

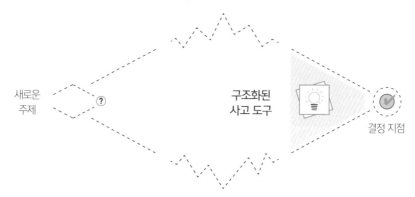

수렴적 사고는 상호 이해가 형성된 사람들의 사고를 의미한다. 훌륭한 커뮤니케이션 덕택에, 사람들은 앞쪽에서 설명한 지지 유형만으로 쉽게 진전을 이룰 수 있다. 하지만 커뮤니케이션 만이 참여적 절차 성공의 중요한 변수는 아니다. 똑같이 중요한 요인이 두 가지 있다. 하나는 일반절차의 창의성과 포괄성, 그리고 실천계획이 만들어지는 과정에서의 아이디어의 논리성, 실용성이 그것이다.

대부분의 그룹에서 민주적 해결에 도달하려면 한 가지 이상의 구조화된 활동의 도움을 필요로 한다. 16장에서는 사례연구가 어떻게 이 과정에 사용될 수 있는지 보여주었다. 마찬가지로 17장에서는 창조적 재구성을 통해 수렴적 사고를 보다 혁신적이고 보다 영감 있게 하기 위해, 많은 구조화된 활동들을 제공하였다.

이어지는 내용에서는 좋은 아이디어를 강화하기 위한 구조화된 도구들을 소개하고 있는데, 이것들은 논리적으로 또 실용적으로 효과성이 있는, 꽤 가치 있는 도구들이다.

수렴 지대에서의
활용 기법

단계와 표석

어떤 그룹이든 미래를 예상하는 것은 가장 어려운 일 중 하나이다. 대규모의 목적과 소규모의 목적을 구분하는 참조 기준을 찾기란 쉽지 않다. 하지만 모든 복잡한 사업들을 보면, 목적 내에 또 다른 목적을 수준별로 갖고 있다.

예를 들어, 쇠락하는 동네에 활력을 불어 넣는 것이 목표인 사업이 있다. 그 목표 안에는 많은 단계와 이정표(예, 새로운 사업 유치)가 있고, 또 각 단계 안에는 그 단계들의 마지막에 얻게 될 표석을 향해 나아가는 작고 다양한 걸음들이 있다.

하지만 앞에서 말한 것처럼 목표들을 구분할 수 있는 좋은 참조점이 없기 때문에, 대부분의 그룹은 전체 목적 및 단계와 표석을 정하기 위해 절차를 수립하는 것을 매우 힘들어한다.

진행방법

1. 회의장 전면 벽에 긴 종이를 붙인다. 종이의 오른쪽 끝에 그룹의 목적을 기재한다. 예를 들면, "목적: 뉴욕에 새 사무실 개소"라고 쓴다.

2. 그 목적에 도달하기 위하여 반드시 완료해야 하는 너덧 개의 표석을 만들어 본다. 예를 들면 "재무계획 완료" 등이다.

3. 표석들을 긴 종이의 왼쪽에서 오른쪽으로 기재해 나간다. 표석들 사이에는 충분한 공간을 둔다.

4. 소그룹으로 나누어 한 그룹에 표석 하나씩을 배정한다. 각 그룹은 표석에 다다르기 위하여 필요한 작은 걸음들을 찾아 목록을 만든다. 각 걸음들을 점착 메모지에 적는다.

5. 각 그룹에서 한 사람씩 나와 점착 메모지를 부착한다. 각 표석에 주어진 공간의 왼쪽에서 오른쪽으로 붙여간다. 다른 사람들은 붙여진 내용을 살펴보고, 누락된 걸음이 없는지 확인한다.

5대 지표

여러 개의 제안 중에서 하나를 선택한다면 어떻게 선택해야 할까? 그 방법 중에 하나는 각 제안을 평가하는 지표에 동의를 구하는 것이다. 예를 들어, '하기 쉽고', '값이 저렴한' 것을 가장 중요한 지표로 하자고 동의했다면, 이 평가지표를 적용하여 다른 것을 판단할 수 있다. 즉, 비록 관심은 많이 가지만 비싸고 어려운 제안은 거부하는 것이다.

이 활동은 그룹이 특정 제안을 고려하기 전에 그 제안에 대한 정의를 내림으로써, 논의를 통해 다섯 개 이내의 지표를 선택할 수 있도록 돕는 작업이다.

진행방법

1. 다음 질문을 브레인스토밍하여 그 대답을 목록으로 만든다. "이 사업을 추진함으로써 (문제 해결이든, 계획 수립이든) 우리가 성취하고자 하는 것은 무엇인가요?"

2. '지표 선택'이라는 제목이 달린 차트를 마련한다. 첫 목록에 있는 문장을 단어만 조정하여 선택가능한 지표가 되도록 바꾼다. 예를 들어, "두 반대파가 협력할 수 있도록 노력한다." 라는 브레인스토밍의 결과 목록이 있다면, '양 파벌의 협력' 또는 '양 파벌에 호소'로 바꿀 수 있다.

3. 목록을 다섯 개 이내로 줄여야 한다고 미리 언급한다. 이에 따라 구성원들은 소그룹으로 나누어 어떤 지표가 가장 중요하며 왜 그런지에 대하여 논의한다.

4. 전체 그룹으로 다시 모인다. 각자가 지표 목록에서 다섯 개 이내의 항목을 고른다.

5. 모든 사람에게 투표용지를 다섯 장씩 나눠준다. 투표를 마친 후, 가장 많이 득표한 다섯 개의 지표만 남기고 나머지는 버린다. 물론 이것이 지표에 대한 최종 결정이 아닐 수도 있다. 하지만 구성원들이 무엇을 가장 귀중하게 생각하고 있는지는 알게 해준다.

사례 사냥법

◆ 신문과 잡지 스캔
간단한 일화나 잘 써진 이야기는 둘 다 사람들에게 유용한 경험을 제공해준다.

◆ 이전에 했던 경험
과거에 해봤던 것과 비슷한 도전을 해야 한다면, 당시의 주역들로부터 이야기를 들어본다.

◆ 전문가 찾기
조직의 외부이거나 내부이거나, 거기에는 인사 전문가, 프로젝트 매니저 등 당신의 의견을 이해할만한 유경험자들이 있다.

◆ 이전에 했던 경험
스탠포드 사회혁신리뷰 Stanford Social Innovation Review, SSIR 같은 직업-학문 연계 논문에는 전문가들이 검증한 신뢰할만한 사례들이 많이 수록되어 있다. 그 외에도 사례들을 담고 있는 전문서적들도 많다. 저자에게 연락하면 자료를 쉽게 구할 수 있다.

◆ 동료 동호회
뜻이 맞는 사람들끼리 모여 서로의 무용담을 듣는다. SNS를 활용한 전문가 그룹이나 토론 게시판을 이용할 수도 있다.

◆ 전문가 협회
당신이 어느 상황에 있든, 동류들이 모여 있는 협회가 하나 이상은 있을 것이다. 컨퍼런스에 참석하거나 멤버들이 사용하는 도서관을 활용하는 것도 좋다.

◆ 다른 사람의 경험
다른 조직이 비슷한 문제를 겪었다는 것을 안다면, 그들은 대화를 나누어볼 상대이다.

◆ 인터넷 검색 활용하기
당신이 겪고 있는 상황에 대하여 가장 빠르고 간편하게 정보를 찾을 수 있는 방법은 인터넷을 활용하는 것이다.

훌륭한 아이디어를 발견하는 것과 그것을 성공적으로 수행하는 것은 커다란 차이가 있다. 위험을 줄이거나 난관을 극복하여 긍정적인 결과를 만들어내는 효과적인 방법은 비슷한 환경에서 성공이나 실패를 경험한 사람으로부터 배우는 것이다. 위에 나열한 것처럼 사례는 무궁무진하게 많다. 조금만 노력해 본다면 쉽게 찾아낼 수 있을 것이다.

보상과 위험

이 활동은 어떤 제안과 관련된 비용과 위험을 감소시켜 실현가능성을 높여 준다.

예를 들어, 한 대도시의 시장이 최근 대중교통을 개선할 수 있는 수백만 불의 예산을 얻게 되었다. 대중들은 그 예산을 새로운 버스 노선에 사용하기를 원했다. 그러나 시장은 이전에 공약으로 내세운 증원 금지에 대한 책임의식이 강했다. 이는 시의 예산균형을 달성할 때까지 공무원을 고용하지 않겠다는 것이었다. 한 편으로는, 버스 기사의 증원이 없이는 버스 노선을 증설할 수 없다. 다른 편으로는, 만약 새로운 버스 기사를 고용하면 다른 정부 기관에서도 자기들의 프로그램을 위하여 증원금지를 면해 달라는 로비를 해올 것이다.

'보상과 위험' 활동은 시청 직원들로 하여금 시가 노선을 확장할 경우 직면하게 될 위험을 상세하게 탐색할 수 있도록 도와주었다. 분석을 통해서 그들은 위험을 감소시킬 수 있는 방안을 찾아냈다. 그리고 지역 언론에 협조를 요청하는 등, 이번 증원 금지의 파기에 대하여 정치적 지지를 얻을 수 있도록 노력했다. 그것은 성공적이었고, 반대 없이 3개의 버스 노선을 신설할 수 있었다.

 진행방법

1. 3장의 차트를 내건다. '보상', '위험', 그리고 하나는 제목이 없는 것을 붙여둔다.

2. 한 장에는 제안과 관련하여 얻게 되는 보상을 나열한다.

3. 다른 한 장에는 같은 제안에 대해 생길 수 있는 위험성을 나열한다.

4. 이제 세 번째 장에 '위험 감소 방법'이라는 제목을 적는다. '위험' 차트에 적힌 각 항목에 대하여, 비용과 위험성을 줄이는 방법을 논의한다. 논의한 내용을 세 번째 종이에 적는다.

5. 비용절감의 방안이 잘 이해된 경우, 새로운 방안이 원안의 보상을 잘 유지할 수 있는지를 물어본다. 이 활동을 통하여 통찰을 얻었다고 생각할 때까지 계속한다.

절차 계획법

◆ PERT 차트

이 도구는 시각화를 통하여 프로젝트의 마감 시한과 다른 시간 조건들을 분석하고 도해한다.
- Milosevic, Dragan Z. *Project Management ToolBox: Tools and Techniques for the Practicing Project Manager*. Wiley, 2003.

◆ Gantt 차트

이 도구는 복잡한 프로젝트에서 하나 또는 그 이상의 다양한 하위 업무를 완료해 나감에 있어서, 그 진전 상황을 추적할 수 있게 해준다.
- Kerzner, H.R. *Project Management*. Wiley, 2013.

◆ 결정적 경로법

이 도구는 복잡한 프로젝트에서의 의존성을 조직화시키고 도해시켜 준다. 이는 다른 과업을 시작하기 전에 어떤 과업을 종료하는 것이 좋은지를 보여준다.
- Klastorin, T. *Project Management: Tools and Trade-offs*, 3rd Ed. Wiley, 2003.

◆ WBS 차트

작업분해도(Work Breakdown Structure)는 프로젝트 업무를 관리하기 편리한 규모로 나누어 묶어주는 도구이다. 나누어진 업무 덩어리 별로 책임을 할당하는 기능도 포함하고 있다.
- Haugan, G.T. *Effective Work Breakdown Structures*, Management Concepts, 2001.

◆ 흐름도

이 도구는 원, 사각형, 화살표와 같은 일상의 부호를 사용하여, 목표에 다다르는 절차의 논리와 각 목표에 다다르는 단계를 분석한다. 진행/종료의 결정점도 도표에 그려질 수 있다.
- Damelio, R. *The Basics of Process Mapping, 2nd Ed*. Productivity Press, 2012.

어떤 훌륭한 아이디어를 실행하기까지는 상당한 계획이 필요하다. 시간, 돈, 역할과 커뮤니케이션 같은 요소는 정의되고, 감시되고, 통제되어야 하는 변수들이다. 위에 소개한 도구들은 기획자들이 어떤 순서로, 누구에 의해, 언제까지 해야 하는지를 논리적으로 생각할 수 있도록 도와준다. 함께 적어 놓은 참조 자료는 해당 도구를 사용하는 실제적인 지침이 될 수 있을 것이다.

자원분석∙실행가능성 검토

간혹 좋아는 보이지만 깊이 생각해 보지 않은 제안에 동의할 때가 있다. 이런 식으로 다루어지는 문제는 일반적으로 그리 심각한 것이 아니기 때문에, 보통은 큰 문제가 되지 않는다. 문제는 절대로 감당할 수 없는 엄청난 일에 동의할 때도 있다는 것이다.

예를 들어, 여덟 명의 간호사가 100개가 넘는 기관의 대표들이 참석하는 주요 컨퍼런스를 주최하기로 결정했다. 그들의 목적은 주 정부와 카운티 정부의 재정지원 정책에 영향을 주기 위한 연대를 형성하려는 것이었다. 문제는 주최측이 그 일을 하려면 얼마나 많은 노력을 해야 하는지 조금도 감을 잡지 못했다는 사실이다. 하지만 컨퍼런스는 이미 공표되었고, 그들은 닥치는 대로 새로운 책임을 떠안기 시작했다. 결국 한 사람은 해고되었고, 다른 한 사람은 크게 앓게 되었다. 컨퍼런스는 형편없는 참여와 무질서로, 어떠한 성과도 없이 끝나고 말았다. 사후약방문(死後藥方文) 격으로 간호사는 "우리는 시작부터 좀 더 현실적이어야 했어요."라고 술회했다.

 진행방법

1. 실행을 고려해 달라는 제안을 받았을 때, 반드시 성취해야 하는 주요 과업의 목록을 그룹에게 나열해 보게 한다.

2. 두세 사람씩 과업을 나누어 주어, 그 과업에 대해 생각해 보게 한다. 그들에게 기록자와 대변자를 선택하게 한다.

3. 각 그룹에게 다음과 같이 말한다. "여러분에게 할당된 과업을 완료하는 데 필요한 단계를 생각해 보세요. 그리고 과업을 시도할 수 있는 행위 단위로 나누어 주세요. 10분 드리겠습니다."

4. 시간이 되면 전체 그룹으로 다시 모여, 자신의 그룹에서 시도한 것을 보고하게 한다.

5. 모든 그룹이 보고를 완료하면, 전체적인 제안이 적절한지 또는 수정이 필요한 것은 없는지 모두에게 논의하도록 요청한다.

3W (무엇을, 누가, 언제까지)

집단의사결정은 종종 헛된 행위처럼 보이기도 한다. 많은 사람들의 경험에 비춰볼 때, 회의에서 도달한 동의는 형편없는 실행으로 이어질 때가 많기 때문이다.

동의가 성공적으로 실행될 가능성은 해야 할 일이 무엇이고, 누가 할 것이며, 언제까지, 또 어떤 자원으로 할 것인지를 그룹이 분명히 표방할 때 높아진다. 그러나 그 절차는 간혹 생략된다. 그 대신 사람들은 한 번 동의에 다다르고 나면 후속조치가 마법처럼 실현될 것이라고 착각하며 행동한다. 그러다 '누군가 다른 사람'이 나중에 자세한 사항을 살피게 된다.

동의한 사항을 실행함에 있어서 그룹이 구체적으로 행하지 않고 모호한 입장을 보이면, 두세 사람이 적절한 자원도 확보하지 못한 채 과업 전부를 떠안고 착수하게 된다. 아니면 누구도 책임을 지지 않고, 아무 일도 일어나지 않게 된다.

이 활동은 누가 어떤 일을 언제까지 할지를 미리 생각하게 도와주는 활동이다. 이렇게 함으로써 책임이 골고루, 또 효과적으로 배분될 것이다.

진행방법

1. 네 개의 수직 칸을 그려 넣는다. 각 열에 '과업,' '담당자,' '기한,' '필요 자원'이라고 제목을 붙인다.

2. 첫 번째 제목, 즉 '과업' 아래에 실천해야 할 과업들을 적는다. 나중에라도 추가적인 과업을 찾게 되면, 목록에 추가시킨다.

3. 나열된 목록에 번호를 붙인다. 그리고 각 열의 제목에 대해 논의한다. "누가 이 일을 할까요?" "언제까지 할까요?" "이에 필요한 자원은 무엇일까요?" 이 과정은 자유토론 방식으로 할 수 있다. 질문에 대한 대답에 미리 절차를 정할 필요는 없다.

4. 특정한 동의가 만들어지면, 이를 차트에 써넣는다.

누가 - 또

대부분의 결정은 그것을 만든 사람에게는 직접적으로 영향을 주지 않는다. 오히려 영향을 받는 사람들은 의사결정과 그 실행 계획 과정에 참여하지 못하는 사람들이다. 그럼에도 불구하고 의사결정에 참여하지 못한 사람들의 관점을 들여다보는 일은 꽤 가치 있는 일이다.

이 활동은 다음 질문에 대하여 미리 생각할 수 있도록 도와주는 활동이다. "또 누구의 자문이 필요할까요?" 단계를 모두 거치는 데는 보통 두세 시간, 때로는 그 이상의 시간도 소요된다. 계획 과정을 시작할 때 이런 시간을 갖는 것은 성공과 실패를 가르는 길이기도 하다.

진행방법

1. 그룹 구성원들로 하여금 다음 사람들의 목록을 만들게 한다.
   - 결정에 직접 영향을 받는 사람
   - 최종 결정권을 가진 사람
   - 결정을 실행해야 할 사람
   - 과정을 방해할 사람

2. 잠시 동안 목록을 점검한 후, 다음 질문을 던진다. "여기에 있는 이해관계자 중에서 우리의 최종 결정에 반대할 것 같은 사람은 누구일까요? 만약 그들이 우리의 결정을 지지하지 않는다면, 실행하는 데 있어 받게 될 영향은 무엇일까요?

3. 목록에 있는 각 사람 또는 그룹에 대하여 논의한다. 최종 결정을 내리기 전에 의견을 들어 봐야 할 사람은 누구인가?

4. 의견을 들어야 하는 개인 또는 그룹에 대하여 자문의 방법을 선택한다. 면접, 집단 면접, 설문조사, 주요 회의 초청 등이 의견 수렴의 한 방법이 될 수 있다.

수렴 지대에서의 퍼실리테이션

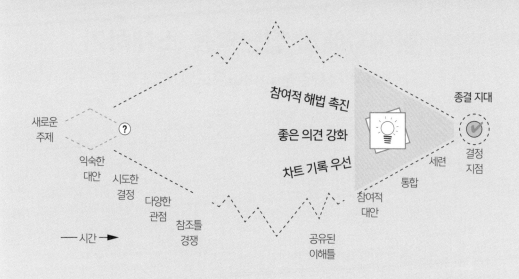

참여적 해법 촉진

좋은 의견 강화

차트 기록 우선

종결 지대

새로운
주제

익숙한
대안

시도한
결정

다양한
관점

참조틀
경쟁

시간 →

공유된
이해틀

참여적
대안

통합

세련

결정
지점

지속가능한 동의를 이루기 위해서는 모든 사람의 니즈와 목적을 담아낸 사려 깊은 아이디어들이 필요하다. 으르렁 지대에서의 다툼이 지속가능한 동의의 심장이라면, 수렴 지대의 재간은 그 두뇌라고 할 수 있다.

구조화된 사고 활동들은 사람들이 '둘중하나'의 사고방식에 빠져 있을 때 매우 유용하게 사용된다. 그룹이 이 상태에 있을 때는 자극과 영감이 필요하다. 사람들이 자신의 입장에 사로잡혀 서로에게 도움 되는 자극을 주지 못하기 때문이다. 16장(현장에서의 포괄적 해법)과 17장(문제의 창의적 재구성)이 이 상황에 도움이 될 것이다.

구조화된 활동은 사람들의 의견을 논리 정연하게 하는 과정과 그 의견이 실행될 수 있게 하는 핵심사항을 보다 원칙적으로 계획할 수 있게 도와준다.

하지만 때로는 수렴 지대에서 구조화된 사고에 참여하느라 시간을 너무 많이 빼앗긴다는 오해를 받기도 한다. 사실은 정 반대이다. 수렴 지대의 논의는 대부분 자기관리적이다. 많은 퍼실리테이터들이 수렴 지대에서 가장 힘들어하는 부분은 고작 마커펜을 잡는 것과 플립 차트 앞에 서 있는 것뿐이다. 나머지는 그룹을 지켜보는 일 밖에 없다.

참여자에게 집단역동 소개하기

참여적 의사결정 다이아몬드의 지혜 전파

1. 집단역동의 기본틀

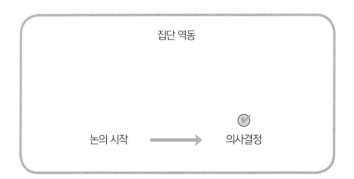

'집단역동'이라는 제목을 붙인 차트를 준비한다.

다음 내용 이외에는 비워둔다.

- 왼쪽 끝부분에 '논의 시작'
- 오른쪽 끝부분에 '의사결정'
- 둘을 연결하는 화살표

이 차트는 회의가 왜 그렇게 절망스럽고 비생산적인지 그 이유를 보여주는 모델이라는 점을 구성원들에게 설명해준다.

2. 확산적 사고 소개

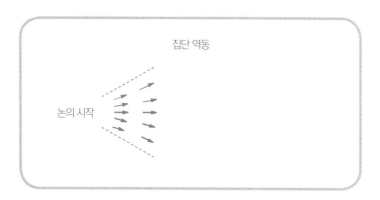

차트의 왼쪽에 위 그림과 같이 다섯 개의 화살표를 그린다.

 다음과 같이 말한다.

"이 차트는 회의에서 작동하는 집단역동을 보여주고 있습니다. 사람들이 어려운 문제에 대하여 논의할 때 어떻게 시작하는지를 상상해 봅시다."

화살표들을 한 번에 하나씩 가리키며, (유머러스한 음성으로) 다음과 같이 말한다.

- 첫 번째 발언자가 이렇게 말합니다. "저는 ABC를 해야 한다고 생각합니다."
- 두 번째 발언자가 말합니다. "반대합니다. 그건 좋지 않아요."
- 세 번째 사람이 말합니다. "저는 XYZ가 더 좋다고 생각합니다."
- 네 번째 사람이 말합니다. "저는 이것이 문제라고 전혀 생각하지 않습니다."
- 다섯 번째 사람이 말합니다. "이 문제는 조쉬가 있어야 하지 않을까요?"

3. 두 가지 사고 유형 소개

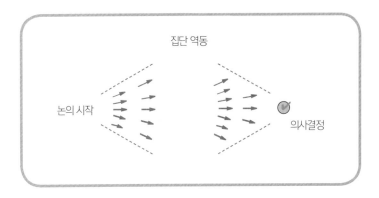

차트의 오른쪽에 수렴 화살표를 그린다.

다음과 같이 말한다.

"회의 후반으로 가면 참여자들은 매우 다르게 행동합니다. 이것은 전혀 이상한 일이 아닙니다."

차트의 오른쪽 전체를 손으로 가리키면서 다음과 같이 말한다.

"예를 들어, 이 그룹은 ABC 아이디어의 찬반 논의에 집중하여 10분 만에 동의하게 되었습니다. 그리고는 XYZ 아이디어의 찬반 논의로 옮겨가서 10분을 더 사용하였습니다."

4. 의사결정 및 집단역동모델 소개

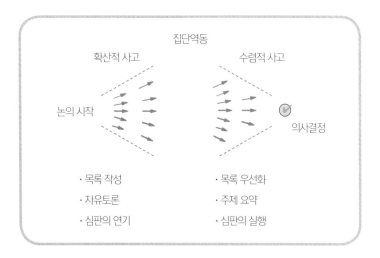

다음과 같이 쓴 새로운 페이지를 준비한다(미리 작성해 둔다).

- 확산적 사고
- 수렴적 사고

다이어그램 아래에, 각 사고 유형에 따른 예시 목록을 위에 있는 것처럼 작성한다. 이 차트를 만들기 시작할 때, 본서 32쪽에 있는 예시들을 언급하는 것도 좋다.

5. 짝꿍토론

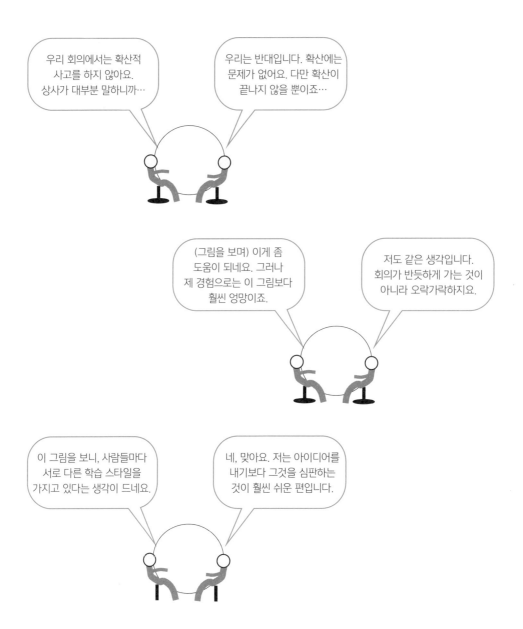

모든 사람은 주변에 있는 사람과 짝을 짓는다. 짝을 찾게 되면, 여기에 나와 있는 대화처럼 앞에 제시된 모델에 대하여 서로의 생각과 의문을 나누며 대화한다.

6. 재회 및 디브리핑

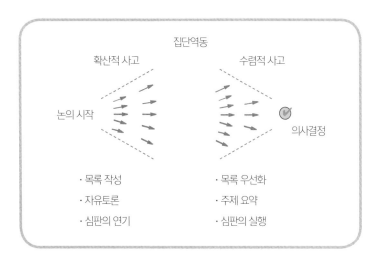

3~5분 후, 모든 참여자들을 전체 그룹으로 모은다. 그리고 다음과 같이 질문한다.

"소감을 말해 볼까요? 질문을 하셔도 좋습니다."

모든 견해를 다 받아들인다. 누군가는 현실세계는 그림에 그려진 것보다 더 엉망이라고 지적할 것이다. 그런데 그것이 바로 으르렁 지대를 설명할 수 있는 계기가 된다.

차트의 중간에 있는 빈 공간을 가리킨다. (아직 이름을 달지 않음) "이 부분은 그룹이 스트레스를 많이 받는 지대입니다." 다양한 관점이 얼마나 격차가 나는지, 의견을 교환하기 위해서는 얼마나 심한 일들이 일어나는지를 예를 들어 설명한다. (예: "한 얘기를 또 하기도 하고, 다른 사람의 말에 끼어들기도 합니다.")

7. 으르렁 지대 소개

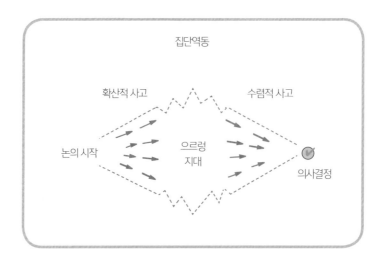

회의 도중 자기가 개인적으로 겪은 좌절과 오해를 얼마나 많은 사람들이 인식하고 있는지 물어본다. 예를 들어달라고 요청할 수도 있다.

비록 이런 일이 그룹의 현실에서는 매우 흔하게 일어나지만, 이를 표현할 만한 적당한 말이 없다는 것이 또한 현실임을 지적해준다.

그리고 웃는 모습으로, 차트의 중앙에다 '으르렁 지대'라고 기재한다.

다음 장을 넘기기 전에, 웃음이 잦아들기를 잠시 기다린다.

8. 전체 모델의 제시

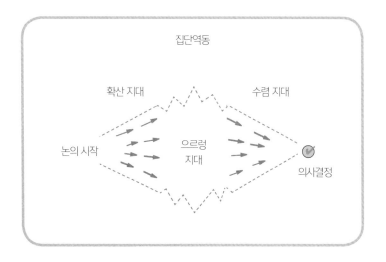

차트를 다음 장으로 넘겨, 다음 제목이 붙은 종이를 보여준다.

'참여적 의사결정의 다이아몬드'

차트는 대부분 앞장과 동일하나, 다음 사항이 수정되었다.

- '확산적 사고'가 '확산 지대'로 대체됨
- '수렴적 사고'가 '수렴 지대'로 대체됨

그리고 이 책 〈민주적 결정방법론 – 퍼실리테이션 가이드Facilitator's Guide to Participatory Decision-Making〉와 저자인 샘 케이너와 공동저자인 레니 린드, 케서린 톨디, 사라 피스크, 두에인 버거의 공적을 설명하며 신뢰를 쌓을 수 있도록 돕는다.

더 이상은 언급하지 말고, 참여자들을 서너 명의 소그룹으로 나눈다.

9. 실생활의 적용과 실행

모든 사람이 두세 명씩 소그룹을 만든다. 10분 동안 이 모델을 시험하는 시간을 가질 것이다.

1. 각자 조용히 자신이 참여했던 의사결정 그룹에 대해 생각해 본다.

2. 그룹 내에서 한 사람이 자기 그룹의 커뮤니케이션과 문제해결 방식을 설명한다. 다른 사람들은 들으면서 소감을 말하고 질문을 던진다. 이 과정의 목적은 바로 이 '다이아몬드'를 통해 집단역동에 관한 성찰의 기회를 갖게 되는 것이다.

3. 소그룹 안에서 몇 분씩 자발적으로 발언자를 바꾸어 가며 진행한다.

10. 시사점 토론

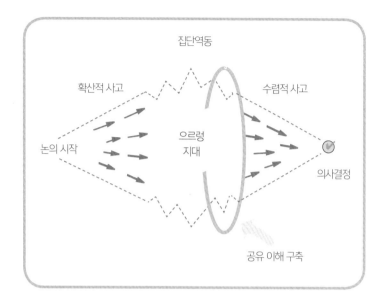

소그룹의 논의 내용을 공유할 수 있도록 전체 그룹으로 모은다. 질문을 하고 소감을 발표하는 시간을 갖는다.

당신이 이 논의를 퍼실리테이션하고 있다면, 으르렁 지대를 강조해주어야 한다. 그룹이 진정으로 지속가능한 동의를 이루려고 한다면, 으르렁 지대에서 시간을 보내는 것이 결정적인 원칙이다. 그리고 으르렁 지대의 해결책은 공유된 이해틀이 형성될 때 비로소 생겨난다.

이 개념을 설명하기 위하여, 다이어그램 아래에 '공유 이해 구축'이라는 어구를 써넣는다. 그리고 보는 바와 같이 수직으로 타원을 그린다. 이것이 바로 협업에 이르는 '전환점'이다.

참여적 의사결정 다이아몬드 교육 요령

1. 이 장의 접근방법에 따라 45분 내지 1시간 정도의 시간을 사용한다.

2. 회의를 시작할 때 또는 휴식시간을 방금 마쳤을 때 이 방법을 사용하면 좋다.

3. 첫 번째 소그룹 활동 후, 발언하고 싶어 하는 사람이 있으면 그 의견을 듣는다. 다이어그램에 비하여 현실세계는 훨씬 엉망이라는 의견이 나온다면 즉시 대답하지 말고, 나중에 그 점을 다루게 될 것이라고 알려준다.

4. 그룹의 의견을 들을 때, 그들이 혼란스러워하고 불편해하는 것에 대하여 일일이 대응하기보다는 스스로 발견해 나가도록 맡겨둔다. "그것에 대하여 누가 또 말씀해 주시겠어요?"라고 요청한다.

5. 사용할 계획이 없더라도 차트를 준비해 둔다.

6. 교육하는 동안 유머를 사용할 줄 알아야 한다. 자신감 넘치는 목소리를 사용하는 것은 매우 효과적이다. 퍼실리테이터의 즐거운 모습은 구성원들에게 편안함을 주고, 그들이 실제 상황에서 겪었던 으르렁 지대에서의 공포를 쉽게 극복하고 발언하도록 도와준다.

7. 후속 세션과 디브리핑을 하는 동안 "힘들죠? 하지만 이게 정상입니다."라고 계속 상기시켜준다.

8. 그룹이 으르렁 지대에서 사기가 꺾이면, '다이아몬드'에 대해서 빨리 가르쳐주고 싶은 마음이 생길 수 있다. 그럴 때는 다음과 같이 축약형 방법을 사용한다. 먼저, 잠깐 회의를 멈춘다. 그런 다음, 전체 모델을 한 장으로 보여 준다. 그리고 각 지대에 대하여 간단한 사례를 들면서, 그 지대의 기본 사항을 설명한다. 그 다음에는 서로 짝을 짓게 하여, 방금 들은 것에 대해 이야기를 나누게 한다. 마지막으로 디브리핑에서, 이 모델을 지금 이 회의에 어떻게 적용할 수 있는지 물어본다.

MEMO

PART 05

종결에
다다르기

명확한 결정 규칙의 중요성
집단의사결정의 중요한 구조적 요소 찾기

아래의 다이어그램은 그룹 행동에 있어서 완전히 다른 두 개의 영역을 보여준다. 그것은 '논의 영역'과 '실행 영역'이다. '논의'를 하는 동안 사람들은 생각하고 의논한다. 그리고 자신의 대안들을 고민한다. 반면 '실행'을 하는 동안에는 자신이 정한 대로 행동한다. 예를 들어, 논의하는 동안에는 프로젝트의 예산을 산출하고, 실행할 때는 그것을 지출한다.

달리 말하면, 논의하는 동안에는 이상세계에서 일을 하지만, 결정이 내려지고 나면 현실세계로 이동하는 것이다.

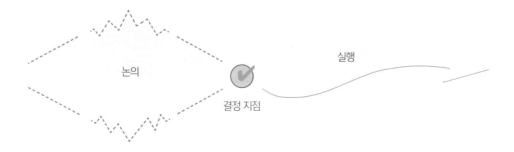

논의

실행

결정 지점

이상세계에서 사람들은 가능성을 탐색하고, 모델을 만들고, 그것을 상상 속에서 시도해 본다. 그들은 가설을 세우고 추론하며, 대안을 평가하고 계획을 수립한다. 반면 행위의 세계로 들어오면 그룹이 선택한 이상이 실현될 수 있도록 책임을 져야 한다. 계약에 서명하고, 사람을 고용하며, 조직을 개편하고, 사무실이 옮겨진다.

이때 '결정 지점'은 사고와 행위를 구분하는 전환점이 된다. 이는 뒤따르는 행위에 대해 권위를 부여하는 지점이다. 논의는 결정 지점 이전에 발생하고, 실행은 결정 지점 이후에 일어난다.

▎결정 지대에서 나타나는
▎일반적인 문제

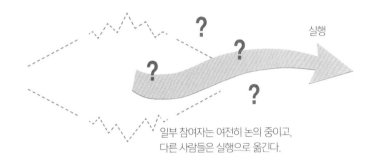

실행

일부 참여자는 여전히 논의 중이고,
다른 사람들은 실행으로 옮긴다.

많은 그룹들이 결정 규칙을 먼저 정하지 않은 채 문제 해결을 시도하는데, 이는 커다란 혼란을 가져올 수 있는 일이다.

예를 들어, 만약 어떤 일이 결정되었다고 생각하는 사람이 있다면, 그는 그 결정 사항을 실행하려고 할 것이다. 반면 아직 결정이 난 것이 아니라고 생각하는 다수의 사람들은 행동에 옮기려는 그 사람을 충동적이고 자의적이며 단체행동을 하지 못하는 사람이라고 비난할 것이다. 그러면 미숙한 행동을 보인다고 비난받은 이 사람은 "나는 모두가 동의한 줄 알았죠."라고 말하며 자신의 정당함을 해명한다.

반대의 경우도 있다. 결정이 내려진 후에 실행하지 않는 사람은 반항적인 사람이며 피동적 공격성이 있는 사람, 충성심이 없는 사람 등으로 여겨진다. 그러면 그 사람은 "실제적인 결정을 내린 건 아닌 줄 알았습니다." 혹은 "나는 찬성하지 않았어요!"라고 방어할 것이다.

이 사례는 결정이 이루어졌다는 명확하고 명시적인 표시가 있어야 한다는 것을 잘 보여준다. 예를 들어, 다수결에 의해서 결정하는 그룹이라면 투표와 개표 확인이 끝날 때까지는 아직 '논의 중'인 것이다. 그러나 많은 그룹들은 이에 대해 모호하게 행하고 있다. 회의를 종료하는 명확한 규칙이 부족한 것이다.

이 장에서는 여섯 가지의 가장 일반적인 결정 규칙을 설명하고, 그 각각의 규칙이 시사하는 바를 탐색해볼 것이다.

결정 규칙이 없을 때 나타나는 현상

- 우는 아이 젖 준다.
- "이 사안은 다음 달 아젠다에 넣고 그때 살펴봅시다."라고 말하지만, 다음 미팅에서 그 사안은 긴급한 새 업무에 밀려난다.
- 동의하지 않은 채 회의를 마친 후, 몇몇 사람만 남아 문을 닫고 실제로 결정한다.
- 어떤 사람들은 늘 다른 길을 간다.
- 담당자가 "다들 이 의견 괜찮죠?"라고 말하자, 몇 초의 침묵이 흐르더니 다음 사안으로 넘어간다. 담당자는 침묵이 곧 동의라고 간주한다. 반대하는 것이라든지 아직 생각 중인 것으로는 여기지 않는다.
- 가장 이해관계가 큰 사람이 단독으로 결정한다. 사람들은 나중에야 다른 사람의 의견을 듣지 않고 결정한 것을 알고 분노한다.
- 회의가 시간을 넘긴다. 결정은 계속해서 지연된다.
- 빠른 결정이 이루어지지 않으면 기회를 잃게 되는 상황에서, 보수적인 구성원들은 논의를 지연시킴으로써 일종의 거부권을 행사한다. '결정하지 않는 것'은 '행동하지 않기로 결정한 것'이다.
- 누군가의 이름이 불명확한 업무에 모호하게 붙게 된다. ("듀안, 왜 그것을 점검하지 않나요?") 그리고는 나중에 그 사람이 후속조치를 하지 않은 것에 책임을 묻는다.
- 사람들은 이슈가 논의되었다는 것을 결정이 이루어진 것이라고 가정한다.
- 시간이 흐르면 누군가 새로운 제안을 한다. 그러면 그것이 결정이 된다.
- 모든 구성원들은 자기 자신의 관점에 따라 행동한다. 결국에는 구성원들 서로가 무슨 일을 하고 있는지 알지 못한다.

일반적인
결정 규칙

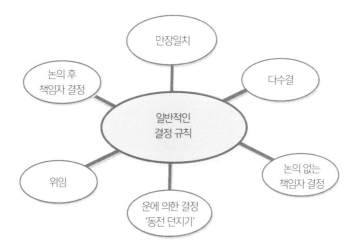

결정 규칙이란 "우리가 언제 결정했는지 그걸 어떻게 알 수 있나요?"라는 질문에 대한 대답이다. 위에 제시한 여섯 개의 결정 규칙은 이에 대한 기본 기능을 잘 수행해줄 것이다.

만장일치

참여자의 관심이 많은 경우

만장일치의 결정을 하려면, 구성원들은 자신들의 관점이 공유된 이해틀로 통합될 때까지 다른 사람들의 관점을 이해하려는 노력을 계속할 필요가 있다. 한 번 다른 사람의 관점에 충분히 익숙해지고 나면, 그들은 모든 사람들이 받아들일 수 있는 혁신적인 제안을 만들어낼 것이다. 물론 많은 노력이 필요할 것이다. 하지만 만장일치는 높은 관심사항에 대하여 지속가능한 동의를 만들어내는 최고의 기회이다.

만장일치를 결정 규칙으로 삼는 것이 어려운 것은 대부분의 사람들이 '양쪽모두' 해법을 찾는 방법을 알지 못하기 때문이다. 대신에 그들은 실제로 지지하지 않는 결정이라도 받아들이라는 압력을 가한다. 결국 그룹은 김빠진 타협안을 만들고 끝내버린다.

이러한 문제는 의사결정을 빨리 해버리려는 그룹에서 나타나는 일반적 경향이다. "우리는 모두가 받아들이는 만장일치를 해야 합니다. 그러나 한 편으로는 가능한 한 빨리 앞으로 나아가야 합니다." 이런 정신자세는 진정한 만장일치(즉, 다양성 안에 있는 긴장을 조율하고, 창의적 사고의 도움을 받으며, 정말로 모든 사람에게 도움이 되는 새로운 아이디어를 발명해내는 만장일치)의 관점을 망가뜨려 버린다. 이를 해결하려면 시간이 걸린다. 하지만 만장일치의 잠재력을 실현하기 위하여, 구성원들은 전체 참여자로부터 열렬한 지지를 받는 제안이 만들어질 때까지 상호 이해를 향하여 계속 노력해야 한다.

참여자의 관심이 적은 경우

참여자의 관심이 적은 이슈에서는 만장일치가 다른 결정 규칙에 따른 결정과 질적으로 유사하다. 참여자들은 혁신적인 해법을 찾기 위하여 많은 시간과 노력을 기울이기보다는, 그들이 인내할 만한 제안을 함께 따르게 된다.

이러한 경우, 만장일치가 가져다주는 유익 중 하나는, 소수가 싫어하는 결정을 내리지 않게 된다는 것이다. 하지만 반대의 경우도 있다. 소수의 반대자를 참아주지 않고 다수결로만 결정을 내리려고 하는 것이다. 문자 그대로, 그런 결정은 만장일치라고 할 수 없다.

다수결

참여자의 관심이 많은 경우

다수결은 대립적인 과정을 거쳐 승/패를 결정짓는 방식이다. 높은 관심 사안에 대하여 전통적으로 이 규칙을 적용하는 근거는, 아이디어들이 경쟁을 하면 일종의 압박을 만들어낸다는 것이다. 즉, 토론이 계속될수록 사람들의 추론 과정이 점점 더 좋아진다는 것이 이에 대한 이론이다.

하지만 문제는 사람들의 주장이 항상 논리적이지는 않으며, 논리적 주장을 기반으로 하여 투표하지 않는다는 사실이다. 사람들은 때때로 자신의 표를 흥정하거나, 정치적인 이유로 반대표를 던진다. 다만, 제안된 내용의 장점을 보고 투표하는 것을 늘리기 위하여 비밀투표를 하는 것은 고려할 가치가 있다.

참여자의 관심이 적은 경우

품질보다 편의성이 더 중요한 경우에는 다수결이 꽤 유용한 균형을 만들어 낸다. 즉, 만장일치를 위한 긴 논의와 극단적으로 위험한 상태에 빠지는 숙의의 결함 사이에 균형을 만들어 내는 것이다. 그룹 구성원들은 찬반에 대해 논의를 빠르게 진행한 다음 투표를 할 수 있다.

운에 따른 결정 '동전 던지기'

참여자의 관심이 많은 경우

'동전 던지기'는 제비뽑기, 모자 속에서 번호 뽑기 또는 '누가누가 할까요 알아 맞혀 보세요 (돌아가면서 술래를 정하는 게임)' 같이, 임의적이고 무작위적인 의사결정 방법이다. 의사결정 뿐 아니라 일반적인 일들을 실행할 때도 사용한다. 하지만 올바른 생각을 가진 사람이라면, 참여자들의 관심이 많은 사안에 대하여 이러한 결정 규칙을 사용하겠는가?

참여자의 관심이 적은 경우

의사결정이 임의로 이루어진다는 것을 인식하게 되면, 사람들은 논의에 참여하다가도 멈춘다. 자신의 의견이 실제 결과에 아무런 영향도 미치지 못하는데 굳이 떠들어댈 사람이 어디 있겠는가?

논의 후 책임자 결정

참여자의 관심이 많은 경우

이해관계가 클 때에는 이 결정 규칙이 견고한 정당성을 지니게 된다. 책임자는 결정 사항에 대해서 접근, 자원, 권한, 신임 등을 가진 사람이다. 이러한 투입요소를 얻게 됨으로써 그 책임자는 이슈에 대한 이해를 넓힐 수 있고, 의견을 더욱 현명하게 다듬어서 최선의 실행을 이끌어낼 수 있다. 그런 점에서 보면 이 결정 규칙은 결정권자가 갖고 있는 결정권의 당위성과 그룹으로부터 얻는 지혜의 유익함 사이의 균형을 잘 유지해준다.

하지만 불행하게도 어떤 구성원들은 거짓 조언을 하기도 하고, 자신의 실제 의견이 아니라 상사가 듣고싶어 하는 말만 하기도 한다.

이 문제를 극복할 수 있는 방법이 몇 가지 있다. 그 중 하나는 '악마의 대변자'를 두는 것이다. 그는 구성원들이 '시간이 낭비되면 안 되니까 어쩔 수 없이 동의해야 하는 압력'을 제거해 준다. 또 다른 방법은 책임자 없이 회의를 시작하는 것이다. 책임자는 논란이 될 만한 의견이 어느 정도 표출된 후에야 회의실로 들어와 논의에 참여한다.●

참여자의 관심이 적은 경우

그룹의 논의를 장려하는 데는 세 가지의 결정 규칙이 있다. 만장일치, 다수결, 논의 후 책임자 결정이 그것이다. 이해관계가 낮은 이슈에 대하여는 이 세 가지 결정 규칙이 대체로 동등한 결과를 만들어낸다.

참여자들의 관심이 적은 경우 책임자에게 조언을 주는 것은 일종의 연습 기회를 제공해주는 것이다. 위험도가 낮으면 책임자는 옳게 일하는 것에 대한 압력이 낮아지고, 그래서 덜 방어적이면서 개방적인 마음을 쉬 갖게 된다. 마찬가지로 구성원들도 위험을 감수하는 것에 대하여 처벌받을 걱정을 덜 하게 된다.

● 수용의 집단역동에 관한 Irving Janis의 탁월한 고전인 *Victims of Groupthink* (Boston: Houghton Miffin, 1972)는 이에 관한 여러 사례들을 다루고 있다. 집단사고의 문제를 극복하는 방법은 pp. 207~224 참조.

논의 없는 책임자 결정

참여자의 관심이 많은 경우

논의 없이 책임자가 결정을 할 때, 그는 상황의 분석과 앞으로 다가오는 일련의 행위에 대하여 모든 책임을 지게 된다. 이 방식을 지지하는 사람들은 이 결정 규칙이 권한과 의무와 책임 사이의 연결성을 확고하게 정리해준다고 주장한다. 반면 반대자들은 이 결정 규칙이 사각지대와 비합리적 결정을 만들어 낼 위험이 높다고 주장한다.

높은 위험이 있는 사안에 대하여 논의 없이 책임자가 결정해야 하는 때가 있다면, 가장 적절한 시간은 위기의 한 가운데 있을 때이다. 이때에는 명확한 결정을 빨리 내리지 않으면 재앙을 몰고 올 수 있기 때문이다. 하지만 일반적으로는 관심도가 높은 사안에 대하여 그룹 논의가 없이 결정하는 것은 위험을 증가시키는 일이다.

이 결정 규칙에 대하여 구성원들은 어떤 행동을 하게 될까? 대답은 구성원의 가치에 따라 다르다. 일부 사람들은, 좋은 구성원이란 충성심이 있고 원칙을 지키는 사람으로서, 자신의 역할에 충실하고 지시에 잘 따르는 사람이라고 생각한다. 하지만 많은 사람들은 이러한 결정 규칙에 맞서야 한다고 생각한다. 노조와 같은 공식적인 체계를 만들고, 자신들이 생각하는 중요한 관점을 명확히 제시해야 한다고 주장한다.

어떤 사안에 대하여 분석에서 문제해결까지 혼자서 책임을 진다고 할 때, 가장 근본적인 문제는 의사결정자에게 핵심적인 정보가 부족하다는 것이다. 또는 실행해야 할 사람들이 그 결정에 동의하지 않거나 이해하지 못함으로 인해 그 결정이 지연되는 경우도 있다. 따라서 책임자는 논의 없이 결정하는 것이 얼마나 위험한지 인식하고 있어야 한다. 그것을 인식하면 할수록 그 위험이 감당할 수 있을 만큼 큰지 아닌지에 대한 상황파악 능력도 더 좋아질 것이다.

참여자의 관심이 적은 경우

이 방식으로 결정하는 것이 항상 나쁜 결과만을 가져오는 것은 아니다. 실제로는 좋은 결과를 낼 때가 많다. 특히 위험이 적은 사안의 경우에는 나쁜 결정이 잘 내려지지 않거나 내려지더라도 보완되는 것이 보통이다.

결정 규칙의
영향

논의 없는 책임자 결정

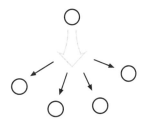

이 규칙대로 하면 구성원들은 '하라는 것만 하는' 습관이 든다.
회의에서는 책임자의 말을 수동적으로 듣기만 한다. 구성원들
의 생각 속에, 책임자는 어차피 반대의견을 듣고 싶어 하지 않
을 것이다. 구성원들은 지시에 따른다.

논의 후 책임자 결정

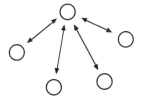

책임자가 최종 의사결정권자라면, 그는 확신을 가져야 할 주요 인
물이다. 모든 사람은 책임자에게 의견을 내려는 경향을 보인다.

다수결

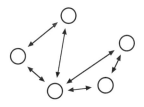

51%의 동의를 얻는 것이 목적이기 때문에, 영향을 형성하는 과
정은 미결정 영역에 대한 일종의 투쟁이다. 한 번 다수가 형성
되고 나면, 소수의 의견들은 무시될 수 있다.

만장일치

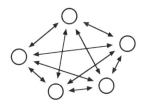

각 사람이 결정을 막을 수 있는 권한을 갖는다. 따라서 모든 참여
자들은 자신들의 관점이 결과로 나타날 것이라는 기대를 갖게 된
다. 이로써 구성원들의 일은 상호이해의 방향으로 진행될 것이다.

이와 같이 각각의 결정 규칙들은 그룹의 행동에 다른 영향을 끼친다. 구성원들은 자신의 행
동이 의사결정에 어떤 영향을 주는지에 따라 참여의 양과 질을 조정하게 된다.

만장일치의 추구

동의단계자 활용하기

| 만장일치의
| 추구

만장일치의 위력

'만장일치'의 영어단어인 'unanimous'는 두 개의 라틴어, 즉 '하나'라는 의미의 'unus'와 '정신'이라는 의미의 'animus'가 결합된 말이다. 그러니까 만장일치를 이루는 그룹은 '한 마음'으로 행동하는 그룹이다. 이러한 의미에서 보면, 만장일치는 각자에게 진실이라고 느껴지는 아이디어를 표현하는 것이기 때문에 현명하고도 견실한 결정을 내리는 것이라고 기대된다. 퀘이커교도들이 말한 것처럼, '결정은 곧 모두의 말'이다.

만장일치에 도달하려면, 모든 사람이 동의해야 한다. 이는 모든 이들이 각자 거부권을 가지고 있다는 의미이다. 그러므로 모두가 믿을 만한 해법을 찾을 때까지 논의를 몇 시간, 몇 주, 몇 달이라도 붙잡고 있을 수 있다. 이 거부권은 만장일치가 갖고 있는 가장 중요한 위력이다. 그룹이 만장일치에 도달하려는 의지를 가졌다는 것은, 구성원들이 자신의 의견이 반영된 해법을 찾을 때까지 논의를 지속하겠다는 의지를 품었다는 말이다. 따라서 그들이 내리는 결정은 모두의 욕구를 담아낸 결정이다.

만장일치와 합의

'합의'의 영어단어인 'Consensus'도 라틴어 어원을 갖고 있는 말이다. 이 말은 'consentire' 라는 이탈리아어에서 왔는데, '함께'라는 의미의 'con'과 '생각하고 느낀다'는 의미의 'sentire'가 결합된 말이다. 그러므로 '합의'의 언어적인 의미는 '함께 생각하고 느끼는 것' 이다.

합의는 과정이다. 그룹이 함께 생각하고 느끼면서 결정을 향해 가는en route to 참여적 과정이 다. 반면 만장일치는 그룹이 도달한 종결 지점을 말한다.

하지만 합의에 의한 의사결정을 표방하는 모든 그룹들이 회의 종결을 위한 결정 규칙으로 만장일치를 선택하는 것은 아니다. 예를 들어, 세바Seva 재단에서는 '만장일치 − 1'이라는 개념을 사용한다. 녹색당의 일부 지부에서는 80%를 수용 가능한 결정 수준으로 본다. 이 런 그룹은 스스로를 '매우 진지하게 합의에 의한 결정을 실천하는 조직'이라 생각한다. 모 든 개인들이 거부권을 가지는 것은 아니지만, 각 개인의 목소리가 의미 있는 영향력을 가지 는 것은 사실이다. 적어도 자신들이 진정으로 함께 생각하고 느끼는 과정에 관여하고 있다 는 확신을 갖기에는 충분하다.

만장일치의 추구
− 이상과 현실

침묵은 동의가 아니다.

많은 관리자들은 팀원들이 자신들의 업무에 가장 큰 영향을 끼치는 고위험, 고효과 이슈에 대해 한 마음이 되어 있기를 바라고 있다. 그런 문제들을 의논하는 자리에서 관리자들은 이 렇게 말하곤 한다. "저는 오늘 모든 사람들이 이 문제를 잘 받아들였으면 합니다." 이 관리 자는 명백하게 그룹이 만장일치에 이르기를 원하는 것이다.

하지만 그런 회의가 진행되어 가는 모습을 보자. 무슨 일이 일어나고 있을까? 논의는 한참 동안 잘 흘러간다. 그러나 한 번 으르렁 지대의 늪에 빠지고 나면, 책임자는 종종 논의를 종결하고 의사결정을 해버리려는 압력을 느끼게 된다.

논의를 종결하기 위하여, 책임자는 다음과 같이 말하면서 주요 사고의 흐름을 요약하는 것이 일반적이다. "여러분들은 이러이러한 것을 하기 원하는 것 같군요." 그리고는 다음과 같이 말을 잇는다. "이 제안에 모두 동의하시나요?" 이런 상황이라면 항상 몇 초의 침묵이 흐른다. 그러면 책임자는 이렇게 말한다. "자, 좋습니다. 우리는 모두 동의했습니다. 할 일이 정해졌으니, 이제 다음 단계로 넘어갑시다."

이것이 과연 만장일치일까? 전혀 그렇지 않다. 관리자는 침묵하는 사람들이 무슨 생각을 하고 있었는지 전혀 모르고 있는 것이다.

찬성과 반대의 문제

만장일치는 모든 사람이 '찬성'이라고 말한 것을 의미한다. 그러나 '찬성'이 반드시 "네 정말 훌륭한 아이디어입니다."라는 말은 아니다. 그것은 "네… 음… 약간 마음에 들지 않는 것이 있지만, 뭐 그 정도는 실행할 때 해결해 갈 수 있을 겁니다."라든지, "사실 저는 이 의견에 크게 신경 쓰고 있지 않습니다. 그러나 다수의 의견에 따르겠습니다. 저는 팀 플레이어로 보이기를 원합니다."라는 말일 수가 있다.

나아가 누군가 '반대'라고 말한다면, 그것은 실제로 "저는 조금 더 논의하기를 요청합니다." 라는 의미일 수 있다. 하지만 대부분의 구성원들은 이와 같은 사람이 되기를 꺼려한다. 누가 일을 지연시키는 사람이 되기를 바라겠는가?

그러므로 '찬성-반대'라는 언어가 근본적으로 문제이다. 만장일치를 이루기 위해서는, 먼저 구성원들 각자가 주어진 제안에 대해 얼마큼 지지(혹은 거부)하는지를 정확하고도 진정성 있게 표현할 수 있어야 한다.

동의
단계자

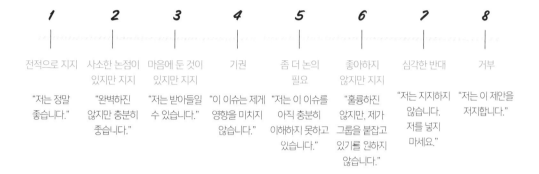

1	2	3	4	5	6	7	8
전적으로 지지	사소한 논점이 있지만 지지	마음에 둔 것이 있지만 지지	기권	좀 더 논의 필요	좋아하지 않지만 지지	심각한 반대	거부
"저는 정말 좋습니다."	"완벽하진 않지만 충분히 좋습니다."	"저는 받아들일 수 있습니다."	"이 이슈는 제게 영향을 미치지 않습니다."	"저는 이 이슈를 아직 충분히 이해하지 못하고 있습니다."	"훌륭하진 않지만, 제가 그룹을 붙잡고 있기를 원하지 않습니다."	"저는 지지하지 않습니다. 저를 넣지 마세요."	"저는 이 제안을 저지합니다."

이것은 '동의단계자'라는 것으로서, '찬성'과 '반대'라는 틀에 갇혀있던 각자의 생각을 해방시켜주는 도구이다. 다양한 뉘앙스의 표현을 사용함으로써, 제안에 대한 동의의 정도를 연속선상에서 표현할 수 있도록 도와준다. 이 표현들은 실제로 사람들의 사고방식을 반영하고 있다.

동의단계자는 샘 케이너와 두에인 버거, 그리고 커뮤니티앳워크Community at Work의 직원들에 의해 1987년에 개발되었다. 시간이 지나면서 수많은 언어로 번역되었으며, 전 세계의 크고 작은 조직에서 채택하여 사용하고 있다.

안녕하세요. 샘,

당신의 '동의단계자' 작업에 감사드립니다. 직원 워크숍에서 이 동의단계자를 사용하였는데, 이슈의 중요한 부분을 헤쳐 나갈 수 있게 되었고, 이는 프로그램의 미래에 매우 결정적인 영향을 주었습니다. 이 도구를 사용함으로써 서로 극단을 달리던 상황은 열정적인 지지를 보내는 상황으로 바뀌었습니다. 저는 이 도구의 효용성에 대하여 늘 감사하고 있습니다. 그러나 상대적으로, 짧은 시간에 극적으로 타개되는 경우는 거의 보지 못하고 있습니다.

2014년 1월

대표 린다 콜번

㈜ 발언이 시작되는 곳

하와이, 호놀룰루

인정받는 컨설턴트 린다 콜번의 발언●

한 대학 교수단은 미래 프로그램 발전의 시나리오와 관련하여 교착 상태에 빠진 문제를 해결해 달라는 퍼실리테이션 요청을 받았다. 인터뷰를 통하여 알게 된 것은, 개별적인 팀 구성원들이 희망적인 개념들을 잘 나열해 놓았지만, 구성원들 간의 신뢰가 떨어져 있고 긴장이 증가되고 있는 상황이었다. 학장은 퍼실리테이터가 교수단 전체의 지지를 얻어내고 화합을 이루어주기를 기대했다.

논란이 있는 것 중에서 가장 치명적인 이슈를 우선적으로 기술해 놓고 동의단계자를 화이트보드에 그려 놓았다. 그룹은 이 문구를 현실을 더 잘 반영하는 말로 수정하였다. 각 구성원들은 수정된 제안에 대하여 현재의 생각을 가장 잘 묘사하고 있는 연속체 상의 점수를 선택했다.

이제 교수단이 당면하고 있는 이슈들과 관련하여 그들의 의지와 가정, 걱정 등에 대해 좀 더 정교하게 정리해 보게 하였다. 이 대화는 주요 이슈에 대하여 명확하게 이해할 기회가 되었고, 적절한 데이터를 제공하였으며, 깊어만 가던 오해에서 빠져나오게 해주었다.

이번에는 교수단에게 그들의 입장을 보여주는 숫자를 다시 한 번 고르게 하였다. 그들이 선택한 새로운 위치는 제안된 시책을 실행할 수 있을 만큼 만장일치에 가까웠다. 그들은 전체적으로 결정한 과업에 대하여 자발적으로 작업을 시도했고, 실행을 위한 로드맵을 만들어냈다.

끼어들거나 도전하는 행동이 현저하게 줄어들 만큼 회의는 괄목할 만한 진전을 이루었다. 그룹 구성원들은 앞으로 노력할 다양한 과업을 제안하고 감당하는 등, 참여의 수준에 균형을 맞추어 갔다.

이 절차는 그룹에 다음과 같은 도움이 되었다.

- 동료의 실제 동기와 우려에 대하여 더 잘 이해함.
- 주요 용어에 대하여 정의를 공유함.
- 이전의 양극에 있던 입장보다 실제로 더 많이 일치하고 있었다는 것을 알게 됨.
- 수동적 공격의 저항과 태업에 대한 걱정 없이 팀으로 함께 전진함.

동의단계자는 공동으로 수립한 길을 따라 전진할 수 있게 하는, 체계적이면서도 체면을 세워주는 도구이다.

● 린다 콜번은 오랫동안 하와이의 대표적인 협력 전문가로 알려져 왔다. 데브라 콜브(Jossey-Bass 1997)의 <발언이 시작될 때>의 한 장에서는 린다의 직무를 하나의 조정자 역할로 설명했다. 이 책은 지미 카터를 포함한 12명의 성공적인 조정자를 소개하고 있다.

동의단계자
사용법

제안: 창고 매각과 새로운 시설 임대

그룹으로부터 의견을 듣기 위한 도구인 동의단계자를 회의에서 미리 보여준다. 또는 구체적인 결정을 내리는 순간까지 기다렸다가 동의단계자를 소개한다.

투표를 하기 위하여 척도를 사용할 때, 다음의 순서를 따른다.

단계 1: 논의했던 제안을 차트 위에 적는다.
단계 2: 모든 사람이 제안을 잘 이해했는지 확인한다.
단계 3: 제안의 문구를 최종적으로 수정한다.
단계 4: 위에 보이는 것처럼 제안 아래에 '점수표'를 그린다.
단계 5: 단계마다 정의를 내린다. (예를 들면, '1번'은 "저는 정말 좋습니다.")
단계 6: 그룹에게 물어본다. "이 제안에 대하여 여러분은 어떤 위치에 있나요?"
단계 7: 조사를 시행한다. 모든 사람의 위치를 점수표에 담아낸다.

이 과정이 결정 투표가 아니라는 점을 명확히 알려줘야 한다. 이는 조사투표poll● 일뿐으로, 그 결과는 제안에 대한 구성원들의 지지 수준을 보여주는 것이다. 결정이 이루어지는 것은 아니다.

● 역자 주: 의사결정을 목적으로 하는 결정투표(vote)와 구분하여, 의견조사를 목적으로 하는 '조사투표(poll)'라는 명칭을 사용하였다.

동의단계자의
실제

열정적 지지

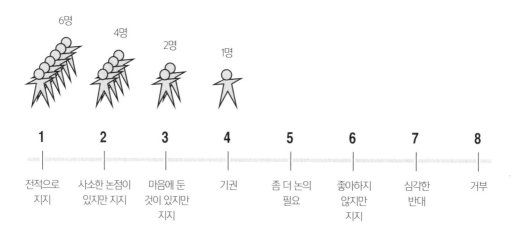

이 다이어그램은 13명의 구성원이 시도한 가상의 결과를 보여준다. 분포된 모양을 보면, 제안에 대한 지지가 꽤 열정적으로 높은 것으로 나타났다.

이 정도 지지에 기초한 동의라면 일반적으로 성공적인 실행을 만들어낸다. 6명이 전적으로 동의했으며, 나머지 사람들로 그리 멀리 있는 것은 아니다. 예상컨대, 이 참여자들은 그들이 만들어낸 결과에 대하여 관심을 가지고 돌볼 것이다.

받아들임buy-in이나 주인의식ownership과 같은 단어는 열광적 지지와 비슷한 의미를 지닌다. 이런 단어들은 사람들이 높은 수준의 사고 과정에 참여했을 때 생겨나는 열망과 헌신의 그룹 경험을 표현해준다.

미온적 지지

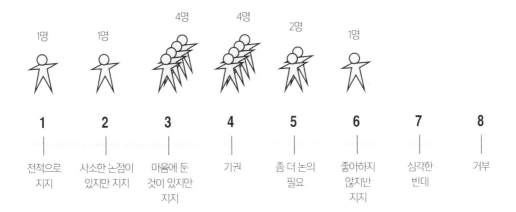

1	2	3	4	5	6	7	8
전적으로 지지	사소한 논점이 있지만 지지	마음에 둔 것이 있지만 지지	기권	좀 더 논의 필요	좋아하지 않지만 지지	심각한 반대	거부

이 다이어그램은 앞의 것과는 다른 결과를 보여준다. 분포된 모양은 제안에 대하여 심각하게 낮은 수준이다. 그럼에도 불구하고 이 분포는 여전히 만장일치를 나타낸다. 누구도 거부한 사람이 없고, 진행을 막지 않았다. 어쨌든 실제로 심각한 반대는 여기에 없다.

여러 가지 목적에 있어서, 이와 같은 미온적 지지는 충분히 적절하다 할 수 있다. 예를 들면, 위험의 정도가 낮은 경우에는 굳이 높은 수준의 지지가 필요하지 않다. 하지만 목적을 이루는 것이 높은 동기와 지속적인 노력을 요한다면, 미온적 지지만으로는 일을 이루어내기 어렵다.

열정적 지지의
필요조건

총체적 중요성

열정적 지지는 위험이 매우 높아서 실패의 결과가 심각할 수 있을 때 필요한 것이다. 반대로 위험이 낮은 경우에는 열정적 지지를 만들어 내기 위해 시간과 에너지를 투자하고 싶어 하지 않는다.

영향의 지속시간

어떤 결정은 쉽게 되돌릴 수 없다. 예를 들면, 새로운 도시에 본부를 이전하는 결정 같은 것이다. 이와 같은 결정은 올바른 결정을 만들어 내는 데 시간이 많이 걸리더라도 그렇게 해야 할 가치가 있다. 그러나 다른 의사결정(예를 들면, 직원들의 휴가 기간 2주 동안 프로젝트의 직원을 어떻게 해야 할지에 대한 문제)에 대해서는 그 지속 기간이 짧다. 이러한 결정을 완벽하게 내리려면 실행의 총 수명보다도 더 긴 시간이 걸릴 것이다.

난이도

문제풀이를 어렵게 하는 주된 요인은 복잡성, 모호성, 갈등의 심각성 등이다.[*] 문제가 어려우면 어려울수록, 그룹이 들여야 하는 시간과 노력은 더 많아진다. 반면에 반복적인 문제는 길게 끄는 논의가 필요하지 않다.

이해관계자의 수용

많은 이해관계자가 결정의 효과에 걸려있다면, 결정을 이루는 과정에서 모든 사람의 생각

---

[*] Paul C. Nutt, *Solving Tough Problems* (San Francisco: Jossey-Bass, 1989).

을 담아내려는 노력은 더 필요해진다. 반면 결정이 소수의 몇몇 사람에게만 영향을 준다면, 과정에서의 참여도는 낮아질 것이다.

그룹 구성원의 임파워먼트

결정을 실행하는 데 있어 구성원들의 판단력이나 창의성이 많이 요구될수록, 구성원들은 그 결정 안에 깔려있는 논리를 더 잘 이해해야 한다. 열정적 지지를 추구하는 과정은 해당 이슈에 대하여 사람들을 더 논리적으로 이끌어줄 것이다.

최적의 지지 수준

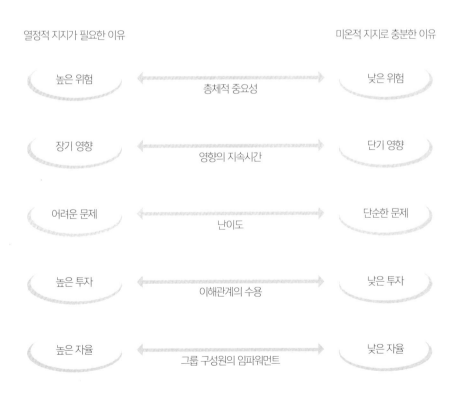

동의단계자의
실제

모호한 지지

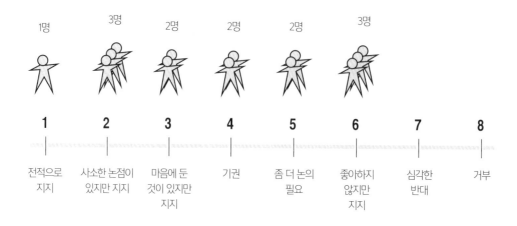

이 다이어그램은 제안에 대한 응답이 단계자 전체에 걸쳐 분포하고 있는 것을 보여준다. 이 그룹은 논의가 더 필요한 상황이라는 것을 잘 알 수 있다.

모호한 결과는 보통 본래의 문제가 효과적으로 정의되지 않았다는 것을 보여준다. 마이클 도일과 데이비드 스트라우스는 "문제에 대한 동의 없이 해법에 동의할 수는 없다."라고 설파했다.●

● M. Doyle and D. Straus, *Making Meetings Work* (New York: Berkeley Books, 1993).

이탈 있는 다수의 지지

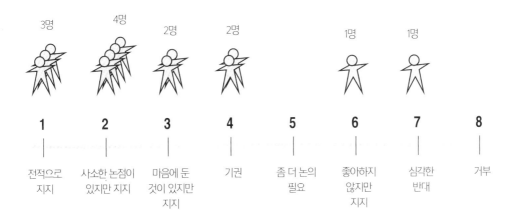

3명	4명	2명	2명		1명	1명	
1	**2**	**3**	**4**	**5**	**6**	**7**	**8**
전적으로 지지	사소한 논점이 있지만 지지	마음에 둔 것이 있지만 지지	기권	좀 더 논의 필요	좋아하지 않지만 지지	심각한 반대	거부

이 분포는 놀라울 만큼 일반적이다. 이러한 결과가 나오면, 이탈 인원에 대하여 무시하고 갈 지 아니면 반대하는 이유에 대하여 해결해보려는 노력을 기울여야 할지 의문이 생긴다.

이 경우 그룹의 책임자는 지지의 수준을 높이기 위하여 어떤 조치가 필요한지를 그룹에게 물음으로써 타협을 시도한다. 이러한 시도는 자주 효과를 발휘한다.

그러나 항상 그렇지는 않다. 이는 귀결되는 결정에 대하여 열정적인 지지를 얻는 것이 좋을 지 아닐지에 달려있다. 모든 사람들의 지지가 필요한 경우, 미온적 타협은 소용이 없다. 그런 경우에는 진정한 민주적 해법을 지속적으로 찾아가야 한다.

1	2	3	4	5	6
저는 정말 좋아요 – 전적으로 확신 합니다	저는 충분히 좋습니다	저는 좀 더 알아볼 때까지 지지하겠습니다	복합적인 심정	저는 다른 것을 좋아합니다	저는 그냥 싫습니다

많은 리더들은 자신의 리더십 스타일이나 자기 그룹의 문화에 맞춘, 자신만의 단계자를 만들어 사용하기를 좋아한다.

1. 동의단계자 사용의 이점을 설명한다.

2. 단계자의 일반적인 척도(이 장에서 제시한 단계자 척도)를 보여준다.

3. 척도를 수정해서 사용해도 좋은지 묻는다.

4. 만약 책임자가 척도를 수정하면, 그가 그룹에게 척도에 대하여 설명하게 한다. 원한다면 추가 수정을 허용한다.

일반 척도를 몇 번 사용한 후에도 리더나 참여자들의 제안으로 언제든지 수정된 척도를 만들 수 있다.

● 동의단계자의 응용은 피에르 오미디아(Pierre Omidyar)가 만들었고, 오미디아 네트워크(Omidyar Network)의 여러 그룹에서 효과적으로 사용하였다, 2006-2007. (승인을 얻은 게재)

조사투표를 하는
방법

거수법

"'1'번에 해당하는 사람 손들어 주세요."라고 말한다. 데이터를 차트에 적는다. "'2'번에 해당하는 사람 손들어 주세요."라고 말한다. 모든 단계를 반복한다.

선택설명법

회의실 안을 돌아다니며, 각 참여자에게 자신의 선호 단계와 그 이유를 설명하게 한다. 논의는 허용되지 않고, 각자의 선호만 차트에 기록한다.

동시선언법

각자 종이 위에 자신의 선호를 적게 한다. 한 번에 모든 사람이 자신의 카드를 든다. 합산 결과를 차트에 적는다.

비밀투표법

각자 자신의 선호를 쪽지에 적게 한다. 모두 적은 다음, 쪽지를 모아 결과를 산정한다. 합산 결과를 차트에 적는다.

두바퀴법

사전 조사투표와 논의를 거친 후 최종 조사투표를 할 것임을 시작 전에 미리 설명한다. 위에 있는 아무 방법이나 사용하여 첫 번째 조사투표를 실시하고 결과를 모은다. 결과를 간단히 설명한 후, 제한된 시간 동안 논의를 하고 다시 조사투표를 실시한다. 이렇게 하면 자신의 최종 선호를 밝히기 전에 다른 사람들이 어떤 입장에 있는지를 볼 수 있게 된다.

회의를 명확하게 종결하는 방법

커뮤니티앳워크Community at Work 절차에 따라 종결에 도달하는 작업

종결에 다다르기
- 유연성 대 명확성

결정 규칙: 근본 딜레마

많은 그룹은 명확한 결정 규칙을 수립하는 것을 어려워한다.

담당자들은 결정 규칙을 단일하게 사용하지 않는 경우가 많다. 어느 때는 "나는 우리 직원 모두가 실행에 앞서 동의에 이르기를 바랍니다."라고 말하면서, 또 어느 때는 "시간을 낭비할 필요가 있나요? 제가 결정하겠습니다."라고 말한다.

담당자의 관점에서 보면, 하나의 특정 규칙에 얽매이는 것이 잘 이해되지 않는다. 그러나 구성원들이 관점에서 보면, 이러한 가변성은 엄청난 혼란을 가져온다.

예를 들어 보자. 한 소프트웨어 회사에서 사장이 주재하고 모든 부서장들이 참여하는 월례회의를 한다. 부서장들은 회의가 매우 절망스럽다며 불평한다. "사장님은 시작한 지 5분 만에 논의를 잘라버리곤 합니다."라며 투덜댄다. "어떤 때는 회의를 질질 끕니다. 그리고 또 어떤 때는 이미 자신이 내린 결론에 우리를 끌고 들어가는 것 같습니다. 우리 생각에 아랑곳하지 않을 때가 있는가 하면, 때론 상세한 내용까지 꼬치꼬치 캐묻습니다. 정말 미치겠어요."

이는 매우 흥미로운 이야기다. 책임자의 관점에서 보면 그의 행동은 완벽하게 논리적이다. 특정 사안에 따라서 어느 정도 논의를 해야 할지 결정하는 것은 당연했다. 이해관계가 낮고 해결책이 뻔해 보일 때는 적은 논의로 빠른 결정을 내리는 것이 타당했고, 결과에 대한 주인의식을 갖게 해야 할 때는 더 좋은 아이디어를 찾기 위하여 많은 논의를 하는 것이 타당했다.

문제는 그가 그러한 이유를 설명하여 공유하지 않았다는 것이다. 구성원들은 그의 방법이 뒤죽박죽인 이유를 알지 못했다. 일관성 없는 그의 행동으로 인해서 구성원들은 이렇게 수군댈 수밖에 없었다. "우리를 조작하려는 것이다." "그는 회사의 정치를 두려워하고 있다." "그는 리더로서의 자질이 부족하다."

이 사례는 유연한 절차와 명확한 절차 간에 생기는 고전적인 긴장을 잘 보여주고 있다. 여기서 책임자는 명확하고 일정한 결정 규칙만 고수하면 시간을 현명하게 사용하지 못하게 된다고 느낀 것이다. 그러나 결정 규칙을 모호하게 두는 것도 바람직하지 않은 일이다. 그렇게 되면 구성원들은 언제 적극적으로 참여하고 언제 수동적으로 참여할지를 판단하지 못하게 된다.

종결에 다가가기 – 메타 결정●

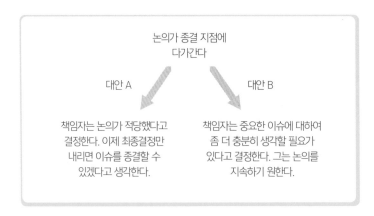

이 다이어그램은 그룹에서 늘상 일어나는 상황을 잘 보여준다. 사실상 모든 논의에서 책임자들은 일정한 시점에 이르면 언제 논의를 중단하고 결정을 내려야 하는지를 결정해야 한다.

책임자의 역할을 맡은 모든 이들은 이 사실을 직감적으로 받아들일 것이다. 그들은 매일같이 그 일을 하고 있기에, 이 상황을 쉽게 인식할 수 있다. 그러나 회의에 있는 다른 참석자들은 그렇지 못하다. 그들은 자기에게 일어나는 상황을 해석하지 못한다. 그러한 혼란은 좌절, 분노, 혹은 수동적 태도를 만들어낸다. 앞에서 설명한 사례와 똑같이 말이다.

다행스럽게도, 이 불균형을 줄이는 방법이 있다. 아주 간단하다. 그것은 '책임자가 하려는 것이 무엇인지 모든 사람에게 알리는 것'이다. 예를 들면, 위에 그려 놓은 것 같은 간단한 다이어그램을 그린다. 그리고 대안들을 설명하면 된다. 선택의 지점이 명확해지면 혼란이 세거질 것이다.

● '메타(meta)'는 그리스어로 '위' 또는 '관하여'라는 의미이다. 결정을 어떻게 내릴 것인지에 관한 결정을 내리는 것을 '메타 결정 내리기'라고 한다.

세 가지
메타 결정

도일과 스트라우스의 '대비책fallback'

가장 잘 알려진 메타 결정 절차 중 하나는 도일과 스트라우스의 대비책* 이다. 다음과 같이 작동한다.

새로운 주제가 소개되면, 책임자는 만장일치에 도달하는 제한시간을 설정한다. 설정한 시간에 도달하면, 책임자는 메타 결정을 내린다. 즉, 논의를 중단하고 최종 결정을 내릴 것인지, 아니면 새로운 제한시간을 설정하고 논의를 재개할 것인지를 결정한다.

캐롤린 에스테스의 '대투표 투표 vote to vote'

메타 결정은 책임자가 없는 경우에도 발생한다. 예를 들면, 미국 녹색당은 만장일치를 결정 규칙으로 삼고 있는데, 만장일치를 다수결로 바꿀 수 있는지에 대해서 메타 결정을 사용한 것이다. 이 메타 결정은 대규모 합의 의사결정의 선두 전문가 중의 한 사람인 캐롤린 에스테스에 의해 유명해졌으며, 이를 '대투표 투표'라고 부른다.**

녹색당은 이 절차를 채택하고 있다. 그룹 구성원 중의 누구라도 논의의 종결을 위해, 만장일치에서 다수결로의 전환에 관한 투표를 요청할 수 있다. 만약 80%의 투표자가 전환을 찬성하면, 논의를 멈추고 논의 중이던 제안에 대하여 다수결로 옮겨 간다. 그러나 전환에 찬성하는 사람이 80%보다 적으면, 만장일치 규칙은 유지되고 논의는 지속된다.

---

* M. Doyle and D. Strauss, *How to Make Meetings Work* (New York: Berkeley Books, 1993).
** 1989년 미국 오래곤 주 유진 시 녹색당 전당대회 개최를 위한 공동 퍼실리테이션. 당시 샘 케이너의 개인적 관찰 내용이다.

이 절차에 대해서는 이어지는 내용에서 자세히 설명하겠지만, 그 중심 전제만 먼저 말한다면, 메타 결정이 가져다주는 혜택을 최대한 살릴 수 있는 것은 바로 조사투표라는 것이다.

책임자가 있는 그룹에서는 의사결정을 내리기 전에 동의단계자를 활용하여 조사투표를 해보는 것이 매우 유익하다. 만약 그룹으로부터 적당한 지지를 받고 있다는 것을 책임자가 알게 된다면, 그는 그 결정이 실행될 것이라는 확신을 가지고 결정을 내릴 수 있다. 그러나 적절한 지지를 받지 못하는 것으로 나타난다면, 그는 결정하는 대신 논의를 재개할 수 있을 것이다.

종결에 다가가는 절차

종결에 다가가는 절차

1. 논의를 마친다.
2. 제안을 차트에 적는다.
3. 제안에 대한 지지 수준을 평가하는 조사투표를 실시한다.
4. 케이너의 메타 결정

중요 인물(주로 책임자)이 선택한다.

결정을 내린다.   추가로 논의한다.

이는 커뮤니티앳워크Community At Work가 실행하는 종결에 다가가는 절차이다. 이는 간단한 결정은 빨리 내리게 하며, 위험이 높은 논의에 대해서는 필요한 만큼 시간을 쓰게 해준다. 조직이 수직적 구조를 가졌든 그렇지 않든, 민주적 의사결정의 혜택을 그룹에 제공해준다. 이 절차를 사용하는 모든 그룹은 자신의 상황에 맞게 필요한 부분을 수정하여 사용하는 것이 좋다.

케이너의 메타 결정
활용 사례

VISA 국제 접근 기술●

1. 누구나 논의를 종결할 수 있다. 그룹은 조사투표를 한다. 반대가 있으면, 책임자가 논의의 종결 여부를 결정한다.

2. 제안을 명확하게 적는다.

3. 동의단계자를 사용하여 조사투표를 한다.

4. 거부에 투표한 사람이 없으면, 책임자는 다음 중 하나를 선택한다.

／　　　　　　　　　＼

충분한 동의가 있으니 결정을 내린다.　　이슈를 좀 더 논의한다.

캘리포니아 알라메다 카운티 행동건강관리센터 A.C.S.C. 관리자 회의●●

1. 누구나 그룹의 동의를 얻어 논의를 종결할 수 있다.

2. '명확성 질문'과 '우호적 수정'을 사용하여 제안을 명료하게 한다.

3. 지지 수준을 확인하기 위하여 동의단계자를 사용한 조사투표를 한다.

4. 참여자 또는 책임자가 메타결정을 내린다.

／　　　　　　　　　＼

지금 결정한다.　　　　　이슈를 좀 더 논의한다.

● 폴 웨인트라우브(Paul Weintraub) 부사장의 동의를 얻어 게재함

●● 미쉘 리스만(Michael Lisman) 이사의 동의를 얻어 게재함

찰스 스와브 회사 소매 직원 성과 보고●

1. 사용할 결정 규칙을 정한다. 만약 메타 결정 절차를 사용한다면, 메타 결정자를 확인하고 다음을 진행한다.

2. 누구나 논의를 종결할 수 있다.

3. 누구나 제안을 낼 수 있다. 모호한 면이 있으면 제안을 다듬는다.

4. 조사투표를 한다. 누구나 거부할 수 있다.

5. 메타 결정자가 결정한다.

지금 결정한다.　　　　이슈를 좀 더 논의한다.

마샬 의료 센터●●

1. 누구나 종결을 요청할 수 있다. 의장이 종결 여부를 결정한다.

2. 누구나 제안을 할 수 있으며, 모든 제안은 기록해둔다.

3. 질문과 '우호적 수정'으로 제안을 명확하게 한다.

4. 동의단계자를 사용하여 조사투표를 한다.

5. 의장이 다음 중에서 결정한다.

제안을 추진한다.　　　좀 더 논의한다.　　　제안을 기각한다.

● 자넷 맨체스터(Janet Manchester) 부사장의 동의를 얻어 게재함

●● 제임스 위플(James Whipple) 대표의 동의를 얻어 게재함

친절 평가 재무부서●

1. 이슈가 '그룹 결정사항'인지 '책임자 결정사항'인지를 확인한다. 그룹 사항이면 다음과
   같이 진행한다.

2. 제안을 명확히 한다.

3. 조사 투표를 한다.

4. 책임자가 결정한다.

$\diagup$ $\diagdown$

   지금 결정한다.   이슈를 좀 더 논의한다.

5. 단계 4의 결정에 따라 진행한다.

6. 책임자가 결정한 후, 피드백을 받는다.

왓슨빌 건강가족협의회●●

1. 각 회의에서 조사투표 평가자를 선임한다.

2. 누구나 논의 종결을 요청할 수 있다.

3. 제안을 명확히 하고, 기록한다.

4. 조사 척도에 따라 조사투표를 실시한다. 참석 중인 모든 사람(개인 또는 단체 기관)이 참
   여할 수 있다.

5. 만약 거부를 표시한 사람이 없으면, 조사투표 평가자가 다음 중에서 결정한다.

$\diagup$ $\diagdown$

   조사투표 결과의 최종 결정으로 충분하다.   좀 더 논의가 필요하다.

6. 만약 세 번의 논의에도 결론을 내지 못하면, 한 기관에 한 표를 행사하는 다수결에 붙인다.

● 하베이 크리스텐슨(Harvey Christensen) 부사장의 동의를 얻어 게재함

●● 왓슨빌 건강가정센터(Watsonville Healthy Families Collaborative)의 디펜사 드 머저레스(Defensa de Mujeres)
의동의를 얻어 게재함

샘 로렌조 교육구 가족계획단체[•]

1. 누구든 논의의 종결을 요청할 수 있다.

2. 제안을 명확히 한다.

3. 동의단계를 표시한 카드를 이용하여 선호에 대한 조사투표를 실시한다.

4. 책임자가 평가한다. "지금 최종 결정이라고 볼만큼 충분히 동의하고 있는가?"

'예'라면, 최종 결정이 된다   '아니오'라면, 논의로 되돌아간다.
                                구성원들은 불일치 영역을 확인하여 논의하고
                                다른 대안을 제안한다.

홀리스터 교육구 전략기획팀[••]

1. 논의의 종결을 요청한다.
2. 제안을 명확히 한다.
3. 선호에 대하여 조사투표를 한다.
4. 그룹에게 묻는다. "이 정도 동의면 충분한가요?"

'아니오'라면 논의로 되돌아온다. 더   '예'라면, 논의를 종결한다. 그러나
많은 지지를 얻기 위해 제안을 수정   다음 단계에서 거부권이 행사될 수
한다. (논의를 세 차례 진행한 후 종결   있고, 그러면 그 세안은 통과되지 못
한다.)   한다.

• 제니스 두런(Janis Duran) 담당자의 동의를 얻어 게재함

•• 홀리스터 교육구, 전략기획팀 전체의 동의를 얻어 게재함

산타 크루즈 가든 학교●

1. 논의를 종결한다.

    • 누구나 종결을 요청할 수 있다.

    • 재청과 삼청이 필요하다.

    • 지금까지 발언하지 않은 사람에게 원하는 경우 발언 기회를 준다.

2. 제안을 만들고 명확하게 한다.

3. 조사투표를 한다.

4. 메타 결정: 책임자가 다음 중에서 결정한다.

  지금 결정한다.　　　　　이슈를 좀 더 논의한다.

도시전략위원회 리더십기술팀●●

1. 논의를 마치기 위하여 종결을 요청한다.

2. 제안을 명확히 한다.

3. 조사투표를 통해 합의를 확인한다.

4. 메타 결정자(매 회의마다 돌아가며 역할을 맡음)가 결정한다.

  충분한 동의가 있으니 결정을 내린다.　　결정을 내릴 만큼 충분한 동의가 아니다.
  　　　　　　　　　　　　　　　　　　　논의를 재개한다.

●　칼 피어슨(Carl Pearson) 교장의 동의를 얻어 게재함

●●　마리아 챔벨 케세이(Maria Campbell Casey) 대표의 동의를 얻어 게재함

마린 카운티 청소년 지원회•

1. 만장일치로 논의를 종결한다.

2. 제안을 받는다.

3. 각 제안들에 관한 선호에 대하여 조사투표를 실시한다.

4. 책임자가 결정한다.

       / | \

  책임자가 지금 결정한다. 이슈를 좀 더 논의한다. 돌아가며 맡은 진행자가 지금 결정한다.

5. 단계 4의 결과대로 진행한다.

라킨가 청소년 지원센터••

1. 제안을 받는다.

2. 다양한 선호에 대해 조사투표를 실시한다.

3. 시간 제한을 두고 만장일치를 시도한다.

   • 제한시간을 정한다.

   • 시간이 다 될 때까지 진행한다.

4. 책임자가 결정한다.

      /   \

  지금 결정한다.   이슈를 좀 더 논의한다.

• 데이비드 버크만(David Barkan) 프로그램 담당자의 동의를 얻어 게재함

•• 다이안 플래너리(Diane Flannery) 임원의 동의를 얻어 게재함

독립 자연식품 소매협의회●

1. 제안을 하고, 재청을 받는다.
2. 추가 질문, 명확히 할 점, 논의 사항 등이 있는지 점검한다.
3. 우호적 수정을 고려한다.
4. 5점 척도의 동의단계자를 사용하여 동의 정도를 점검한다.

／ ＼

4점이나 5점이 없고 평균이 2점 이하   4점이나 5점이 하나라도 있고 평균이
면 단계 6으로 간다.   2점 이상이면 논의를 재개한다.

5. 만약 논의가 필요하면, 단계 1~4를 반복한다.

／ ＼

평균이 2점 미만이면 단계 6으로 간다.   평균이 2점 이상이면 3,4,5점에 표시한 사람
의 최종 의견을 듣고, 단계 6으로 간다.

6. 공식적인 찬/반 투표를 한다.

산타크루즈 명상 센터 이사회●●

1. 논의 종결을 요청한다.
2. 제안을 명확히 한다.
3. 동의단계자를 사용하여 선호를 조사한다.
4. 의장이 다음을 결정한다.

／ ＼

충분한 동의가 있으니 결정을 내린다.   이슈를 좀 더 논의한다.

5. 세 번의 회의에서 세 차례의 논의를 했음에도 합의가 없다면, 출석 이사 2/3가 투표를 원
   할 시 투표를 실시한다.
6. 통과는 2/3의 찬성으로 이루어진다. 이때 세 번의 회의에 모두 참석한 사람만 투표권을
   가진다.

● 코린 쉰들러(Corinne Shindelar) 사장과 알렉스 버머(Alex Beamer) 이사장의 동의를 얻어 게재함
●● 에디 브라운(Edie Brown) 이사장의 동의를 얻어 게재함

메타 결정권자의
선택 대안

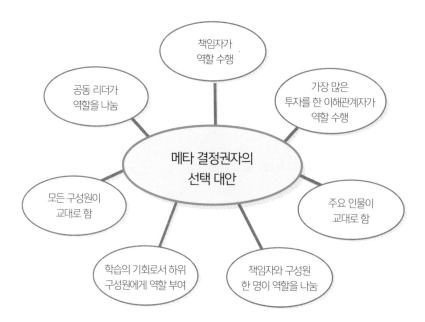

메타 결정권자는 논의가 더 필요한지를 결정하는 사람이다. 위에 제시한 다양한 대안 중 어떤 것을 사용할지 결정하는 것도 메타 결정권자의 권한이다.

논의 종결의 일반 절차

• 논의를 종결할지 지속할지 투표한다.

• 책임자가 논의를 종결할지 연장할지를 결정한다.

• 누구나 한 가지씩 발언할 기회를 가진다. 그리고 논의를 종결한다.

• 논의를 연장한다. 그러나 특정 이슈로 논의를 좁힌다. 그리고 마친다.

• 누군가 종결을 요청하고 두 명이 동의하면, 논의를 종결한다.

• 지금 논의를 종결한다. 하위 그룹에게 추가 논의를 위임한다.

• 연장 시간을 설정한다.

논의를 종결하기 위하여 이 중 어떤 절차를 사용해도 좋다. 하지만 일관성 있게 사용할 것을 권한다. 그래야 구성원들이 어떻게 시간을 써야 보다 효과적인 참여를 하게 되는 것인지 알 수 있게 된다.

결정 절차를 수립하도록
책임자를 돕는 방법

1. "종결에 다가가는 절차"라는 차트를 책임자에게 보여준다.

   문구를 소리 내어 읽는다. '케이너 메타 결정' 4단계(374쪽)를 시작으로 각 단계에 대한 구조와 이유에 대해 설명할 것이라 말한다.

2. 메타 결정의 사용법을 설명한다.

   열정적 지지와 미온적 지지의 차이를 설명한다. "미온적 지지에서 편안하게 진행하려면 어떤 상황이 필요할까요? 그리고, 만약 논의를 연장한다고 하더라도 지지를 더 확보할 수 있는 환경은 무엇일까요?"라는 질문을 던진다.

3. 동의단계자를 소개한다. 조사투표는 어떻게 진행되는지 설명한다.

   그리고 척도 위에 스티커를 붙인 결과를 보여주는 시연을 한다. 척도의 숫자나 설명은 고정된 것이 아니므로, 그룹의 문화와 사정에 따라서 알맞게 변형하여 사용할 수 있다는 점을 말한다.

4. 논의 종결에 대한 규칙의 필요성을 간단히 설명한다.

   그룹이 사용할 수 있는 종결 방법 몇 가지의 예를 보여준다. '논의 종결의 일반 절차(383쪽)'를 참고한다.

5. 차트에 제안을 기록해 두는 것에 대한 이점을 간략히 설명한다.

   첫 번째 문구는 완벽할 필요가 없음을 강조한다. 사람들은 조사투표를 하기 전에 이를 살짝 바꾸기 원할 수도 있다.

6. 고객이 일부 또는 전체 단계를 조정하는 것을 요청하고 권장한다.

   이 경우 책임자가 메타 결정의 응용에 대하여 100% 편안함을 느끼는지 확인한다.

7. 전체 그룹에게 수정된 절차를 전달할 수 있는 계획을 세운다.

   책임자를 독려하여, 그룹이 절차를 수정하여 자신들의 것으로 만드는 일을 기대하고 희망하게 한다.

결정 절차
수립

1. 기초 잡기

책임자: 그룹에게 의사결정 절차에 대한 제안을 할 것이라 설명한다. 그룹에 어울리도록 필요한 만큼 제안을 수정해 달라고 요청한다. 그리고 승인 절차를 설명한다(4단계).

2. 제안 제시

책임자: 제안하고 싶은 의사결정 절차를 온전한 형태로 그룹에게 보여준다. 변화를 쉽게 확인할 수 있도록 차트를 사용한다.

3. 절차 논의

퍼실리테이터: 동의단계자를 설명하고, 조사투표의 절차가 어떻게 진행되는지 설명한다. 메타 결정에 대해서도 설명한다. 각 단계별로 논의 과정을 퍼실리테이션한다. 모든 수정 제안을 차트에 기록한다.

4. 수정 승인

퍼실리테이터: 그룹에게 제안된 절차를 이용하여 논의를 종결해 보게 한다. 그리고 각 제안된 수정안에 대하여 지지 수준을 확인하는 조사투표를 실시한다. 필요하면 책임자가 메타 결정을 하게 한다. 거기에는 고려해야 할 제안들이 몇 가지 있을 것이다. 그 모든 제안들에 대하여, 한 번에 하나씩 거절 또는 승인을 확인하는 절차를 반복해야 한다. 마지막으로, 전체적인 최종 결과물에 대하여 조사투표를 실시한다.

SUMMARY

종결에 다다르기

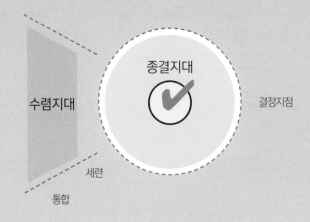

종결지대

수렴지대

결정지점

세련

통합

종결 지대는 의사결정의 마지막 단계이다. 이는 다음과 같이 네 단계로 이루어진다.

1. 논의를 종결한다.

2. 제안을 차트에 기록한다.

3. 구성원들에게 조사투표를 실시한다.

4. 그룹 결정 규칙을 사용하여 최종 결론에 도달한다.

때로는 이 단계들이 절차에 관계없이, 빠르고 격의 없이 진행될 수도 있다. 예를 들어, 모든 사람들이 좋아할만한 매력적인 해결책이 제안된 경우가 그럴 것이다. 하지만 이 장에서 논의한 모든 이유들을 생각해 볼 때, 그러한 진행은 아주 가끔만 행해질 뿐, 그룹에게는 기본적으로 명시적이고 공식적인 결정 규칙이 있어야만 한다. 퍼실리테이터는 이 장의 원칙들을 충실하게 학습하는 것이 좋다. 종결에 도달하는 방법을 이해하는 것은 지속가능한 동의를 구축하기 원하는 모든 이들에게 필수적인 것이기 때문이다.

MEMO

지속가능한 동의와 퍼실리테이션

이 책의 주요 논점의 정리와 통합

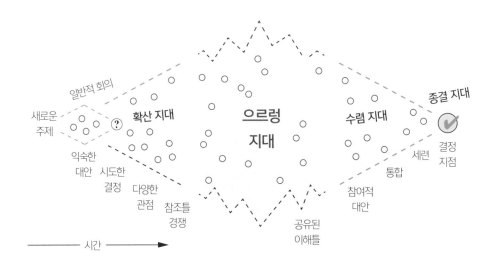

지속가능한 동의는 갑작스런 영감의 폭발로 생겨나지 않는다. 그것은 점진적으로 발전한다. 사람들은 공유된 이해들을 구축하기 위해 시간과 노력을 들여야 하고, 그룹은 절차상의 지점마다 그에 따른 지지를 얻어야 한다. 퍼실리테이터는 이 모든 것들을 이해하는 사람으로서, 그룹 내에 존재하는 역동과 어울리는 기술을 다양하게 구사해야 한다.

이어지는 내용에서는 참여적 의사결정의 다이아몬드에 작동하는 이론과 실제를 검토해줄 것이다. 각 페이지마다 퍼실리테이터가 특히 관심을 가질만한 이슈들을 강조하면서, 다이아몬드의 각 지대에 관한 주요 사항들을 요약해 놓았다.

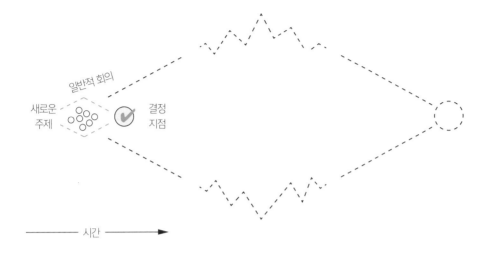

새로운 주제가 논의 선상에 올라오면, 사람들은 보통 명백해 보이는 문제에 대한 명백한 해법을 제안하는 대화를 시도한다. 정서적 분위기는 일반적으로 서로 기분을 맞추고 있는 상황이지만, 표면적으로만 그럴 뿐이다. 사람들은 상대방을 취약 지역으로 몰아넣는 위험을 가급적 삼간다. 만약 어떤 아이디어가 그럴듯하면, 보통은 쉽게 동의한다. "오, 좋은데요." 여기서 퍼실리테이터의 주된 역할이 있다. 그것은 참여자들의 양과 질을 주의 깊게 살피는 것이다. 모든 사람들이 참여하고 있는가? 누구든 사고하는 데 어려움은 없는가? 정말로 그렇다면 매우 좋다. 퍼실리테이터는 의견을 요약하고 신속하게 결론에 도달하도록 도우면 된다.

그러나 누군가가 망설이고 있다면 상황은 달라진다. "나는 여전히 의심이 갑니다. 그룹의 입장과는 좀 다른 생각이 있습니다." 퍼실리테이터는 그 구성원에게서 이러한 의도를 알아차리고, 그 의도하는 바를 그룹에게 알릴 수 있도록 도와주어야 한다. 즉, 조금 더 생각해 보는 것이 좋을 것 같다고 그룹에게 말하는 것이다. 그 다음에는 '익숙한 대안'의 좁은 고리에서 벗어나 '확산 지대'로 논의가 옮겨갈 수 있도록 구성원들을 돕는다.

확산 지대에서의 퍼실리테이션

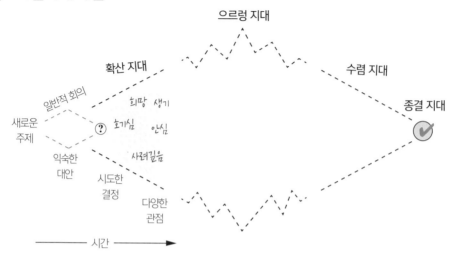

'일반적 회의' 단계에서 '확산 지대'로 넘어갈 때, 그룹의 분위기는 극적으로 바뀐다. 일상적 업무에서는 논의가 지루하고 딱딱하다. 사람들은 비판을 받아 당황하게 되니 차라리 자신의 생각을 검열하는 편을 택한다. 반대로 확산 지대에서는 웃음과 농담이 일반적이다. 그래서 호기심과 탐험의 기분을 가지게 된다. (한 사람이 다른 사람에게 말한다. "워워, 그것이 너의 생각이라구? 정말 할 말이 없다.")

그러면 무엇이 이 두 지대의 차이를 만들어낼까? 큰 틀에서 말한다면, 대답은 간단하다. '심판의 연기'에 대한 태도이다.

심판의 연기는 퍼실리테이터가 그룹을 일깨워줄 수 있는 가장 중요한 사고 스킬 중의 하나이다. 퍼실리데이터는 '브레인스토밍'이나 '한바퀴' 같은 의형을 통하여 그룹에게 심판의 연기를 경험할 수 있는 기회를 제공해 준다. 존경받고 지지적인 퍼실리테이터는 심판의 연기를 알게 함으로써, 그리고 기회가 있을 때마나 이를 모범으로 보여 줌으로써, 사람들에게 편하게 말하는 것이 허용된다는 편안함과 개방적인 분위기를 만들어준다. 이것이 바로 확산적 사고의 정수이다.

으르렁 지대에서의
퍼실리테이션

으르렁 지대의 고통

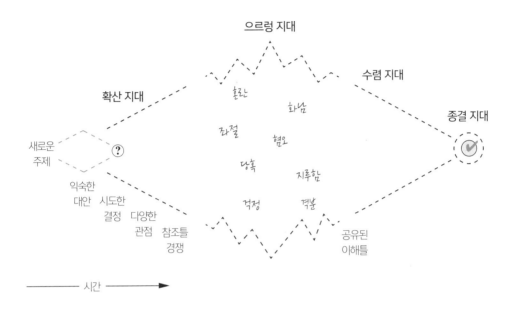

확산적인 관점을 한번 표현하고 나면, 구성원들은 궁지에 몰리게 된다. 그들은 평소 서로의 관점에 대하여 잘 알지 못한다. 하지만 서로를 이해하지 못하면, 그들은 그들의 이슈를 풀 수가 없다. 이것이 그룹 작업의 근본적인 어려움이다.

상당히 잘 지내는 구성원들끼리도 으르렁 지대에서는 화가 날 수 있다. 사람들은 어색한 개념 및 낯선 편견과 힘겹게 씨름해야 한다. 다른 사람의 추론이 자신이 동의하는 결론과 다른 방향이라 할지라도, 그 추론을 이해하려고 노력해야 한다.

게다가 많은 사람들은 이러한 스트레스를 서툰 방법으로 대응한다. 이런 점에서 어려움은 더욱 더 복잡해진다. 압박받는 상황에서 사람들은 초점을 잃고 방황하기도 하며, 성급해지고 무례해지기도 한다. 어떤 사람들은 자신이 오해받고 있다고 느끼면서 같은 말만 반복한다. 어떤 경우에는 참을성도 없이 아무것에나 동의해버린다. "자, 이제 그만 넘어갑시다. 당장!"

으르렁 지대에서의 각오

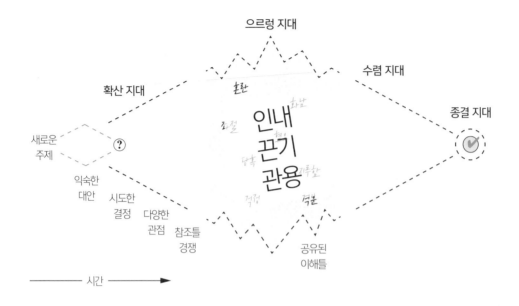

많은 퍼실리테이터들, 특히 초보적인 퍼실리테이터들은 그룹이 으르렁 지대에 빠지는 고통과 좌절을 막아주어야 한다고 생각한다. 하지만 그렇지 않다. 으르렁 지대에서 그들을 보호해 주어야 할 유일한 것은 긴장되고 서툴고 힘들지만 꼭 해야만 하는 작업, 즉 '공유된 이해틀'을 구축하는 작업을 할 때 직면하게 될 고통과 좌절이다.

그렇다면, 으르렁 지대에서 퍼실리테이터가 해야 할 일은 무엇일까? 그것은 기본적으로 거기에서 버티고 있는 것이다. 그들이 투쟁하여 서로를 이해할 때까지 버티고 지지해 주는 것이다. 나아가 그들끼리도 버틸 수 있도록 지지해 주고, 마음을 놓아 버리거나 포기하지 않도록 돕는 것이다.

퍼실리테이터의 고집은 고객중심의 태도에 뿌리를 두고 있다. 즉, 문제를 해결하는 지혜는, 그들이 포기하지만 않는다면, 바로 그룹으로부터 솟아난다는 신념이다. 이 태도만 갖추고 있으면, 퍼실리테이터는 진정한 협력을 이루기 위한 노동의 고통을 충분히 이겨낼 수 있을 것이다.

수렴 지대에서의 퍼실리테이션

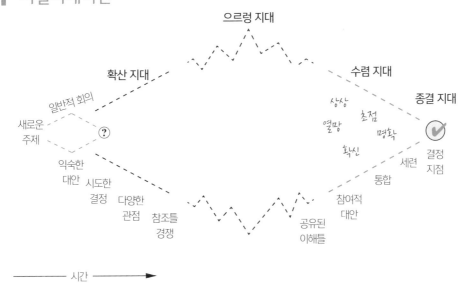

한 번 그룹이 공유된 이해틀을 만들고 나면, 사고는 빠르고 부드럽고 쉽게 느껴진다. 논의의 진전에 가속이 붙는다. 사람들은 "드디어 일이 되는구나!"라고 말하게 된다. 이 시기에는 확신이 강해진다. 사람들은 제 시간에 나타나고, 회의를 마칠 때까지 자리를 지킨다.

참여적 해법을 찾아가는 경험은 자극적이고 힘이 나는 일이다. 사람들은 자신들이 얼마나 서로를 잘 이해할 수 있는지를 발견하며 놀라워한다. 구성원들은 이제 그룹을 한 팀으로 여긴다. 이 지대에서 경험한 강렬한 기쁨은 몇 년이 지난 후에도 많은 사람의 마음속에 각인되어 있다.

퍼실리테이터는 이 기간 중에 두 개의 역할을 하게 된다. 때로는 가르치고 때로는 길을 벗어나는 것이다. 무엇보다 '둘중하나'의 문제를 '양쪽모두'의 해결로 전환하도록 깨우쳐주는 것은 결정적인 역할이라 할 수 있다. 많은 경우에 있어서, 퍼실리테이터는 '양쪽모두' 사고가 가능하다는 것을 인식하는 유일한 사람이다. 그러나 실제적으로는 긴 시간 동안 차트나 쓰고 시간이나 재는 사람으로 축소되어 있다. 하지만 그렇게 될 때면, 기뻐하라! 이는 퍼실리테이션이 성공하고 있다는 증거이다.

종결 지대에서의
퍼실리테이션

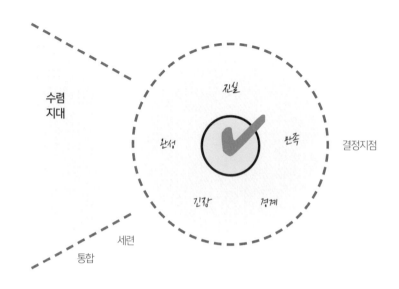

종결 지대에서는 대부분의 사람들이 집중한다. 그들은 거의 매순간 주의를 기울이고, 발설하는 말들도 대부분 간단하고 명료하다.

이러한 상황은 물론 어떤 결정이 내려지는지를 그룹이 알고 있을 때이다. 만약 그룹이 회의가 어떻게 종결될지 이해하지 못하고 있다면, 퍼실리테이터는 구성원들이 결정 규칙을 이해할 수 있도록 가능한 한 빨리 손을 써야 한다.

종결에 다가가는 도구들은 그룹이 배워야 하는 가장 중요한 내용이다. '동의단계자'는 구성원들이 제안에 대하여 지지하는 정도를 실제적으로 알 수 있게 해주며, '메타 결정 절차'는 그룹으로 하여금 서로 다른 상황에서 서로 다른 결정 규칙을 사용할 수 있게 도와준다.

결국, 그룹 구성원들이 종결에 이르는 원칙과 구조를 파악하고 있으면, 그 그룹의 역량은 극적으로 증진된다.

지속가능한 동의를 만드는
퍼실리테이터의 역할

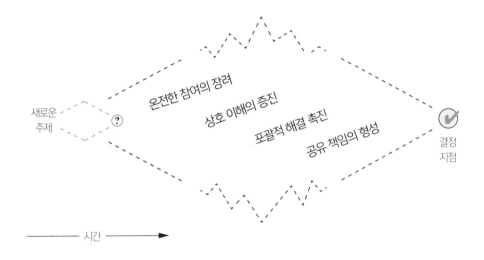

퍼실리테이터의 사명은 사람들이 최선의 사고를 할 수 있도록 지원하는 것이다. 위에 제시된 네 가지 기능은 그 사명을 실천하는 지침이 된다.

이 네 가지 기능에는 참여적 의사결정의 핵심 가치가 녹아있다. 그 기능들은 그룹 퍼실리테이션 작업의 바탕이 되어 개개인들을 강화시켜주며, 그룹 전체도 강화시켜준다. 그리고 구성원들을 하나로 묶어주는 깊은 집단적 지혜를 자극하여, 지적이고도 건전하며 지속가능한 동의를 이루게 해준다.

우리가 퍼실리테이션을 할 때, 우리는 참여의 가치들을 전달하는 일종의 시스템이 된다. 우리는 그 가치들을 품고, 표현하고, 실현한다. 그렇게 우리는 지지자요 선생님이요 산파로서, 세상의 가장 힘겨운 문제에서 참여적 해법을 잉태하는 불꽃의 수호자인 것이다.

참고문헌

- Adams, James. *Conceptual Blockbusting* (4th ed.). Cambridge, MA: Perseus Publishing, 2001.

- Atlee, Tom. *The Tao of Democracy: Using Co-Intelligence to Create a World That Works for All*. Eugene, OR: Writers Collective, 2003.

- Auvine, Brian et al. *A Manual for Group Facilitators*. Madison, WI: Center for Conflict Resolution, 1978.

- Avery, Michel et al. *Building United Judgment*. Madison, WI: Center for Conflict Resolution, 1999.

- Beer, Jennifer. *The Mediator's Handbook* (4th ed.). Gabriola Island, BC, Canada: New Society Publishers, 2012.

- Bens, Ingrid. *Facilitating with Ease! Core Skills for Facilitators, Team Leaders and Members, Managers, Consultants, and Trainers* (3rd ed.). San Francisco: Jossey-Bass, 2012.

- Bens, Ingrid. *Facilitation at a Glance*. San Francisco: Jossey-Bass, 2008.

- Block, Peter. *Flawless Consulting: A Guide to Getting Your Expertise Used* (3rd ed.). San Francisco: Jossey-Bass/Pfeiffer, 2011.

- Block, Peter. *Community: The Structure of Belonging*. San Francisco. Berrett-Koehler, 2009.

- Bray, John, Joyce Lee, Linda L. Smith, and Lyle Yorks. *Collaborative Inquiry in Practice: Action Reflection and Making Meaning*. Thousand Oaks, CA: Sage Publications, 2000.

- Brown, Juanita and David Isaacs. *World Cafe: Shaping Our Futures Though Conversations That Matter*. San Francisco: Berrett-Koehler Publishers, 2005.

- Bunker, Barbara and Billie T. Alban. *The Handbook of Large Group Methods: Creating Systemic Change in Organizations and Communities*. San Francisco: Jossey-Bass, 2007.

- Butler, C. T. Lawrence and Amy Rothstein. *On Conflict and Consensus*. Cambridge, MA: Food Not Bombs Publishing, 1991.

- Cameron, Esther. *Facilitation Made Easy*. London, UK: Kogan Page Limited, 2005. Carpenter, Susan and W.J.D. Kennedy. *Managing Public Disputes*. San Francisco: Jossey-Bass, 2001.

- Chambers, Robert. *Participatory Workshops: A Sourcebook of 21 Sets of Ideas & Activities*. London, UK: Earthscan, 2012.

- Chrislip, David and Carl E. Larsen. *Collaborative Leadership: How Citizens and Civic Leaders Can Make a Difference*. San Francisco: Jossey-Bass, 1994.

- Chrislip, David. *The Collaborative Leadership Fieldbook*. San Francisco: Jossey-Bass, 2002.

- Cochran, Alice Collier. *Roberta's Rules of Order: Sail Through Meetings for Stellar Results Without the Gavel*. San Francisco: Jossey-Bass, 2004.

- Conklin, Jeff. *Dialogue Mapping: Building Shared Understanding of Wicked Problems*. West Sussex, UK: John Wiley & Sons, Ltd., 2006.

- Crutchfield, Leslie and Heather Mcleod Grant. *Forces for Good: The Six Practices of High Impact Non-profits*. San Francisco: Jossey-Bass, 2008.

- Danskin, Karl and Lenny Lind. *Technology + Design for High Engagement in Large Groups*. San Francisco, CA: Jossey-Bass, 2014.

- de Bono, Edward. *Lateral Thinking*. New York: Harper and Row, 2009.

- de Bono, Edward. *Serious Creativity*. New York: Harper Collins, 1993.

- Doyle, Michael and David Straus. *How to Make Meetings Work*. New York: Berkeley Books, 1993.

- Dressler, Larry. *Consensus Through Conversation*. San Francisco: Berrett-Koehler, 2006.

- Dressler, Larry. *Standing in the Fire*. San Francisco: Berrett-Koehler, 2010.

- Earl, Sarah, Fred Carden, Michael Quinn Patten, and Terry Smutylo. *Outcome Mapping: Building, Learning and Reflection into Development Programs*. Ottawa, ON, Canada: International Development Research Center, 2001.

- Estes, Caroline. "Consensus." *In Context* (Autumn 1984): 19-22.

- Fisher, Roger, William Ury, and Bruce Patton. *Getting to Yes* (2nd ed.). New York: Penguin Books, 2011.

- Fisk, Sarah. *Psychological Effects of Involvement in Ecological Restoration*. Ann Arbor, MI: University Microfilms International, 1995.

- Gastil, John. *Democracy in Small Groups*. Gabriola Island, B.C.: New Society Publishers, 1998.

- Gastil, John and Peter Levine. *Deliberative Democracy Handbook: Strategies for Effective Civic Engagement in the Twenty-First Century*. San Francisco: Jossey-Bass, 2005.

- Gesell, Izzy. *Playing Along: 37 Group Learning Activities Borrowed from Improvisational Theater*. Northhampton, MA: Whole Person Associates, 1997.

- Gray, Barbara. *Collaborating*. San Francisco: Jossey-Bass, 1989.

- Hansen, Morton. *Collaboration*. Cambridge, MA: Harvard Business Press, 2009.

- Harwood, Richard. *The Work of Hope*. Dayton, OH. The Kettering Foundation, 2012.

- Hogan, Christine. *Understanding Facilitation: Theory & Principles*. London, UK: Kogan Page Limited, 2005.

- Hogan, Christine. *Practical Facilitation*. London, UK: Kogan Page Limited, 2003.

- Howard, V.A. and J.H. Barton. *Thinking Together*. New York: William Morrow and Company, 1992.

- Howell, Johnna L. *Tools for Facilitating Team Meetings*. Seattle, WA: Integrity Publishing, 1995.

- Hunt, Dale. *The Art of Facilitation: The Essentials for Leading Great Meetings and Creating Group Synergy*. San Francisco: Jossey-Bass, 2009.

- Iacofano, Daniel. *Meeting of the Minds: A Guide to Successful Meeting Facilitation*. Berkeley, CA: MIG Communications, 2001.

- Janis, Irving. *Victims of Groupthink* (2nd ed.). Boston: Houghton-Mifflin, 1972.

- Janis, Irving and Leon Mann. *Decision Making*. New York: The Free Press, 1977.

- Johnson, David W. and Frank P. Johnson. *Joining Together*. Englewood Cliffs, NJ: Prentice-Hall, 1975.

- Justice, Tom and David Jamieson. *The Facilitator's Fieldbook* (3rd ed.). N.Y: Anacom, 2012.

- Kan er, Sam. "Working Effectively in Groups: Developing Your Collaborative Mindset." *In Discover Your Inner Strength*. Sevierville, TN: Insight Publishing, 2009.

- Kaner, Sam. "Promoting Mutual Understanding for Effective Collaboration in Cross-Functional Groups with Multiple Stakeholders." In Schuman, Sandy, ed. *The IAF Handbook of Group Facilitation: Best Practices from the Leading Organization in Facilitation* San Francisco: Jossey-Bass, 2005.

- Kaner, Sam. "Five Transformational Leaders Discuss What They've Learned." In Schuman, Sandy, ed. *Creating a Culture of Collaboration: The International Association of Facilitators Handbook*. San Francisco: Jossey-Bass, 2006.

- Kaner, Sam, Eileen Palmer, and Duane Berger. "What Can O.D. Professionals Learn From Grassroots Peace Activists?" *Vision/Action*, 9 (1989): 8-12.

- Kania, John and Mark Kramer. "Embracing Emergence: How Collective Impact Addresses Complexity." Stanford Social Innovation Review, 63, Winter 2011.

- Kearny, Lynn. *The Facilitator's Toolkit*. Amherst, MA: HRD Press, 1995.

- Kepner, C.H. and B.B. Tregoe. *The New Rational Manager*. Princeton, NJ: Kepner-Tregoe, 1997.

- Kolb, Deborah M. and Associates, *When Talk Works: Profiles of Mediators*. San Francisco: Jossey-Bass, 1997.

- Lakey, George, Berit Lakey, Rod Napier, and Janice M. Robinson. *Grassroots and Nonprofit Leadership: A Guide for Organizations in Changing Times*. Gabriola Island, B.C.: New Society Publishers, 1996.

- Lind, Lenny with Karl Danskin and Todd Erickson. "Interactive Meeting Technologies." In Bunker, Barbara, and Billie T. Alban. *The Handbook of Large Group Methods: Creating Systemic Change in Organizations and Communities*. San Francisco: Jossey-Bass, 2006.

- Means, Janet A. and Tammy Adams. *Facilitating the Project Lifecycle: The Skills & Tools to Accelerate Progress for Project Managers, Facilitators, and Six Sigma Project Teams*. San Francisco: Jossey-Bass, 2005

- Michalko, Michael. *Thinkertoys*. Berkeley, CA: Ten Speed Press, 2012.

- Nelson, Jo. *The Art of Focused Conversation for Schools*. Gabriola Island, BC, Canada: New Society Publishers, 2013.

- Nutt, Paul C. *Making Tough Decisions*. San Francisco: Jossey-Bass, 1989.

- Osborne, Alex. *Applied Imagination: Principles and Procedures of Creative Problem-Solving* (3rd ed.). Hadley, MA.: Creative Education Foundation, 1993.

- Owen, Harrison. *Open Space Technology: A User's Guide*. San Francisco: Berrett-Koehler Publishers, 2008.

- Parker, Marjorie. *Creating Shared Vision*. Clarendon Hills, IL: Dialog International, Ltd., 1991.

- Patterson, Kerry, Joseph Grenny, Ron McMillan, Al Switzler, and Stephen R. *Covey Crucial Conversations: Tools for Talking When Stakes are High*. New York: McGraw-Hill, 2002.

- Phillips, Gerald M. and Julia T. Wood. *Emergent Issues in Human Decision Making*. Carbondale, IL: Southern Illinois University Press, 1984.

- Roberts, Joan M. *Alliances, Coalitions and Partnerships: Building Collaborative Organizations*. Gabriola Island, BC, Canada: New Society Publishers, 2004.

- Rogers, Carl R. *The Carl Rogers Reader. Edited by Howard Kirschenbaum and Valerie Land Henderson*. Boston: Houghton Mifflin, 1989.

- Russo, J. Edward and Paul J.H. Shoemaker. *Decision Traps*. New York: Simon and Schuster, 1990.

- Schein, Edgar. Humble Inquiry: *The Gentle Art of Asking Instead of Telling*. San Francisco: Berrett-Koehler, 2013.

- Schrage, Michael. Shared Minds: *The New Technologies of Collaboration*. New York: Random House, 1990.

- Schuman, Sandy. *The IAF Handbook of Group Facilitation: Best Practices from the Leading Organization in Facilitation*. San Francisco: Jossey-Bass, 2007.

- Schuman, Sandy. *Creating a Culture of Collaboration: The International Association of Facilitators Handbook*. San Francisco: Jossey-Bass, 2006.

- Schwarz, Roger. *The Skilled Facilitator*. San Francisco: Jossey-Bass, 2002.

- Senge, Peter M., Art Kleiner, Charlotte Roberts, Rick Ross and Bryan Smith. *The Fifth Discipline Fieldbook*. New York: Currency, 1994.

- Sheeran, Michael J. *Beyond Majority Rule*. Philadelphia: Philadelphia Yearly Meeting of the Religious Society of Friends, Book Services Committee, 1983.

- Shields, Katrina. *In the Tiger's Mouth: An Empowerment Guide for Social Action*. Philadelphia and Gabriola Island, B.C.: New Society Publishers, 1994.

- ?Sibbet, David. Visual Meetings: *How Graphics, Sticky Notes and Idea Mapping Can Transform Group Productivity*. Hobok en, NJ: John Wiley & Sons, 2010.

- Sibbet, David. Visual Teams: *Graphic Tools for Commitment, Innovation and High Performance*. Hoboken, NJ: John Wiley & Sons, 2011.

- Sibbet, David. Visual Leaders: *New Tools for Visioning, Management and Organization Change*. Hoboken, NJ: John Wiley & Sons, 2012.

- Spencer, Laura J. *Winning through Participation*. Dubuque, IA: Kendall/Hunt Publishing Co., 1989.

- Stanfield, R. Brian. *The Workshop Book: From Individual Creativity to Group Action*. Gabriola Isalnd, BC, Canada: New Society Publishers, 2002.

- Stone, Douglas, Bruce Patton, Sheila Heen, and Roger Fisher. *Difficult Conversations: How to Discuss What Matters Most*. New York: Penguin Books, 2000.

- Strachan, Dorothy. *Making Questions Work: A Guide to How and What to Ask for Facilitators, Consultants, Managers, Coaches, and Educators*. San Francisco: Jossey-Bass, 2006.

- Straker, David. *Rapid Problem-Solving with Post-It Notes*. Cambridge: De Capo Press, 1997.

- Straus, David. *How to Make Collaboration Work: Powerful Ways to Build Consensus, Solve Problems, and Make Decisions*. San Francisco: Berrett-Koehler Publishers, 2010.

- Tabaka, Jean. *Collaboration Explained: Facilitiation Skills for Software Project Leaders*. NJ: Addison-Wesley Professional, 2006.

- Toldi, Catherine. *Collaborative Thinking: Becoming a Community That Learns*. Ann Arbor, MI: University Microfilms International, 1993.

- Troxel, James P. *Participation Works: Business Cases from Around the World*. Alexandra, VA: Miles River Press, 1993.

- VanGundy, Jr., Arthur B. *Techniques of Structured Problem-Solving* (2nd ed.). New York: John Wiley & Sons,1998.

- Weisbord, Marvin. *Productive Workplaces, Revisited: Organizing and Managing for Dignity, Meaning and Community in the 21st Century* (3rd ed.). San Francisco: Jossey-Bass/Pfeiffer, 2012.

- Williams, R. Bruce. *More Than Fifty Ways to Build Team Consensus*. Palatine, IL: IRI/Skylight Publishing, 2006.

- Wilkinson, Michael, *The Secrets of Facilitation: The Smart Guide to Getting Results with Groups*. San Francisco: Jossey-Bass, 2012.

- Wilson, Priscilla H. *The Facilitative Way: Leadership That Makes the Difference*. Shawnee Mission, KS: Team Tech Press, 2003.

감사의 글

먼저, 우리 N.S.P. 편집장 바바라 힐슈코비츠Barbara Hirshkowitz에게 가장 큰 감사를 드립니다. 이 프로젝트에 대한 그녀의 비전과 실행이 오늘 이 책을 존재하게 했습니다. 1988년, 그녀 는 샘과 두에인을 만나게 하여, 참여적 의사결정에 관한 이 중대한 책의 첫 발을 떼게 했습니다. 그 후 수많은 연구가 있었고 시행착오와 우여곡절도 수없이 많았지만, 그녀의 흔들리 지 않는 믿음과 끈기와 확신으로 우리가 이 책을 손에 쥐게 되었습니다.

두 번째로 감사드리는 분은 우리 출판사 죠시베이스Jossey-Bass의 편집장 케티 스위니Kathe Sweeney입니다. 그녀가 없었다면 본서 제2판과 제3판은 결코 나오지 못했을 것입니다. 협업, 퍼실리테이션, 민주적 가치 등에 관한 여러 책들에 산파적 역할을 했을 만큼, 이 분야에 대 한 그녀의 비전과 헌신은 탁월합니다. 특히 언어적 감각에 있어서 케티 스위니는 우리 분야 의 진정한 리더입니다.

죠시베이스의 제작담당인 마크 카르멘디Mark Karmendy에게도 감사드립니다. 저자들이 손으 로 그려 놓은 모든 그림이나 도표들을 컴퓨터로 멋지게 디자인해 주었습니다. 우리는 툭툭 던져 놓았을 뿐인데, 이 방대한 작업을 인내와 즐거움과 긍정적 사고로 함께 해 주었습니다,

우리 커뮤니티앳워크의 동료인 셜리 우드먼Shelley Woodman에게 특별한 감사를 표합니다. 본 판(본서 제3판) 작업을 처음부터 끝까지 함께하면서 고문으로서, 문학 비평가로서, 편집위 원으로서, 서기로서, 기획참모로서 그녀는 풍성한 호의와 지칠 줄 모르는 지원을 베풀어 주

었습니다.

본판의 일등공신은 넬리 노아키즈Nelli Noakes입니다. 이름이 언급되지는 않았지만, 그녀는 사실상 본판의 공동저자입니다. 특별히 14장과 21장에서, 그리고 4, 5, 6, 7, 11, 17, 18, 19, 20장의 새로 추가된 부분에서 그녀는 명백히 공동저자로서의 역할을 수행했습니다. 넬리 없이는 이처럼 훌륭하고도 유용한 책은 존재할 수 없습니다.

본서의 모든 문장들을 일일이 체크하여 오탈자와 문법적 오류를 없게 만들어 준 유능한 교정자 리즈 플린Liz Flynn에게 감사드립니다. 본문을 디자인하면서 생생한 밑그림과 100개 이상의 편집틀을 만들어준 프란시스코 케이너Francesco Kaner에게 감사드립니다. 리즈와 프란시스코가 없었다면 그림에서 글자에 이르기까지 그 지루하고도 힘든 작업은 완성되지 못했을 것입니다.

위기의 순간마다 현명한 조언과 풍성한 제안으로 우리를 도운 웨이드 쇼Wade Shows, 조판 작업을 도운 안나 해스팅스Anna Hastings와 케이티 코파치Katie Kopacz, 그리고 이 프로젝트를 관리해준 나타샤 사갈로브스키Natacha Sagalovsky에게도 감사드립니다.

그 외에도 본판에 새로 추가된 부분들에 대해 풍부한 전문성으로 도운 분들이 많이 있습니다. 주니어스 윌리엄스Junious Williams, 에디 브라운Edie Brown, 코린 쉰델라Corinne Shindelar, 알렉스 비머Alex Beamer, 마이클 리스먼Michael Lisman, 린다 콜번Linda Colburn 모두에게 감사드립니다. 하마터면 쓰지 않았을 뻔했던 장에 대해 통찰력을 제공해 준 낸시 화이트Nancy White에게도 감사드립니다.

제2판에 공헌해 주신 분들도 잊을 수 없습니다. 1999년에 우리에게 합류한 리비 바쿠버Libby Bachhuber에게 감사드립니다. 그녀는 이 책 중 가장 많이 사용되는 페이지들의 논리를 완벽하게 만들어 주었습니다. 해당 도구들을 업데이트한 그녀의 통찰력에 박수를 보냅니다.

역시 1999년에 우리에게 합류했던 수산 루벡Susan Lubeck과 써니 사비니Sunny Sabbini에게도 감사드립니다. 이들은 제2판을 위한 재료들을 많이 발전시켜 주었습니다. 수산은 의사결정에 관한 장들을 개정하게 해주었고, 써니는 독자들과 셀 수 없는 피드백을 했습니다.

이 외에도 제2판을 위해 수고한 분들이 얼마나 많은지요. 에비 칼레Evi Kahle 1995~2000년에, 다이안 돔Diane Dohm은 2002-2003년에, 버피 볼더스톤Buffy Balderston은 2004~2006년 사이에 조언과 편집과 제작으로 크게 조력했습니다. 카렌 조빈Karen Jovin은 제3장 개정에 유용한 아이디어들을 제공했고, 록세인 화이트Roxane White는 편집의 마지막 과정에 수고를 아끼지 않았습니다. 이들로 인해 더 좋은 책을 만들 수 있었음에 큰 감사를 드립니다.

초판에 도움을 주신 동료와 친구들도 언급하지 않을 수 없습니다. 먼저 헐먼 귈Herman Gyr과 에일린 팔머Eileen Palmer에게 감사와 존경을 표합니다. 두 분은 수년 동안 이 책에 기여한 가장 훌륭한 분들이셨습니다. 마리안느 라루파Marianne Laruffa는 1988-1990년 이 책의 가장 초기 형태를 형성할 수 있도록 지원해 주었고, 릭 피터슨Rick Peterson은 1990-1991년에 이 책의 초안을 구성하게 해주었습니다. 데이비드 발칸David Barkan은 1990년에 처음으로 메타 의사결정(19장 참조)에 대한 '노상 테스트'를 진행해 주었고, 팻 모리스Pat Morris는 1990-1991년에 구조적 사고 활동에 대한 두 번째 원고 집필을 도와주었으며, 지니 부시Gene Bush는 1992년에 '으르렁 지대'를 밝혀내게 해주었고, 짐 맥퀸Jim MacQueen은 1992년 의사결정에 관한 장의 초안 집필을 도와주었습니다. 데이빗 킬패트릭David Kirkpatrick은 두 가지 구조적 사고 활동의 초안 집필에 참여했고, 아마란 타르노프Amaran Tarnoff는 제7장의 초안 집필에 참여했으며, 낸시 파인스타인Nancy Feinstein은 제7장의 도입부 초안을 만들었고, 줄리 킹Julie King은 전체 원고의 초안을 정리했습니다. 릿치 데이비슨Ritch Davidson도 두 가지 구조적 사고 활동의 초안 집필에 참여했고, 마이클 터티스Michael Tertes는 제16장의 여섯 개 사례 연구와 네 가지 구조적 사고 활동의 초안 집필에 참여했습니다.

우리가 이룬 모든 성공은 이들의 것입니다. 이들 모두에게 깊은 감사를 드립니다.

저자 소개

샘 케이너(Sam Kaner, Ph.D.)

커뮤니티앳워크(Community At Work)의 설립자이며, 1978년 이래로 가장 영향력 있는 퍼실리테이터이다. 수많은 조직들을 혁신적으로 바꿔주었으며, 어려운 난제에는 지속가능한 해결책들을 찾아주었다. 지금도 복잡한 프로세스들을 연구하고 가르치는 일에 온 생애를 바치고 있다.

레니 린드(Lenny Lind)

'조직개발강화 코비전' 프로그램의 개발자이자 대표이다. 퍼실리테이션 분야의 개척자이며, 본서의 구성을 처음부터 함께했던 연구자이다. 특히 큰 그룹 내에 있는 수많은 문제들을 신속하게 연결시켜주는 회의 기술 분야의 개척자이자 최고 권위자이다.

캐서린 톨디(Catherine Toldi, M.A.)

선불교의 여승이자 콜라보레이션 전문가이다. 무엇보다 생산성이 떨어지는 경영자와 공동체조직들을 다루는 데 탁월한 재능을 발휘한다. 지난 37년 동안 수많은 고객들과 학생들이 그녀를 통해 계획을 세우고 문제를 해결했으며 심리적으로도 안정을 얻었다.

사라 피스크(Sarah Fisk, Ph.D.)

심리학자이자 조직개발 컨설턴트이자이며, 다양한 출자협력이나 시스템 변경 업무에 관한 전문가이다. 복잡한 상황 속에 빠져 있던 수많은 그룹과 개인 고객들이 그녀의 도움으로 지속가능한 해결책을 개발하게 되었다. 또한 커뮤니티앳워크의 중견 협력자이기도 하다.

두에인 버거(Duane Berger, M.A.)

'통찰과적용(Insights and Applications)'이라는 조직을 이끌고 있으며, 커뮤니티앳워크의 초창기부터 함께해온 오랜 동역자이다. 그룹역동성을 포함하여, 참여적 가치 실현을 위한 커뮤니티앳워크의 모든 모델과 방법들은 듀안과 함께 구상하고 만들어낸 것들이다.

커뮤니티앳워크의 코비전(Co-Vision)

코비전Covision이란 큰 회의에서 집중력을 발휘할 수 있도록 해 주고 체계적인 진행을 이룰 수 있게 해 주는 일종의 조직개발강화 프로그램이다. 소그룹에서 참여자들은 제공되는 태블릿 PC 소프트웨어를 사용하여 상호간에 네트워크를 형성한다. 이러한 그룹형 소프트웨어 시스템을 통해 참여자들은 짧은 의견을 교환하기도 하고, 프레젠테이션에 대해 반응하기도 하며, 다른 사람의 질문에 대답하기도 한다. 말하자면 진정한 '참여'를 이루는 것이다. 이렇게 하다 보면 큰 주제들도 정돈이 되고, 발표자나 책임자도 반응을 하게 된다. 이것은 큰 그룹에서도 효과를 발휘한다. 거대한 그룹은 그 안에서 공유된 이해가 형성되고, 발표와 보고도 제 시간 안에 효과적으로 이루어지는 경험을 하게 된다.

지난 20년 동안 코비전은 이러한 '참여자 중심의 접근법'을 통하여 수백 명의 퍼실리테이터들과 컨설턴트들을 지원해왔다. 회의를 앞두고 꽤 긴장 상태에 있었던 그룹들은 코비전이라는 매우 특별한 프로그램을 통해서 최상의 결과를 드러내었다. 아젠다를 계획하고, 신속한 피드백을 이루며, 변화를 경험하고, 어려운 역동들을 관리하게 되었다. 책임자들도 코비전을 통해 전문적으로 코칭 받게 되었다.

이러한 회의 방식은 25명 정도의 소그룹부터 5,000명 정도의 대규모 그룹에 이르기까지 광범위한 효력을 나타낸다. 뉴욕에서 열린 제1차 클린턴 글로벌 이니셔티브Clinton Global Initiative 국제회의에서는 전 세계 800명의 리더들이 코비전을 활용함으로써 상호작용이 가능한 회의를 진행하였다. 또 워싱턴 D.C. 시장은 네 명의 시민대표들과 회합을 가졌는데, 그들은 각각 3,000명의 시민들과 신속한 피드백으로 의견을 교환하였다. 이 역시 코비전의 힘이다. 세계 경제 기구the World Economic Forum의 다양한 이해관계를 갖고 있는 대표들, 포춘Fortune 500에 포함되는 수십 개 그룹들, 그 외의 수많은 그룹들이 코비전을 통해 회의들을 진행함으로써 자신들의 현안을 실행할 수 있게 되었다.

자세한 문의 및 상담 연락처: +1(415) 810-8194 레니 린드

커뮤니티앳워크(Community At Work)

커뮤니티앳워크는 1987년에 설립된 기업으로서, 싱크 탱크이자 동시에 컨설팅 회사이다. 우리의 모토는 "협업의 모델을 만들어 실행하게 하는 것"이다.

싱크 탱크로서: 우리의 목표는 협업과 그룹 의사결정에 대한 실제적인 역동성을 연구하고 더욱 정확한 모델을 만들어, 어떠한 어려운 문제라 하더라도 그에 대한 지속가능한 해결책을 발견할 수 있도록 고객을 돕는 것이다. 특히 기업의 사회적 책임에 기반을 두고, 심리학이나 여타 인문학적 통찰들을 실제적인 사업적 기술에 접목시켰다는 데에 큰 자부심을 느낀다.

컨설팅 회사로서: 커뮤니티앳워크는 조직개발 전문업체이다. 우리는 조직의 문제를 '협업'이라는 방식으로 접근한다. 아무리 복잡한 조직적 문제라도 협업을 통해 해결하지 못할 것은 없다. 무엇보다 사회적 기업이나 공동체 기반의 계획들에 대해서 전문적인 컨텐츠들을 지속적으로 개발하고 있다. 그래서 전문적인 기술에서 건강 관리에 이르기까지, 또 교육, 복지, 환경공학 및 그 외 국제적 개발기구에 이르기까지 우리의 서비스가 효과적으로 활용되지 못하는 곳은 없다.

우리에겐 많은 컨설팅 전문가들이 있어, 원하는 분야에 따라 다양하게 고객들을 지원하고 있다. 조직 평가 및 진단, 퍼실리테이션, 코칭, 적합한 모델을 제작하고 실험하며 생산하는 것, 프로젝트 관리, 조언, 능력개발 훈련 지도, 그 외 수많은 일들이 고객들의 요청에 의해 즉각적으로 이루어지고 있다.

그러나 우리 업무의 가장 큰 특징은, 고객들이 직면하고 있는 어려움들에 대해 '현명하게' 생각할 수 있도록 지원해 주는 것이다. 참여적 가치를 실행으로 옮길 수 있는 기술을 고객들에게 전달하는 것이 바로 우리가 받은 사명이다. 이 모든 것을 통해서 고객들은 협업의 개념과 기술들에 대해서 충분히 훈련받을 수 있을 것이다.

커뮤니티앳워크 훈련 프로그램

커뮤니티앳워크에서 제공하는 두 종류의 퍼실리테이션 워크숍을 소개한다. 지난 25년 동안 수천 명의 사람들이 이 워크숍들을 통해 퍼실리테이션 기술을 강화시켰다.

그룹 퍼실리테이션 스킬: 참여적 가치 실행하기

이 프로그램은 3일 과정으로 진행되며, 본서 <조직과 공동체를 세우는 민주적 결정 방법론>에 제시된 여러 가지 방법들을 실제적으로 훈련하는 과정이다. 참가자들은 이 기간 동안 새로운 기술들을 수없이 실습하고 또 피드백을 받게 된다. 협업을 특징으로 하는 이 프로그램은 국제적으로 이미 충분히 입증되어 있고, 그래서 본 프로그램은 국내외 많은 단체들의 후원과 참여로 성황을 이루고 있다. United Nations, Kaiser Permanente, CGIAR, Burning Man, VISA, Wikimedia Foundation, University of California, World Bank 등 유수한 기관들을 포함하여 수많은 재단, 기업, 학교, NGO 기구들, 그리고 연방 및 주 정부와 지방 정부 등이 이 프로그램을 후원하고 있다.

퍼실리테이터 리더 되기: 경영자를 위한 그룹 퍼실리테이션

이 워크숍은 경영자들을 위해 마련된 특별과정이다. 프로젝트 관리자, 단위 감독자, 혹은 팀 작업을 이끌고 있는 책임자들을 위한 훈련이 마련되어 있다. 특별히 '리더로서의 책임감'과 '모든 이들이 공감하는 결정을 내리는 것' 사이의 균형감이 강조될 것이며, 참여자들은 실습하고 피드백을 받을 기회를 충분히 갖게 된다. 큰 기업들은 자사의 상황에 맞는 맞춤형 프로그램으로 훈련받기도 한다. Applied Materials, Symantec, Hewlett-Packard, PricewaterhouseCoopers, Charles Schwab, Mercer, SanDisk, Prudential, 그 외에도 포춘 1000에 포함되는 많은 기업들이 이와 같은 맞춤형 워크숍으로 훈련받았다.

문의

Community At Work
1 Tubbs Street San Francisco, CA 94107
Phone: (415) 282-9876
www.CommunityAtWork.com
Email: Kaner@CommunityAtWork.com